Jahrbuch Angewandte Hochschulbildung 2022

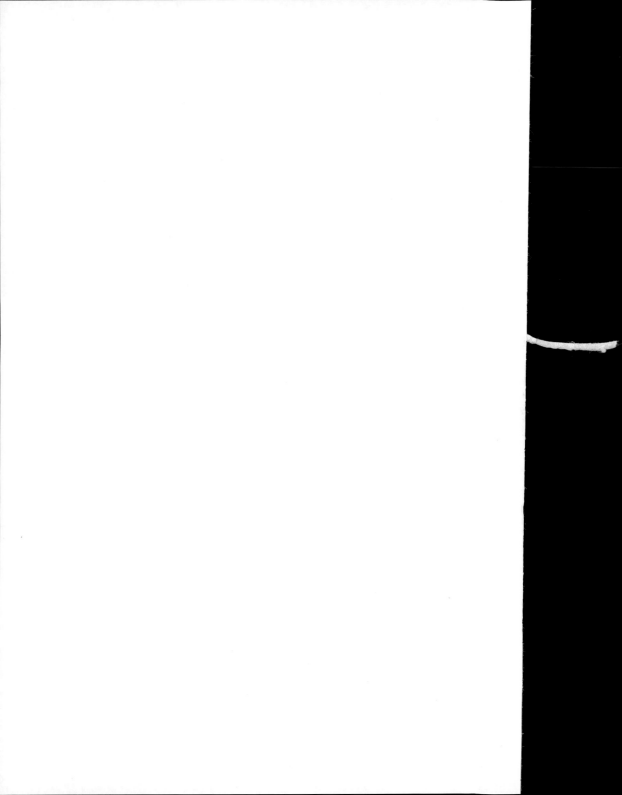

Jingmin Cai · Hendrik Lackner ·
Qidong Wang
(Hrsg.)

Jahrbuch Angewandte Hochschulbildung 2022

Deutsch-chinesische Perspektiven
und Diskurse

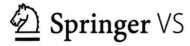 Springer VS

Hrsg.
Jingmin Cai
Anhui University
Hefei, China

Qidong Wang
Hefei University
Hefei, China

Hendrik Lackner
Fakultät Wirtschafts- und
Sozialwissenschaften
Hochschule Osnabrück
Osnabrück, Deutschland

Mit Beiträgen von
Ying Lackner
Fakultät. Wirtschafts- und
Sozialwissenschaften
Hochschule Osnabrück
Osnabrück, Deutschland

ISBN 978-3-658-43416-8   ISBN 978-3-658-43417-5   (eBook)
https://doi.org/10.1007/978-3-658-43417-5

Die Deutsche Nationalbibliothek verzeichnet diese Publikation in der Deutschen Nationalbibliografie; detaillierte bibliografische Daten sind im Internet über http://dnb.d-nb.de abrufbar.

Planung/Lektorat: Stefanie Laux
Springer VS ist ein Imprint der eingetragenen Gesellschaft Springer Fachmedien Wiesbaden GmbH und ist ein Teil von Springer Nature.
Die Anschrift der Gesellschaft ist: Abraham-Lincoln-Str. 46, 65189 Wiesbaden, Germany

Das Papier dieses Produkts ist recyclebar.

Inhaltsverzeichnis

Herausgeber- und Autorenverzeichnis

Über die Herausgeber

Jingmin Cai, Prof. Dr., Parteisekretär der Anhui University.
Forschungsschwerpunkte: Hochschulentwicklung, Hochschulmanagement.
Anschrift: Anhui University, Jiulong Road 111, 230601 Hefei, VR China.
E-Mail: caijingmin@ahu.edu.cn

Hendrik Lackner, Prof. Dr., Professor für Öffentliches Recht an der Hochschule Osnabrück, Studiendekan der Fakultät Wirtschafts- und Sozialwissenschaften, wissenschaftlicher Leiter des Hochschulzentrums China (HZC) der Hochschule Osnabrück, Deutscher Schriftleiter und Mitherausgeber der chinesischen Forschungszeitschrift Application-Oriented Higher Education Research (AOHER), Gastprofessor an der Law School der China University of Political Science and Law (CUPL), Peking, sowie an der Hefei University.
Forschungsschwerpunkte: Hochschul- und Wissenschaftsrecht, Applied Sciences, Stellung der Fachhochschulen im deutschen Hochschulsystem.
Anschrift: Hochschule Osnabrück, Fakultät Wirtschafts- und Sozialwissenschaften, Postfach 1940, 49009 Osnabrück.
E-Mail: h.lackner@hs-osnabrueck.de

Qidong Wang, Prof. Dr., Parteisekretär der Hefei University.
Forschungsschwerpunkte: Hochschulentwicklung, Hochschulmanagement.
Anschrift: Hefei University, Jinxiu Dadao 99, 230601 Hefei, VR China.
E-Mail: wangqd@hfuu.edu.cn

Autorenverzeichnis

André Bleicher, Prof. Dr. rer. pol., Professor für allgemeine Betriebswirt-schaftslehre, strategisches Management und Organisation an der Hochschule Biberach.

Forschungsschwerpunkte: Organisationen und Institutionen, Unternehmens-führung, Kritische Managementtheorie sowie Industrielle Beziehungen.

Anschrift: Hochschule Biberach, Fakultät für Betriebswirtschaft, Karstraße 6-11, 88400 Biberach.

E-Mail: bleicher@hochschule-bc.de

Jennifer Blank, Dr., Leiterin des Instituts für Bildungstransfer der Hoch-schule Biberach. Zu ihrem Arbeitsbereich gehören auch die Wissenschaftliche Weiterbildung sowie die Bereiche Hochschuldidaktik, Studierendensupport und Qualitätsmanagement.

Forschungsschwerpunkte: Bildungs- und Hochschulforschung mit Fokus auf Transformationsprozesse und Transformationsforschung.

Anschrift: Hochschule Biberach, Institut für Bildungstransfer, Karstraße 6-11, 88400 Biberach.

E-Mail: blank@hochschule-bc.de

Guang-lei Chen, Prof., Professor an der Lehrerausbildungsfakultät des Heze College.

Anschrift: Heze University, Lehrerausbildungsfakultät des Heze College, Daxue Lu 2269, 274015 Heze, VR China.

E-Mail: 391711948@qq.com

Ernst Deuer, Prof. Dr. rer. pol., Diplom-Betriebswirt (BA) und Diplom-Handelslehrer, Professor für Betriebswirtschaftslehre, insb. Mitarbeiterführung und Personalmanagement, an der Fakultät Wirtschaft der DHBW Ravensburg.

Forschungsschwerpunkte: Ausbildungsabbrüche, Studienabbrüche, Work-Life-Balance, Ausbildungsqualität.

Anschrift: DHBW Ravensburg, Marktstraße 28, 88212 Ravensburg.

E-Mail: deuer@dhbw-ravensburg.de

Britta Foltz, Dr., Doktorin der Naturwissenschaften, Lehrkraft für Mathematik und allgemeine Kompetenzen an der FH Aachen – University of Applied Scien-ces, Prodekanin am Fachbereich Bauingenieurwesen, zugleich tätig am Zentrum für Hochschuldidaktik und Qualitätsentwicklung der Fachhochschule Aachen im Bereich Curriculumsentwicklung.

Anschrift: Fachhochschule Aachen, Fachbereich Bauingenieurwesen, Bayernallee 9, 52066 Aachen.

E-Mail: foltz@fh-aachen.de

Chun-mei Ge, Prof. Dr., Direktorin der Abteilung für Postgraduierte der Hefei University.

Forschungsschwerpunkte: Hochschulentwicklung, Angewandte Hochschulbildung.

Anschrift: Hefei University, Jinxiu Dadao 99, 230601 Hefei, VR China.

E-Mail: gecm@hfuu.edu.cn

Cort-Denis Hachmeister, Senior Expert Datenanalyse am CHE Centrum für Hochschulentwicklung.

Forschungsschwerpunkte: Hochschulentwicklung, insbesondere Hochschulzugang und Studierendenauswahl.

Anschrift: CHE Centrum für Hochschulentwicklung, Postfach 105, 33311 Gütersloh.

E-Mail: cort-denis.hachmeister@che.de

Lin Hong, Institut für Hochschulbildungsforschung des Yancheng Institute of Technology.

Anschrift: Yancheng Institute of Technology, Institut für Hochschulbildungsforschung, Xiwang Dadao Zhonglu 1, 224051 Yancheng, VR China.

E-Mail: wb@ycit.cn

Tong Hu, Tanzakademie des Shenyang Conservatory of Music.

Anschrift: Shenyang Conservatory of Music, Tanzakademie, Hunnan Qu Fenghuang Dajie 9, 110169 Shenyang, VR China.

E-Mail: wutong122@sina.com

Peng Huang, Assistenzprofessor am Institut für Hochschulbildung des Guangzhou College of Technology and Business.

Anschrift: Guangzhou College of Technology and Business, Institut für Hochschulbildung, Huadu Qu Shiling Zhen Nanhuan Lu 28, 510850 Guangzhou, VR China.

E-Mail: huangp@gzgs.edu.cn

Hendrik Lackner, Prof. Dr., Professor für Öffentliches Recht an der Hochschule Osnabrück, Studiendekan der Fakultät Wirtschafts- und Sozialwissenschaften, wissenschaftlicher Leiter des Hochschulzentrums China (HZC) der Hochschule Osnabrück, Deutscher Schriftleiter und Mitherausgeber der chinesischen Forschungszeitschrift Application-Oriented Higher Education Research (AOHER), Gastprofessor an der Law School der China University of Political Science and Law (CUPL), Peking, sowie an der Hefei University.

Forschungsschwerpunkte: Hochschul- und Wissenschaftsrecht, Applied Sciences, Stellung der Fachhochschulen im deutschen Hochschulsystem.

Anschrift: Hochschule Osnabrück, Fakultät Wirtschafts- und Sozialwissenschaften, Postfach 1940, 49009 Osnabrück.

E-Mail: h.lackner@hs-osnabrueck.de

Li Li, Prof., Professorin an der Fakultät für Marxismus des Heze College.

Anschrift: Heze University, Lehrerausbildungsfakultät des Heze College, Daxue Lu 2269, 274015 Heze, VR China.

E-Mail: 2411493742@qq.com

De-fang Liu, Fakultät für Maschinenbau des Yancheng Institute of Technology.

Anschrift: Yancheng Institute of Technology, Fakultät für Maschinenbau, Xiwang Dadao Zhonglu 1, 224051 Yancheng, VR China.

E-Mail: liudf@ycit.cn

Christine Niebler, Prof. Dr., Professorin für Automatisierungstechnik mit Schwerpunkt Medizintechnik an der Technischen Hochschule Nürnberg Georg Simon Ohm.

Forschungsschwerpunkte: Robotik in der Medizin; automatisierte Vitalparameter; Sensorfusion; Lehrinnovationen in der Elektrotechnik.

Anschrift: Technische Hochschule Nürnberg, Fakultät Elektrotechnik, Feinwerktechnik, Informationstechnik, Kesslerplatz 12, 90489 Nürnberg.

E-Mail: christine.niebler@th-nuernberg.de

Guang-hui Qian, Mitarbeiter der Abteilung für Entwicklungsplanung und des Büros für Fachaufbau der Zhejiang A&F University.

Anschrift: Zhejiang A&F University, Abteilung für Entwicklungsplanung und Büro für Fachaufbau, Lin'an Qu Wusu Jie 666, 311300 Hangzhou, VR China.

E-Mail: 20060088@zafu.edu.cn

Fei Qiu, Mitarbeiterin der Abteilung für Entwicklungsplanung und des Büros für Fachaufbau der Zhejiang A&F University.

Anschrift: Zhejiang A&F University, Abteilung für Entwicklungsplanung und Büro für Fachaufbau, Lin'an Qu Wusu Jie 666, 311300 Hangzhou, VR China.

E-Mail: qiufei@zafu.edu.cn

Sonja Sälzle, Prof. Dr. phil., Professorin für soziale Arbeit an der International University. Bis 2022 Teamleiterin Bildungsforschung und Qualitätsmanagement am Institut für Bildungstransfer der Hochschule Biberach.

Forschungsschwerpunkte: Lebenslanges Lernen in Organisationen; Bildungs- und Hochschulforschung sowie der Transformationsforschung.

Anschrift: IU Internationale Hochschule, Lehrstuhl für Soziale Arbeit, Ehinger Str. 23, 89077 Ulm.

E-Mail: sonja.saelzle@iu.org

Qiu-hong Shen, Gewerkschaft des Yancheng Institute of Technology.

Anschrift: Anschrift: Yancheng Institute of Technology, Gewerkschaft, Xiwang Dadao Zhonglu 1, 224051 Yancheng, VR China.

E-Mail: qiuhong2005@126.com

Qing Song, Prof. Dr., Assistenzprofessorin am Institut für Hochschulbildungs- forschung des Yancheng Institute of Technology.

Anschrift: Yancheng Institute of Technology, Institut für Hochschulbildungs- forschung, Xiwang Dadao Zhonglu 1, 224051 Yancheng, VR China.

E-Mail: 1964862695@qq.com

Christoph Sprung, Ph. D. in Chemie, zertifizierter Projektmanager, Lehrbe- auftragter an der Berliner Hochschule für Technik (BHT) und der Hochschule für Technik und Wirtschaft Berlin (HTW Berlin) für die Lehrveranstaltun- gen Physikalische Chemie, Medizinisch-Optische Methoden und Manufacturing Technology & Business Technology.

Anschrift: Stirnerstr. 12, 12169 Berlin.

E-Mail: kinetics@active-sites.de

Ri-hua Wang, Prof. Dr., Professor am Institut für Hochschulbildung des Guangzhou College of Technology and Business.

Anschrift: Guangzhou College of Technology and Business, Institut für Hoch- schulbildung, Huadu Qu Shiling Zhen Nanhuan Lu 28, 510850 Guangzhou, VR China.

E-Mail: wrihua@163.com

Xiao-feng Wang, Prof. Dr., Direktor des Prüfungsamtes der Hefei University.
Forschungsschwerpunkte: Hochschulentwicklung, Angewandte Hochschulbildung.
Anschrift: Hefei University, Jinxiu Dadao 99, 230601 Hefei, VR China.
E-Mail: xfwang@hfuu.edu.cn

Jing Wei, Prof. Dr., Assistenzprofessorin an der Lehrerausbildungsfakultät des Heze College.
Anschrift: Heze University, Lehrerausbildungsfakultät des Heze College, Daxue Lu 2269, 274015 Heze, VR China.
E-Mail: weijing8086@163.com

Chun-mei Wu, Prof. Dr., Präsidentin der Hefei University.
Forschungsschwerpunkte: Hochschulentwicklung, Angewandte Hochschulbildung.
Anschrift: Hefei University, Jinxiu Dadao 99, 230601 Hefei, VR China.
E-Mail: wucm@hfuu.edu.cn

Ye-chun Wu, Prof., Professor des Forschungsinstituts für Bildungsentwicklung der Zhaoqing University.
Anschrift: Zhaoqing University, Forschungsinstitut für Bildungsentwicklung in Zhaoqing, Zhaoqing Dadao 55, Dong 10, 904, 526061 Zhaoqing, VR China.
E-Mail: adycwu@scutedu.cn

Kangkai Yang, Prof. Dr., Assistenzprofessor, Redaktion der Zeitschrift „Forschung im Hochschulwesen in Chongqing".
Anschrift: Editorial Office des Chongqing Journal of Higher Education Research, Honghe Dadao319, 402160 Chongqing, VR China.
E-Mail: 648741832@qq.com

Lin-zhen Zhou, Prof. Dr., Professor an der Fakultät für Maschinenbau des Yancheng Institute of Technology.
Anschrift: Yancheng Institute of Technology, Fakultät für Maschinenbau, Xiwang Dadao Zhonglu 1, 224051 Yancheng, VR China.
E-Mail: nipu@ycit.cn

Tao Zhu, Studierendenabteilung der Hefei University.
Anschrift: Hefei University, Jinxiu Dadao 99, 230601 Hefei, VR China.
E-Mail: zhutao@hfuu.edu.cn

Übersetzerin

Ying Lackner, Ass. iur., vereidigte Dolmetscherin und ermächtigte Übersetzerin für Chinesisch; Dozentin für Chinesisch und interkulturelle China-Kompetenz an der Hochschule Osnabrück.

Anschrift: Hochschule Osnabrück, Fakultät Wirtschafts- und Sozialwissenschaften, Postfach 1940, 49009 Osnabrück.

E-Mail: y.lackner@hs-osnabrueck.de

Angewandte Hochschulbildung als innovativer Ausbildungsmechanismus für eine praxis- und wirtschaftsnahe Talentausbildung in Deutschland und China

Hendrik Lackner

1 Einleitung

Gerade in Zeiten, in denen geostrategische Debatten, Rufe nach neuen Blockbildungen und Decoupling-Diskussionen zunehmend den Diskurs überlagern und erschweren, erscheint es angebracht, im Sinne einer Science-Diplomacy an bewährten, über Jahrzehnte aufgebauten Austausch- und Dialogformaten festzuhalten und diese – gerade in schwierigen Zeiten – als besonders kostbares Gut zu betrachten. Ein solcher Grundtenor liegt auch dem im Juli 2022 veröffentlichten Thesenpapier des DAAD „Außenwissenschaftspolitik für eine multipolare Welt. Systemrivalität, Konfrontation und globale Krisen" zugrunde, wo es heißt: „Mit Blick auf die gigantischen globalen Herausforderungen im Anthropozän – von Pandemien über Fragen der Sicherung der Welternährung bis hin zu den Folgen des Klimawandels – ergibt sich stärker denn je die Notwendigkeit, dass alle Staaten dieser Welt als globale Verantwortungsgemeinschaft gemeinsam handeln" (DAAD, S. 3). Angesichts der Tatsache, dass Deutschland und China seit Jahrzehnten wirtschaftlich, wissenschaftlich und technologisch auf das Engste miteinander verflochten sind, erscheint es dringlicher denn je, unaufgeregt einen faktengestützten sowie interessen- und wertegeleiteten Austausch fortzusetzen, der auf eine moralische Überhöhung des eigenen Standpunkts ebenso verzichtet wie auf den belehrenden Fingerzeig vor laufender Fernsehkamera. Ob man eine

H. Lackner (✉)
Fakultät Wirtschafts- und Sozialwissenschaften, Hochschule Osnabrück, Osnabrück, Deutschland
E-Mail: h.lackner@hs-osnabrueck.de

J. Cai et al. (Hrsg.), *Jahrbuch Angewandte Hochschulbildung 2022*,
https://doi.org/10.1007/978-3-658-43417-5_1

solche Haltung auf philosophische Grundprinzipien (Laotse) – es ist bekanntlich das weiche Wasser in Bewegung, dass mit der Zeit den mächtigen Stein formt und besiegt – oder bewährte diplomatische Höflichkeits- und Umgangsformen stützen möchte, sei dahingestellt.

Die Auswirkungen der im Juli 2023 – nach monatelangem Ringen innerhalb der Regierungsfraktionen – von der Bundesregierung beschlossenen China-Strategie (Bundesregierung 2023) auf die Wissenschaftsbeziehungen zwischen Deutschland und China sind noch nicht eindeutig abzuschätzen, zumal sich die Strategie der deutsch-chinesischen Zusammenarbeit in den Bereichen Bildung, Wissenschaft und Forschung auf nicht einmal zwei Seiten widmet. Am Ende ist es mit Blick auf die verfassungsrechtlich garantierte Wissenschaftsfreiheit (Art. 5 Abs. 3 GG) Aufgabe jeder deutschen Hochschule und der dort tätigen Hochschullehrer, über tragfähige und nutzenstiftende Formate der Zusammenarbeit mit chinesischen Hochschulen selbst zu entscheiden (Pautsch und Lackner 2023, S. 3 ff.).

Die Jahrbuchbeiträge beschäftigen sich – mittelbar oder unmittelbar – aus unterschiedlichen Perspektiven mit der Leitidee der angewandten Hochschulbildung. Als schier unendlicher Themenkosmos fungieren die angewandten Wissenschaften – „Applied Sciences" – als Klammer, welche die unterschiedlichen Jahrbuchbeiträge zumindest lose verbinden. Teilweise sind die Beiträge aber auch von hochschultypenübergreifender Relevanz, beschränken sich also keineswegs auf das „Subsystem Fachhochschule", sondern greifen Themen auf, die das Gesamtsystem Hochschule betreffen.

2   Deutsche Beiträge

2.1   Hochschulrechtliche Rahmenvorgaben

In seinem Beitrag „Das neue Bayerische Hochschulinnovationsgesetz – eine Blaupause für eine moderne anwendungs- und transferorientierte Hochschulgesetzgebung?" fasst *Lackner* die wesentlichen gesetzgeberischen Reformakzente der im Januar 2023 in Kraft getretenen Gesetzesnovelle zusammen. Diese werden aus einer spezifischen Perspektive der Fachhochschulen beleuchtet und dahingehend untersucht, welche Veränderungen sie für den Hochschultypus der angewandten Hochschulen in Bayern mit sich bringen.

Einen hochschulrechtlichen Schwerpunkt weist auch der Beitrag von *Hachmeister* „Der Hochschulzugang in Deutschland" auf. *Hachmeister* führt in die hochkomplexe Materie des Hochschulzugangsrechts ein und beschreibt, nach welchen Auswahlkriterien – etwa Abiturnoten und Einzelfachnoten, fachspezifische Studierfähigkeitstests, Berufserfahrung, Ergebnisse von Jugend-Wettbewerben sowie Auswahlgespräche – Hochschulen in zulassungsbeschränkten Studiengängen die Studienplatzvergabe steuern.

2.2　Studium und Lehre, Angewandte Hochschulbildung und Hochschuldidaktik

Prüfungen nehmen im Hochschulalltag eine zentrale Rolle ein. In seinem Beitrag „Über das Prüfen in Lehrveranstaltungen mit dem Fokus der Entwicklung der Studierenden" formuliert *Sprung* innovative Überlegungen, wie Prüfungen einen genuinen Beitrag zur Entwicklung von Studierenden leiten können. Nur mit intelligent durchdachten Prüfungskonzepten und einer engen Verzahnung von Lehre und Prüfung könnten Studierende dazu gebracht werden, so *Sprung*, individuelle Höchstleistungen zu erbringen.

Zahlreiche Bezüge zum Hochschulalltag weist auch der Beitrag von *Deuer* „Mentoring in der betrieblichen Personalarbeit – Rahmenbedingungen und Handlungsfelder" auf. *Deuer* identifiziert Mentoring als wichtiges Instrument der Personalentwicklung, das die Chance mit sich bringt, talentierte Nachwuchskräfte in besonderer Weise zu fördern.

Gelegentlich stehen sich Lehrende aufgrund ihres Expertenwissens selbst im Wege, wenn sie ihren Studierenden disziplintypische Inhalte und Fertigkeiten vermitteln möchten. Dieses Phänomen greifen *Foltz* und *Niebler* in ihrem Beitrag „Hartnäckige Lernhürden decodieren und Verständnis-Brücken für Studierende bauen" auf. *Foltz* und *Niebler* führen mit einer theoretischen Grundlegung und zahlreichen Beispielen in das hochschuldidaktische Instrument des „Decoding the Disciplines" ein, das Lehrende dabei unterstützen kann, ihre eigene Lehre auf mögliche Lernhürden hin zu untersuchen und weiterzuentwickeln.

Das duale Hochschulstudium erweist sich in besonderer Weise als geeignet, eine enge Verzahnung von Theorie und Praxis bzw. der Lernorte Hochschule, Betrieb und ggf. Berufsschule zu ermöglichen. *Lackner* fasst in seinem Beitrag „Zur Dualen Hochschulbildung als Königsdisziplin der anwendungsorientierten Hochschulbildung" aktuelle Entwicklungen zum dualen Studium zusammen und argumentiert, dass sich duale Studiengänge als Profilierungsmöglichkeit für Hochschulen für angewandte Wissenschaften geradezu aufdrängen.

In ihrem Beitrag „Auswirkungen auf Kompetenzanforderungen durch Transformationsprozesse" befassen sich *Blank* et al. mit den Kompetenzprofil, welches

Hochschulen für angewandte Wissenschaften ihren Studierenden in Zeiten grundlegender Umbrüche, Krisen und Veränderungen mit auf den Weg geben sollten. *Blank* et al. plädieren für ein breiteren Begriff der Employability, der neben konkreten Fachkenntnissen persönlichkeitsbezogene Kompetenzen viel stärker in den Vordergrund stellt. Widerstandsfähigkeit erweist sich, so *Blank* et al., als die zentrale Kompetenz in Transformationssituationen.

3   Chinesische Beiträge

3.1   Ausbildung hochqualifizierter Talente

In ihrem Beitrag „Förderung einer qualitativ hochwertigen Talentausbildung durch eine integrierte Studiengangs-, Beschäftigungs- und Wirtschaftsentwicklung" gehen *Wu et al.* der hochaktuellen Fragestellung nach, wie ein zukunftsfähiger Mechanismus für eine qualitativ hochwertige Talentausbildung aussehen kann. Dabei identifizieren *Wu et al.* eine integrierte Studiengangs-, Beschäftigungs- und Wirtschaftsentwicklung als maßgeblichen konzeptionellen Ansatzpunkt und verdeutlichen am Beispiel der Hefei University als einer auf dem Gebiet der Anwendungsorientierung führenden Modellhochschule, wie eine Umsetzung in der Praxis gelingen kann.

In seinem Beitrag „Optimierung des Systems der Ausbildung von innovativen Talenten an Hochschulen unter dem Aspekt der Interdisziplinarität" mahnt *Hu* eine stärkere Berücksichtigung von Interdisziplinarität als dem für wissenschaftliche Innovationen schlechthin ausschlaggebenden Faktor auch und gerade für die Talentausbildung hin. Eine moderne Talentausbildung müsse konsequent interdisziplinär ausgerichtet sein, so *Hu*. Diese setze voraus, dass disziplinäre Barrieren beseitigt und dass das überkommene Ausbildungsziel, Fachspezialisten auszubilden, durch ein modernes, auf Innovationsfähigkeit und Unternehmergeist zielendes Ausbildungsziel ersetzt werden müssten.

Nur mit modernen Curricula kann es Hochschulen für angewandte Wissenschaften gelingen, hochqualifizierte Talente auszubilden. In seinem Beitrag „Ansätze zur Gestaltung von Curricula an angewandten Hochschulen aus Sicht der Bildungsökologie" befasst sich *Yang* mit Fragen der Entwicklung und Weiterentwicklung zeitgemäßer Curricula. In dieser Stellschraube sieht Yang die größte Hebelwirkung, um das Profil der anwendungsorientierten Hochschulen nachhaltig zu schärfen. Besonderes Augenmerk legt *Yang* im Rahmen seiner Untersuchung auf das Konzept des „Curriculum Mapping" sowie auf die Frage, wie Big Data bei der Evaluierung von Curricula intelligent genutzt werden kann.

3.2　Hochschulorganisation, -management und -entwicklung

Wu beschäftigt sich in seinem Beitrag „Förderung der Modernisierung des Verwaltungssystems und der Verwaltungskompetenzen an lokalen Hochschulen – aus der Perspektive des Aufbaus eines internen Kontrollsystems" mit dem Themenkomplex der Verwaltungsorganisation und Verwaltungsmodernisierung von Hochschulen. Wie ein solches Hochschulmanagementsystem konzipiert und institutionalisiert werden kann, führt *Wu* am Praxisbeispiel der Zhaoqing University vor.

Schon seit vielen Jahren wird unter dem Stichwort „Integration von Wirtschaft und Hochschulbildung" in der chinesischen Hochschulforschung über die Frage diskutiert, wie Hochschulen für angewandte Wissenschaften ihrer dienenden Funktion, die regionale Wirtschaft passgerecht mit hochqualifizierten Fachkräften und Talenten zu versorgen, noch besser nachkommen können. Diese Thematik greifen *Qiu* und *Qian* in ihrem Beitrag „Das reale Dilemma und der Durchbruch beim Aufbau der modernen wirtschaftsnahen Fakultäten unter dem Blickwinkel der Feldtheorie" auf. *Qiu* und *Qian* formulieren die These, dass die Rolle der Unternehmen in wirtschaftsnahen Fakultäten dringend weiter gestärkt und institutionalisiert werden muss.

Um die „Integration von Wirtschaft und Hochschulbildung" geht es auch in dem Beitrag von *Huang* und *Wang,* die ihren Beitrag unter folgenden Titel gestellt haben: „Über eine durch Integration von Wirtschaft und Hochschulbildung geleitete hochqualitative Entwicklung der angewandten Hochschulen unter den Aspekten der Professionalisierung, Spezialisierung, Charakterisierung und Innovation – basierend auf der Perspektive der Theorie der synergetischen Evolution". Mit der Integration von Wirtschaft und Hochschulbildung lasse sich, so die Autoren *Huang* und *Wang,* eine qualitativ hochwertige Anpassung der Talentausbildung an die Bedürfnisse der industriellen Transformation und Modernisierung erreichen.

Im Rahmen ihrer Fallstudie „Die zweite Transformation der lokalen angewandten Hochschulen vor dem Hintergrund der Popularisierung der Hochschulbildung" adressieren *Liu* et al. aktuelle Herausforderungen, mit denen lokale angewandte Hochschulen in China konfrontiert sind. Hierzu zählen nach *Liu* et al. insbesondere Defizite bei der Disziplinenbildung, bei der Orientierung an den Bedürfnissen der regionalen Wirtschaft, bei der noch immer unterentwickelten Bildung von Studiengangsclustern sowie bei der Förderung des Innovationsgeistes sowie der praktischen Fähigkeiten der Studierenden. *Liu* et al. diskutieren verschiedene Lösungswege.

3.3 Kulturelle Bildung und Campuskultur

Wenn Hochschulen mehr sein wollen als reine Lernanstalten, wenn sie einen genuinen Beitrag zur Persönlichkeitsentwicklung ihrer Studierenden leisten wollen, können sie durch curricular verankerte Formate eine lebendige Campuskultur aufbauen und dadurch die kulturelle Bildung ihrer Studierenden fördern. *Chen et al.* stellen in ihrem Beitrag „Aufbau und Praxis eines Kurssystems zur kulturellen Bildung mit einer charakteristischen Campuskultur an angewandten Hochschulen" am Beispiel der in der ostchinesischen Provinz Shandong gelegenen Heze University vor, wie ein anspruchsvolles Campuskultur-Konzept entwickelt und erfolgreich umgesetzt werden kann.

Literatur

Bundesregierung (2023) China-Strategie der Bundesregierung. https://www.auswaertiges-amt.de/de/aussenpolitik/asien/china-strategie/2607934. Zugegriffen: 9. Okt. 2023

DAAD (2022) Außenwissenschaftspolitik für eine multipolare Welt. Systemrivalität, Konfrontation und globale Krisen. https://static.daad.de/media/daad_de/pdfs_nicht_barrier efrei/der-daad/220705_daad_awp-papier_perspektiven.pdf. Zugegriffen: 9. Okt. 2023

Pautsch A, Lackner H (2023) Kompendium zum Hochschul- und Wissenschaftsrecht, 3. Aufl. de Gruyter, Berlin

Förderung einer qualitativ hochwertigen Talentausbildung durch eine integrierte Studiengangs-, Beschäftigungs- und Wirtschaftsentwicklung

Chun-mei Wu, Chun-mei Ge, Tao Zhu und Xiao-feng Wang

"三业"一体推进人才培养高质量发展

吴春梅, 葛春梅, 朱涛, 王晓峰

1 Orientierung an der industriellen Entwicklung und Förderung der Wirtschaftskette durch den Aufbau von Studiengangsclustern

Bei der Einrichtung von Studiengängen hält die Hefei University an folgenden Grundsätzen fest: Orientierung an der industriellen Entwicklung, Vertiefung der Integration von Hochschulbildung und Wirtschaft, Anpassung der Studien-

C. Wu (✉) · C. Ge · T. Zhu · X. Wang
Hefei University, Hefei, China
E-Mail: wucm@hfuu.edu.cn

C. Ge
E-Mail: gecm@hfuu.edu.cn

T. Zhu
E-Mail: zhutao@hfuu.edu.cn

X. Wang
E-Mail: xfwang@hfuu.edu.cn

J. Cai et al. (Hrsg.), *Jahrbuch Angewandte Hochschulbildung 2022*,
https://doi.org/10.1007/978-3-658-43417-5_2

7

gangseinrichtung an die Industrien, kontinuierliche Optimierung der Studiengangstrukturen sowie Förderung der integrierten Entwicklung von Bildungs- und Wirtschaftskette (Cai et al. 2018).

1.1 Verknüpfung der Studiengänge mit Schwerpunktindustrien

Seit ihrer Gründung hat die Hefei University ihre Ausrichtung auf die Einrichtung von Studiengängen festgelegt, die auf die Bedürfnisse der gesellschaftlichen Entwicklung ausgerichtet sind. Die Hochschule hat einen dynamischen Mechanismus für die Einrichtung von Studiengängen eingeführt, um sich an die kontinuierliche industrielle Entwicklung anzupassen. In den letzten Jahren hat sie sich auf die wichtigsten Industriezweige der Stadt Hefei konzentriert, darunter integrierte Schaltkreise, neue Displays, Biomedizin, Energieeinsparung und Umweltschutz, Software, intelligente Haushaltsgeräte, Herstellung von High-End-Geräten, neue Energien, neue Materialien, Fahrzeuge mit neuen Energien, intelligent vernetzte Fahrzeuge, künstliche Intelligenz und kreative Kultur. Acht neue Studiengänge wurden eingerichtet, z. B. Intelligente Fertigung, Datenwissenschaft und Big-Data-Technologie, Intelligente Mobilität, Netzwerke und neue Medien. Darüber hinaus wurden 11 berufsorientierte Masterstudiengänge eingerichtet, wie z. B. Elektronische Informationen, Maschinenbau, Bauingenieurwesen, Ressourcen und Umwelt, Werkstoff- und Chemieingenieurwesen, Biomedizin usw. Mit Blick auf die regionale Industrie- und Wirtschaftsentwicklung wurden zudem Studiengangscluster aufgebaut, z. B. rund um die integrierte Schaltkreisindustrie der Studiengangcluster Maschinenbau und Elektronik, elektronische Informationstechnik, Software Engineering, Data Science und Big Data Technology. Darüber hinaus wurde ein neuer Studiengang Integrated Circuit Design beantragt (siehe Tab. 1).

Tab. 1 zeigt, dass die Hefei University bei der Planung ihrer Bildungskette von der Industriestruktur ausgeht und sich an den Schlüsselindustrieketten der Stadt Hefei orientiert. Seit 2019 wurden neben den oben genannten acht neuen Studiengängen auch Studiengänge angepasst bzw. eingestellt, die nicht mehr den Bedürfnissen der industriellen Entwicklung entsprechen. So wurden bisher insgesamt neun Studiengänge wie Öffentliche Verwaltung, Biotechnologie, Materialformung und Steuerungstechnik eingestellt. Die Cluster der Studiengänge fördern die Entwicklung der Wirtschaftskette, was die synchrone Resonanz zwischen der Ausbildung der Talente und der industriellen Transformation und Modernisierung verstärkt.

Tab. 1 Überblick über Studiengänge der Hefei University, die den Schlüsselindustrien der Stadt Hefei entsprechen

Schlüsselindustrien	Masterstudiengänge	Studiengangscluster
Integrated Circuit Neue Displays Software	Elektronische Informationen, Maschinenbau	Mechatronik, Elektronische Informationstechnik, Softwaretechnik, Datenwissenschaft und Big-Data-Technologie
Intelligente Haushaltsgeräte Herstellung von High-End-Geräten Künstliche Intelligenz (KI) Fahrzeuge mit erneuerbarer Energie und intelligent vernetzte Fahrzeuge	Elektronische Informationen, Maschinenbau	Mechanische Konstruktion, Maschinenbau und Automatisierung, Mechatronik, Fahrzeugtechnik, intelligente Fertigungstechnik, Automatisierung, elektronische Informationstechnik, Datenwissenschaft und Big-Data-Technologie, intelligente Mobilität
Biomedizin	Biologie und Medizin	Bioingenieurwesen, Chemieingenieurwesen und Verfahrenstechnik
Energieeinsparung und Umweltschutz Neue Energien Neues Material	Ressourcen und Umwelt, Werkstoff- und Chemieingenieurwissenschaften, Materialwissenschaft und -technik	Umwelt-, Energie- und Chemietechnik, Chemische Technik und Verfahren
Kreative Kultur	Tourismusmanagement, Journalismus und Kommunikation	Web & Neue Medien, Industriedesign, Produktdesign, Kunst & Technologie, Animation

1.2 Optimierung der Ressourcenallokation mit Fokus auf die Studiengänge

Gemäß dem Grundsatz der Optimierung der Ressourcenallokation wird die Ressourcenallokation im Hinblick auf die Studiengänge optimiert, um die Entwicklung der Studiengänge zu fördern. Zu diesem Zweck wurden 2019 insgesamt 11 dezentrale Fakultäten eingerichtet. Einige Beispiele: Um die Stadt Hefei zu einer Hochburg der modernen Fertigungsindustrie und zu einem Zentrum der digitalen Wirtschaft zu machen, wurden die Fakultät für fortgeschrittene Fertigungstechnik sowie die Fakultät für künstliche Intelligenz und Big Data gegründet; um die Entwicklung der modernen Dienstleistungsindustrie zu fördern, wurde die Fakultät für Tourismus und Event durch die Integration verschiedener Studiengänge gegründet. In Übereinstimmung mit den „Richtlinien für den Aufbau moderner wirtschaftsnaher Fakultäten (zur probeweisen Umsetzung)" des Bildungsministeriums konzentriert sich die Universität Hefei auf die industrielle Entwicklungsstrategie der „Fünf Hochländer" von Hefei und fördert den Aufbau moderner wirtschaftsnaher Fakultäten, die den Bedürfnissen der lokalen wirtschaftlichen und sozialen Entwicklung und den Gegebenheiten der Hochschule entsprechen, wie die Fakultät für fortgeschrittene Fertigungsindustrie und die Fakultät für städtische Eisenbahnindustrie. Durch die institutionelle Reform wird einerseits eine schnelle, zielgerichtete und reibungslose Verbindung zwischen den Studiengängen und der industriellen Entwicklung hergestellt und eine rechtzeitige Anpassung gewährleistet, andererseits werden die Ressourcen besser genutzt.

2 Vertiefung der Zusammenarbeit zwischen der Hochschule und Unternehmen und Förderung der organischen Integration der Bildungskette und der Wirtschaftskette

Um die Integration von Hochschulbildung und Wirtschaft zu fördern, treibt die Hefei University proaktiv die Zusammenarbeit zwischen Hochschulen und Unternehmen voran, stärkt die Reform des dualen Systems der Talentausbildung und formuliert Ausbildungsziele, die den Bedürfnissen der Industrie entsprechen. Zudem integriert sie technische Fähigkeiten und Arbeitsstandards sowie moderne und internationale berufliche Kompetenzen in die Ausbildungsprogramme (Lange et al. 2017). Darüber hinaus wird ein Ausbildungsmodell eingeführt, in dem „Multi-Lernszenarien und Multi-Ziele" entsprechend den Ausbildungsprogrammen umgesetzt werden können. Ausgehend von den unterschiedlichen Zielen in den verschiedenen Ausbildungsphasen werden entsprechende Lehr- und Lernszenarien flexibel zwischen Hochschule und Unternehmen eingesetzt.

2.1 Deutsch-chinesische Zusammenarbeit beim Aufbaus der „Continental Innovation Class"

Basierend auf der Modellplattform für die deutsch-chinesische Bildungskooperation nutzt die Hefei University die Vorteile der langfristigen Zusammenarbeit mit deutschen Hochschulen, reagiert auf die Nachfrage der Unternehmen nach Talenten, verfolgt aufmerksam den technologischen Wandel und die industrielle Modernisierung, fördert proaktiv die intensive Zusammenarbeit mit Unternehmen und entwickelt und implementiert so gemeinsam mit deutschen Hochschulen Bildungsprogramme. Ein Beispiel ist die Einrichtung der „Continental Innovation Class". Im Jahr 2016 hat die Hefei University gemeinsam mit der Continental AG Deutschland und der deutschen Hochschule Emden/Leer mit dem Aufbau der „Continental Group Innovation Class" begonnen. Dabei handelt es sich um eine Dreierkooperation, also eine Kooperation zwischen Hochschule, Unternehmen und Hochschule. Die drei Parteien haben gemeinsam ein Ausbildungsprogramm für Maschinenbau und Automatisierung entwickelt und damit begonnen, das duale System der Hochschulausbildung zu erforschen und zu erproben. Das Ausbildungsprogramm konzentriert sich auf die Branchenstandards und setzt das duale System der Hochschulbildung um. Das Ausbildungsprogramm orientiert sich an den Industriestandards und setzt das Prinzip der „vierfachen Zusammenarbeit" um, d. h. Zusammenarbeit mit Unternehmen bei der Festlegung der Ausbildungsziele, Zusammenarbeit mit Unternehmen bei der Gestaltung des Ausbildungsprogramms, Zusammenarbeit mit Unternehmen bei der Neugestaltung des Curriculums und der Lehrinhalte sowie Zusammenarbeit mit Unternehmen bei der Durchführung des Ausbildungsprozesses. Letzteres beinhaltet auch die Zusammenarbeit bei der Gestaltung des praktischen Ausbildungssystems, bei der Förderung praktischer Fertigkeiten und bei der Durchführung von Prüfungen (Liu et al. 2020; China News 2021). Das Ausbildungsprogramm konzentriert sich auf die organische Verzahnung von Theorie und Praxis und soll den Studierenden verschiedene Lernszenarien sowohl in der Hochschule als auch im Unternehmen bieten. Dieses Modell der kooperativen Ausbildung und der Zusammenarbeit zwischen Hochschule und Unternehme hat die Reform des dualen Systems der Hochschulbildung in China eingeleitet. Bis Juli 2021 werden insgesamt 44 Studierende aus zwei Kohorten die „Continental Innovation Class" absolviert haben, die alle eine qualifizierte Beschäftigung aufgenommen haben. 19 von ihnen arbeiten im Continental-Konzern.

Die Umsetzung des Konzepts der „Continental Innovation Class" ist ein Beispiel dafür, wie eine mehrdimensionale Zusammenarbeit von Hochschulen mit deutschen Unternehmen, mit Unternehmen in China und auf höherer akademischer Ebene gelingen kann.

2.2 Zusammenarbeit zwischen der Hochschule und Unternehmen beim Aufbau einer „Schienenklasse"

Als Reaktion auf die Nachfrage der Stadt Hefei nach Fachkräften im Schienenverkehr intensivierte die Hefei University die Reform des dualen Systems der Hochschulbildung. Im März 2021 wurde in Zusammenarbeit mit der Hefei Railway Transportation Group Co., Ltd. eine „Schienenklasse" eingerichtet, die sich an der Nachfrage nach Fachkräften im Schienenverkehr orientiert und eine One-Stop-Ausbildungsstätte für professionelle Schienenverkehrsingenieure darstellt. Das Curriculum der „Rail Class" wurde gemeinsam von der Hochschule und der Hefei Railway Transportation Group Co., Ltd. entwickelt und sieht ein vierstufiges Ausbildungsmodell vor: ein umfassendes Kursstudium, ein Praktikum an der Basis, ein Praktikum am Arbeitsplatz, eine Bachelorarbeit und eine Karriereberatung. Die Karriereberatung ermöglicht es den Studierenden, sich von Studenten zu Unternehmensangestellten, Fachkräften und Branchenspezialisten zu entwickeln. Die erste Kohorte von 21 Studierenden des Jahrgangs 2018 mit den Fachrichtungen Bauingenieurwesen, Verkehrstechnik, Kommunikationstechnik, Maschinenbau und Automatisierungstechnik sowie Informationsmanagement und Informationssysteme wurde durch die Auswahl der Studierenden und der Hochschule in die Schienenklasse" aufgenommen.

Die Reformpraxis der Hefei University im dualen System und ihre Erfolge wurden von den zuständigen nationalen Ministerien und Kommissionen nachdrücklich bestätigt. Die Hochschule hat hierbei auch große Unterstützung erhalten. Im Jahr 2018 wurde die „Forschung über die Anwendung des dualen Systems in der Hochschulbildung in neuen ingenieurwissenschaftlichen Studiengängen" vom Bildungsministerium als eines der ersten Modellprojekte zum Aufbau neuer ingenieurwissenschaftlicher Studiengänge genehmigt; im Jahr 2020 wurde das Projekt „Aufbau und Modellfunktion von deutsch-chinesischen Zentren für angewandte Talentförderung in der Hochschulbildung im dualen System" vom Ministerium für Industrie und Informationstechnologie gefördert.

2.3 Beschleunigung des Aufbaus von modernen wirtschaftsnahen Fakultäten

Um die wichtigen Anweisungen des Parteisekretärs *Jinping Xi* auf der Nationalen Berufsbildungskonferenz und die Forderungen von Vizepremierministerin *Chunlan Sun* in ihrer Rede anlässlich der Inspektion der Hefei University am 23. April 2021 gründlich umzusetzen, hat die Hefei University den „Implementierungsplan für das duale System in der Hochschulbildung" auf der Grundlage der industriellen Entwicklung in Hefei entwickelt, um die Reform des dualen Systems umfassend umzusetzen. Auf der Grundlage der bisherigen Erfahrungen mit den Pilotprojekten und unter Berücksichtigung des Konzepts der Stadt Hefei für den Aufbau einer der „ersten Modellstädte für die Integration von Hochschulbildung und Wirtschaft" hat die Hefei University auch proaktiv Modelle für den Aufbau moderner wirtschaftsnaher Fakultäten erforscht, die den Bedürfnissen der Entwicklung neuer Industrien entsprechen. Die Hochschule ist bestrebt, diese wirtschaftsnahen Fakultäten zu Plattformen zu machen, auf denen die Entwicklung von Studiengängen und Industrien miteinander verknüpft werden. Vor diesem Hintergrund hat die Hefei University die wirtschaftsnahe Fakultät für fortgeschrittene Fertigung, die wirtschaftsnahe Fakultät für städtischen Schienenverkehr und das „VW College" gegründet. Aktuell soll unter anderem der Aufbau der wirtschaftsnahen Fakultäten für Integrierte Schaltungen, für Digitale Kreativität sowie des VW College forciert werden. In diesen wirtschaftsnahen Fakultäten können Ressourcen gebündelt und damit die Wandlungsfähigkeit der Talentförderung kontinuierlich verbessert werden.

Besonders erwähnenswert ist das VW College. Dieses College wurde im Juli 2021 gemeinsam von der Hefei University, dem Verwaltungsausschuss der Wirtschafts- und Technologieentwicklungszone Hefei und der Volkswagen China Investment Co., Ltd. gegründet. Die drei Parteien betreiben das College gemeinsam. Studierende der Fachrichtungen Fahrzeugtechnik, Maschinenbau und Automatisierungstechnik bewerben sich in Eigeninitiative um einen Studienplatz am VW College. Das Unternehmen wählt die Studierenden aus. Derzeit absolvieren 22 Studierende der Fachrichtungen Maschinenbau, Automatisierungstechnik etc. ein einjähriges Betriebspraktikum im Volkswagen Konzern.

Am VW College werden die Prozesse der Forschung und Entwicklung, der Produktion, des Managements und der Geschäftstätigkeit des Volkswagen Konzerns in den Lehrprozess integriert. Ingenieursprojekte werden in Prototypenzentren durchgeführt. Das Ausbildungsmodell zeichnet sich durch „wechselnde Szenarien, Mehrstufigkeit und Zielvielfalt" aus. Auf diese Weise sollen die

Fachkompetenz, die ingenieurpraktischen Fähigkeiten sowie die Innovationsfähigkeit und das unternehmerische Denken der Studierenden gestärkt werden. Es entsteht ein „innovationsgetriebenes, sich gegenseitig befruchtendes und nachfrageorientiertes" System zur Ausbildung von Fachkräften für die Automobil- und Mobilitätsbranche der Zukunft.

3   Förderung der Lehrerentwicklung und Verbesserung der Fähigkeit zur Integration von Wirtschaft, Lehre und Forschung

Ein hoch qualifizierter Lehrkörper ist der wichtigste Garant für eine qualitativ hochwertige Entwicklung der Hochschule. Die Hefei University setzt sich energisch für den Aufbau eines Lehrkörpers mit „Doppelqualifikation und Doppelkompetenz" (shuangshi shuangneng) ein. Die Lehrenden der Hefei University werden insbesondere hinsichtlich ihrer Lehrkompetenz und ihrer Fähigkeit zur Integration von Wirtschaft, Lehre und Forschung gefördert, um die Reform der Ausbildung im Hinblick auf eine integrierte Entwicklung von Studium, Beschäftigung und Wirtschaft zu gewährleisten.

3.1   Gewinnung von hochqualifizierten Lehrenden und Aufbau eines Lehrkörpers mit „Doppelqualifikation und Doppelkompetenz"

Basierend auf den Konzepten der Internationalisierung und der regionalen gesellschaftlichen Funktion ist die Hefei University bestrebt, hochqualifizierte Humanressourcen aus dem In- und Ausland anzuziehen und diese umfassend in den gesamten Lehr- und Lernprozess zu integrieren. An der Hochschule sind 36 ausländische Experten u. a. aus Deutschland, Korea, Kanada und Großbritannien langfristig beschäftigt. Experten von deutschen Fachhochschulen sind beispielsweise nicht nur Professoren, sondern auch Ingenieure mit langjähriger Berufserfahrung im Unternehmen. Kurt Bodewig, ehemaliger Bundesminister für Verkehr, Bau- und Wohnungswesen, Präsident der Deutschen Verkehrswacht und stellvertretender Vorsitzender der Gemeinsamen Verkehrsministerkonferenz der Länder, ist Gastprofessor im Rahmen des LOGinCHINA-Programms. Prof. Dr. Lange, deutscher Leiter des dualen Studiengangs „Continental Innovation Class", war lange Zeit bei Bosch China als Leiter der Abteilung Produktionstechnik tätig.

Durch die Einführung des Systems der „Doppelrekrutierung und Doppelberufung" (shuangpin shuanggua) werden qualifizierte Branchen- und Unternehmensvertreter aus der Region auf den Campus und in den Hörsaal geholt. Auf diese Weise sind sie eng in den Lehrprozess eingebunden. Die Hefei University stellt Unternehmensvertreter auf verschiedenen Ebenen und mit unterschiedlichen Qualifikationen als nebenberufliche Lehrkräfte ein. Umgekehrt werden viele Lehrende der Universität von Unternehmen als nebenberufliche Ingenieure und Entwickler eingestellt. Auf diese Weise ist ein durchlässiger Mechanismus für den Austausch von Talenten zwischen Hochschulen und Unternehmen entstanden. In den letzten fünf Jahren wurden insgesamt 112 technische Experten von Unternehmen als Lehrbeauftragte und 116 externe Experten als nebenberufliche Professoren eingestellt. 213 externe Experten waren als Betreuer in den ingenieurwissenschaftlichen Masterstudiengängen tätig. Insgesamt verfügt die Hochschule über 465 Lehrkräfte mit mindestens einem halben Jahr Berufserfahrung. Damit liegt der Anteil der Lehrenden mit „Doppelqualifikation und Doppelkompetenz" bei 60,8 %. Damit ist die Vertiefung der anwendungsorientierten Ausbildung in jeder Hinsicht gewährleistet.

3.2 Aufbau von Forschungsplattformen auf hohem Niveau und umfassende Förderung der Lehrerkompetenz in Bezug auf angewandte Forschung

Um die Lehrkompetenz der Lehrenden und die praktischen Fähigkeiten der Studierenden zu verbessern, fördert die Hefei University zum einen Praktika der Studierenden in Partnerunternehmen und zum anderen die Einrichtung so genannter „Integrated Labs" durch Unternehmen und Technologiezentren der zuständigen Branchenbehörden auf dem Campus. Auf diese Weise wird sowohl die technische Innovationsfähigkeit der Industrieunternehmen als auch die Fähigkeit der Lehrenden zur Integration von Wirtschaft, Lehre und Forschung gefördert. So entsteht ein Modell, bei dem sich die Türen von Hochschule und Unternehmen gegenseitig öffnen und beide Institutionen ihre Kompetenzen durch Zusammenarbeit weiterentwickeln können. An der Hefei University wurden demnach unter anderem die folgenden Forschungsplattformen auf Provinz- und Kommunalebene aufgebaut: Das „kollaborative Innovationszentrum der Provinz Anhui für die Vermeidung von Umweltverschmutzung und ökologische Wiederherstellung", das „Forschungszentrum für Energietechnik für feste Abfälle der Provinz Anhui" sowie die „Technologieplattform für energiesparende Gebäude der Provinz Anhui". Darüber hinaus gibt es 41 Kooperationsplattformen, welche die Integration von Wirtschaft, Bildung und Forschung fördern und umfassende Innovationsforschung in den Bereichen Schlüsseltechnologien, Forschung und Entwicklung von High-End-Geräten und Anwendungen betreiben. Beispiele sind das Forschungsinstitut für Umwelttechnologie Hefei sowie das Analyse- und Testzentrum. In den letzten fünf Jahren hat die Hefei University mehr als 400 Forschungsprojekte durchgeführt, die von der Zentralregierung, dem Staatsfonds, der Provinz Anhui und Ministerien gefördert wurden. Viele dieser Forschungsprojekte sind Schlüssel- und Schwerpunktprojekte. Ferner hat die Hochschule 629 Auftragsforschungsprojekte durchgeführt, z. B. mit der China Electronics Technology Group Corporation, der China Railway 24th Bureau Group Corporation, BYK Chemistry Germany, Sunny Power Supply Company Ltd. und der Straßenverkehrsbehörde der Provinz Anhui. Die Hochschule erhielt 30 Auszeichnungen für wissenschaftliche Forschungsleistungen auf Provinz- und Ministerialebene. Sie hat 867 nationale Patente erhalten und wurde fünf Jahre in Folge in die Liste der 100 besten Institutionen für Erfindungspatente der Provinz Anhui aufgenommen. Zur Förderung der Forschungskompetenz von Lehrkräften wird das „Programm zur Entwicklung der praktischen Fähigkeiten junger Lehrkräfte" umgesetzt und „Umsetzungsmaßnahmen zur Verbesserung der praktischen Anwendungsfähigkeiten von Lehrkräften" initiiert. Insbesondere sollen junge Lehrkräfte ermutigt werden, Berufspraktika in einschlägigen Unternehmen und Institutionen zu absolvieren und Kontakte zu Behörden, Unternehmen und Institutionen zu knüpfen, um ihre Dienstleistungen in Form von Studien, wissenschaftlicher und technologischer Beratung, Forschung zur Lösung von Schlüsselproblemen und Verbreitung von Forschungsergebnissen anzubieten und damit der Gesellschaft zu dienen. Auf diese Weise können sie auch ihre anwendungsorientierten Fähigkeiten kontinuierlich weiterentwickeln.

4   Steigerung der Beschäftigungsfähigkeit und Förderung der industriellen Entwicklung

Die Reform der Talentausbildung durch die Intensivierung der Zusammenarbeit zwischen Hochschulen und Unternehmen verbessert die Fähigkeit der Studierenden, das Gelernte mit der Praxis zu verknüpfen. Dies verbessert nicht nur die Beschäftigungsfähigkeit der Studierenden, sondern fördert auch die Entwicklung der Industrie.

4.1 Kontinuierliche Verbesserung der Kohärenz zwischen der Beschäftigung von Hochschulabsolventen und der regionalen industriellen Entwicklung

Die Beschäftigungsquote von Hochschulabsolventen in der Region spiegelt nicht nur den wirtschaftlichen und sozialen Entwicklungsstand der Region wider, sondern auch den Grad der Anpassung der Studiengänge an die wirtschaftliche und gesellschaftliche Entwicklung. In den letzten fünf Jahren lag die Beschäftigungsquote der Absolventen der Hefei University in der Provinz Anhui bei etwa 70 %, wobei der Anteil der in Unternehmen beschäftigten Absolventen über 95 % und der Anteil der in Unternehmen als Ingenieure und Techniker beschäftigten Absolventen durchschnittlich 43 % betrug. Diese Absolventen entwickeln sich zum wichtigen technischen Rückgrat der Industrie und der Unternehmen in der Region. Die Beschäftigungsrate von Hochschulabsolventen in Schlüsselindustrien in der Provinz Anhui ist von 30 % im Jahr 2016 auf 35 % im Jahr 2021 gestiegen, die Beschäftigungsrate von Hochschulabsolventen in der Stadt Hefei hat etwa 60 % erreicht und die Beschäftigungsrate von Hochschulabsolventen in Schlüsselindustrien in Hefei ist von knapp 28 % im Jahr 2016 auf über 33 % im Jahr 2020 gestiegen. Die Zahl der Absolventen, die in Unternehmen der Schlüsselindustrie in Hefei beschäftigt sind, ist gestiegen (siehe Tab. 2). Dies führt zu einer Win-Win-Situation zwischen der Beschäftigung von Absolventen und der industriellen Entwicklung. Die Hefei University ist als „Wiege der Ingenieursausbildung in der Stadt Hefei" bekannt.

4.2 Kontinuierliche Entwicklung der umfassenden Kompetenzen der Studierenden

Durch das Lernen und Üben in multiplen Szenarien und die organische Verbindung von Theorie und Praxis können die Studierenden ihre umfassenden Kompetenzen, einschließlich der Teamfähigkeit, kontinuierlich weiterentwickeln. Vor allem durch die Praxisphasen im Unternehmen entwickeln sie einen gründlichen Arbeitsstil unter Berücksichtigung der Anwendung wissenschaftlicher Arbeitsmethoden, so dass Wissen und praktische Fähigkeiten synergetisch wachsen. Die erfolgreiche Zusammenarbeit zwischen Hochschule und Unternehmen ist der Garant für die Erreichung des Ziels, dass Hochschule und Unternehmen gemeinsam Ingenieurfachkräfte für moderne Technologien ausbilden. Diese Art der Hochschulausbildung ermöglicht es den Studierenden, klare Lernziele zu haben und diese mit hoher Motivation zu verfolgen.

Tab. 2 Beschäftigung von Absolventen der Hefei University in Schlüsselunternehmen und Schlüsselindustrien in Hefei 2016–2020

Schlüsselindustrien	Anzahl der Absolventen, die in den letzten fünf Jahren von Schlüsselunternehmen beschäftigt wurden (Personen)
IC Neue Displays Hardware	Changxin Storage (36), Lianbao Technology (70), BOE (75), Tongfu Microelectronics (23), Hefei Jinghe Integrated Circuits (23), Visionox (20), Best Thinking (70), Keguo Zhen (10), Keguo Chuang (46), Peiton Technology (14), Hangjia Electronics (9), Sunny Spectrum Optoelectronics Technology (6), Corning Display (5)
Intelligente Haushaltsgeräte Herstellung von High-End-Geräten Künstliche Intelligenz (KI) Neue Energiefahrzeuge und intelligent vernetzte Fahrzeuge	Haier Electric Appliances (16), Gree Electric Appliances (6), Midea Corporation (11), Changhong Meiling Electric (35), TCL Household Appliances (5), Hitachi Construction Machinery (32), KUDA Xunfei (421), Guoxuan Gaoxin (8), Luckys Technology (5), Giti Tire (25), Continental Mazda Tire (19), Anhui Jianghuai (17), Siltronic (36), ZTEC Power Electronics (12) KU Intelligent Electric (6)
Biomedizin	Ancor Bio (32), Zhifei Longkoma (17), Tianmai Bio (7), Huaheng Bio (6),
Energieeinsparung und Umwelttechnik Neue Energien Neues Material	Wan Yi Wissenschaft und Technologie (30), Wan Xin Umwelttechnik (10), China Test und Inspektion (8), Guozhen Umweltschutz (5), Gonghe Umweltüberwachung (6), Guotai Zhongxin Inspektion (5), Rainbow Liquid Crystal Glass (8) in das Salz von Anhui Hongsquare (8), wird durch die neuen Materialien (8), zweidimensionale Eastman-Faser (7)
Kreative Kultur	Anhui Global Culture (17), Anhui Shanshui Decoration (15), Binhu Investment (15) Le Tang Holdings (12), Anda Chuangzhan Technology (10)

Die Studierenden der „Continental Group Innovation Class" nahmen aktiv an den technischen Entwicklungsprojekten des Unternehmens teil und erzielten gute praktische Ergebnisse in realen Szenarien im Unternehmen. Zum Beispiel lösten zwei Studierende, *Hairui Wang* und *Yantao Liu,* erfolgreich das Problem der übermäßigen Vibrationen der CTR bei der Produktion von 15–24-Zoll-Reifen. *Zhen Wang* löste das Problem der Schmierung zwischen der Basis des SSR-Faltenbalgs und der großen Welle. Anhand realer Probleme können die Studierenden ihre Problemlösungsfähigkeiten in der Praxis weiterentwickeln und den Unternehmen bei der Lösung technischer Probleme helfen. Die Unternehmen können auf diese Weise ihren Nachwuchs rekrutieren.

5 Nähere Überlegungen zur Förderung von qualitativ hochwertiger Hochschulausbildung durch die integrierte Entwicklung von Studiengängen, Beschäftigung und Wirtschaft

Wenn Studiengänge, Beschäftigung und Wirtschaft als Ganzes betrachtet werden, sind dabei verschiedene Akteure wie Unternehmen, Hochschulen usw. involviert. Es geht dabei um den Erfolg der Reform der Hochschulausbildung, um die Unterstützung und Gewährleistung der Talentversorgung, die für die industrielle Entwicklung besonders wichtig ist. Dies erfordert eine starke Unterstützung durch die Regierung, eine aktive Beteiligung der Unternehmen und eine angemessene Evaluierung und Bewertung der Hochschulen. Es ist wichtig, dass alle Akteure durch gemeinsame Anstrengungen positive synergistische Wechselwirkungen erzeugen (Wang 2021).

5.1 Unterstützung der Regierung als Erfolgsgarant

An der integrierten Entwicklung von Hochschulbildung, Beschäftigung und Wirtschaft sind verschiedene Akteure beteiligt. Unerlässlich für den Erfolg ist die Unterstützung durch die Regierung. Als eine der ersten Modellstädte für die Integration von Hochschulbildung und Wirtschaft hat die Stadt Hefei die Integration von Hochschulbildung und Wirtschaft tatkräftig gefördert. Wichtige Dokumente wie die „Bekanntmachung der Volksregierung der Stadt Hefei über die Umsetzung von Maßnahmen zur Förderung der Integration von Hochschulbildung und Wirtschaft sowie der Zusammenarbeit zwischen Hochschulen und Unternehmen" sowie die „Durchführungsverordnung zur Entwicklung einer neuen

Dynamik, zur Förderung der industriellen Transformation und Modernisierung und zur hochwertigen wirtschaftlichen Entwicklung" wurden sukzessive verabschiedet. Im Jahr 2017 investierte die Stadt Hefei 1,788 Mrd. Yuan in den Aufbau einer Modellplattform für die deutsch-chinesische Bildungskooperation, um die Hefei University dabei zu unterstützen, eine Modellhochschule für die deutsch-chinesische Kooperation im Bereich der angewandten Hochschulbildung zu werden. In diesem Rahmen sollen die Struktur ihrer Studiengänge kontinuierlich optimiert, Mechanismen für die kooperative Ausbildung entwickelt und eine effektive Verknüpfung der Bildungskette, der Wirtschaftskette und der Innovationskette gefördert werden.

Im Zeitraum des „13. Fünfjahresplans" investierten die Zentral-, Provinz- und Kommunalverwaltung insgesamt fast 170 Mio. Yuan in den Aufbau der experimentellen und praktischen Ausbildungsplattformen für kreatives Design und Architektur sowie Verkehrenstechnik, um die Ausbildung von Talenten in den Bereichen kreatives Design, Architektur und Verkehrstechnik zu unterstützen. Im Juni 2021 erhielt die Hefei University von der nationalen Entwicklungs- und Reformkommission 60 Mio. Yuan im Rahmen des „Förderprogramms für den Aufbau einer starken Bildungsnation" (jiaoyu qiangguo tuijin gongcheng xiangmu), um den Aufbau der Projektplattform für Praxistraining im Bereich der intelligenten Fertigungsindustrie im Sinne der Integration von Hochschulbildung und Wirtschaft zu intensivieren und so die Ausbildung von entsprechenden Talenten zu fördern.

Erst dank der tatkräftigen Unterstützung und Anleitung durch die zuständigen staatlichen Ministerien und Kommissionen sowie die Provinz- und Stadtregierung konnte die Reform der Hefei University im Sinne einer integrierten Entwicklung von Studiengängen, Beschäftigung und Wirtschaft die erwarteten Ergebnisse erzielen.

5.2 Das Engagement der Unternehmen als Schlüssel für eine effiziente Zusammenarbeit

Eine kooperative Talentausbildung zwischen Hochschulen und Unternehmen trägt dazu bei, dass die ausgebildeten Fachkräfte den Bedürfnissen der Wirtschaft entsprechen. Strukturelle Defizite in der Talentausbildung können leicht behoben werden. Um eine intensive Zusammenarbeit zwischen Hochschulen und Unternehmen zu fördern, hat die Hefei University wirtschaftsnahe Fakultäten eingerichtet. Damit sind Plattformen entstanden, die vielfältige Möglichkeiten der kooperativen Talentausbildung und Zusammenarbeit in Lehre, Forschung und Transfer bieten und Unternehmen in besonderer Weise motivieren können.

Seit 2020 haben die Entwicklungs- und Reformkommission der Provinz Anhui und das Bildungsministerium der Provinz Anhui dreimal gemeinsam eine Reihe von Unternehmen als Hochschulpartner für die Umsetzung der Integration von Hochschulbildung und Wirtschaft ausgewählt. Die insgesamt 301 ausgewählten Unternehmen, darunter auch iFLYTEK, gehören alle zu den führenden Unternehmen in den Schwerpunkt- oder Schlüsselindustrien der Provinz Anhui und sollen im Reformprozess zur Integration von Hochschulbildung und Wirtschaft enger mit den Hochschulen zusammenarbeiten.

5.3 Evaluationsergebnisse als Orientierung für die Reform

Die Integration von Hochschulbildung und Wirtschaft sowie die Zusammenarbeit zwischen Hochschulen und Unternehmen erfordern entsprechende Anpassungen des Indikatorensystems für Hochschulevaluationen und die Akkreditierung von Studiengängen. Aspekte wie die Beschäftigungsquote von Absolventen in lokalen Schlüsselindustrien und die Entwicklung von Curricula und Kursinhalten in Kooperation mit Unternehmen sollten in Evaluationen stärker berücksichtigt werden. Die Evaluationsergebnisse können den Hochschulen als Orientierungshilfe dienen, um ihre Studiengangsstrukturen kontinuierlich sinnvoll anzupassen, die Relevanz ihrer Studiengänge zu verbessern und den Konvergenzgrad von Studiengängen, Beschäftigung und Wirtschaft zu erhöhen. Dies trägt nicht nur zur Förderung einer qualifizierten Beschäftigung von Hochschulabsolventen bei, sondern hilft den Hochschulen auch, sich auf die qualitätsorientierte Entwicklung der lokalen Wirtschaft und Gesellschaft einzustellen und dabei eine führende Rolle zu spielen. Umgekehrt ermöglicht dies den Hochschulen auch, sich selbst auf hohem Niveau zu entwickeln (Xiao und Liang 2021).

Die Integration von Studiengängen, Beschäftigung und Wirtschaft ist ein wirksamer Weg zur Vertiefung der Hochschulreform in der neuen Ära und eine notwendige Voraussetzung für die Förderung einer qualitativ hochwertigen Entwicklung der Hochschulbildung, da sie an den Schnittstellen der Entwicklung von Hochschulen, Studierenden und Wirtschaft ansetzt und eine Win-Win-Win-Situation für Hochschulen, Studierende und Wirtschaft schafft. Die Hefei University wird die praktischen Erfahrungen bei der Integration von Studiengängen, Beschäftigung und Wirtschaft gründlich zusammenfassen und die Standards für die duale Hochschulbildung, die Curriculumsentwicklung und die Prüfungen erforschen, um einen Beitrag zu einer qualitativ hochwertigen Entwicklung der Hochschulbildung in China zu leisten und bewährte Verfahren bereitzustellen.

Literatur

Cai J, Yu G, Liu H, Xia L, Zhu T (2018) Neues Konzept und Integration des gesamten Prozesses – eine neue Untersuchung der tiefgreifenden Integration von Hochschulbildung und Wirtschaft an angewandten Hochschulen. Appl Orient High Educ Res (AOHER) 1:1–4

China News (zhongguo xinwenwang) (03.08.2021) Das „Hefei-Modell" des deutsch-chinesischen dualen Systems der Hochschulbildung. http://www.ah.chinanews.com/news/2021/0803/284724.shtml. Zugegriffen: 6. Jan. 2022

Lange S, Schmidt F, Sun J, Sun Y (2017) Internationale duale Hochschulausbildung – Weiterentwicklung des dualen Studiengangs im Kontext der beschleunigten Internationalisierung der Wertschöpfungskette. Appl Orient High Educ Res (AOHER) 1:80–87

Liu J, Gu M, Lv G (2020) Innovation und Praxis der Talentförderung im internationalen dualen System der Hochschulbildung am Beispiel der Hefei University. J Hefei Univ (hefei xueyuan xuebao) (Social Science Edition) 1:17–21, 32

National Development and Reform Commission (NDRC) (guojia fayhan gaige weiyuanhui) (2019) Bekanntmachung über die Herausgabe des Umsetzungsprogramms des nationalen Pilotprojekts zur Integration von Industrie und Bildungsbau vom 25.09.2019. https://www.ndrc.gov.cn/xxgk/zcfb/tz/201910/t20191009_1181933.html?code=&state=123. Zugegriffen: 8. Dez. 2021

Wang J (2021) Was ist eine qualitativ hochwertige Entwicklung der Hochschulbildung? China High Educa Res (zhongguo gaojiao yanjiu) 6:15–22

Xi J (2020) Menschen für die Partei bilden und Talente für das Land ausbilden, Bildung zur Zufriedenheit des Volkes anstreben. Rede auf dem Symposium für Vertreter von Experten aus den Bereichen Bildung, Kultur, Gesundheit und Sport. KPCh-Nachrichten (zhongguo gongchandang xinwenwang) vom 24.09.2020. http://cpc.people.com.cn/n1/2020/0924/c64387-31872816.html. Zugegriffen: 6. Jan. 2022

Xiao J, Liang H (2021) Aufbau eines hochwertigen Bildungssystems auf der Grundlage der neuen Entwicklungslandschaft. China High Educa Res (zhongguo gaojiao yanjiu) 11:50–52

Optimierung des Systems der Ausbildung von innovativen Talenten an Hochschulen unter dem Aspekt der Interdisziplinarität

Tong Hu

交叉学科视域下高校创新型人才培养体系优化研究

胡 童

1　Die Bedeutung der Interdisziplinarität für die Optimierung des Systems zur Ausbildung innovativer Talente an Hochschulen

Mit der rasanten Entwicklung von Wissenschaft und Technologie und der Ausweitung der Hochschulbildung ist die Förderung von Kompetenzen in den Bereichen Innovation und Unternehmertum zu einem wichtigen Schwerpunkt der Hochschulentwicklung geworden, da die Gesellschaft hohe Erwartungen an Hochschulabsolventen stellt – etwa deren Innovationsfähigkeiten und Unternehmergeist. Die Entwicklung der Ausbildung von innovativen Talenten aus einer interdisziplinären Perspektive ist daher von großem Wert für die Förderung der Reform der Hochschulbildung und -lehre.

T. Hu (✉)
Hefei University, Hefei, China
E-Mail: zhutao@hfuu.edu.cn

1.1 Interdisziplinarität als interne treibende Kraft für die Aktualisierung der Wissensstruktur in der Talentausbildung an Hochschulen

Ein interdisziplinäres Fachgebiet umfasst Inhalte aus mindestens zwei Disziplinen und kann dazu beitragen, die Wissensstruktur der Studierenden bei der Ausbildung innovativer Talente an Hochschulen zu optimieren und neu zu strukturieren. Erstens erweitert Interdisziplinarität das vorhandene Wissen der Studierenden und trägt dazu bei, die Wissensbasis für Innovation und Unternehmertum in einem vielfältigen, offenen und breiten Umfeld zu konsolidieren. Im Rahmen des interdisziplinären Lernens haben die Studierenden mehr Möglichkeiten, mit Inhalten aus Disziplinen in Berührung zu kommen, die ihrem eigenen Fachgebiet ähnlich, ggf. aber auch vollkommen fremd sind. Interdisziplinarität trägt dazu bei, die Grenzen zwischen Disziplinen und Fachbereichen zu durchbrechen, so dass die Studierenden mit unterschiedlichem Wissen in Berührung kommen und sich dieses aneignen. Dadurch entsteht bei den Studierenden ein großer Wissenspool, der die Entwicklung des Innovationsbewusstseins und der Innovationsfähigkeit fördert. Die Studierenden haben so ein besseres Verständnis für die Zusammenhänge von Wissen aus verschiedenen Disziplinen. Zweitens verbessert Interdisziplinarität die Fähigkeit der Studierenden, ihr Wissen neu zu strukturieren. Wenn Studierende interdisziplinär lernen, können sie multidisziplinäres Wissen nutzen, um eine neue Wissensstruktur aufzubauen und zu entwickeln und innovatives Denken zu entwickeln (You et al. 2014). Der Prozess des interdisziplinären Wissenserwerbs ist nicht einfach eine Kombination von unterschiedlichem Wissen, sondern ein Prozess der Optimierung der Wissensstruktur und der Verbesserung der Fähigkeit, Wissen zu verarbeiten und anzuwenden, indem die Studierenden ihr eigenes Verständnis mit der Lösung realer Probleme verbinden. Dieser Prozess entspricht den grundlegenden Anforderungen an die Ausbildung innovativer Talente an Hochschulen und ist die interne treibende Kraft für die Aktualisierung der Wissensstruktur in der Ausbildung innovativer Talente an Hochschulen. Die Aktualisierung und Schaffung einer interdisziplinären Wissensstruktur bildet eine solide Grundlage für den Aufbau eines Systems zur Ausbildung innovativer Talente an Hochschulen und fördert wirksam die Kompetenzentwicklung im Bereich der Innovationsfähigkeit und des Unternehmertums.

1.2 Interdisziplinarität als wichtiger Aspekt bei der Förderung der Innovationsfähigkeit von Studierenden

In den letzten Jahren hat die interdisziplinäre Forschung bemerkenswerte Ergebnisse – insbesondere in High-Tech-Bereichen – erzielt und die Richtung der Hochschulforschung bestimmt. Die Erweiterung und Integration des Wissens in interdisziplinären Bereichen haben den Horizont der Hochschulforscher in Bezug auf wissenschaftliche Innovation und explorative Forschung erweitert. Interdisziplinarität beeinflusst zunehmend den Forschungserfolg. Immer mehr Wissenschaftler erkennen, dass Forscher mit interdisziplinärem Hintergrund eine besondere Innovationsfähigkeit besitzen. Es zeigt sich, dass der Aspekt der Interdisziplinarität in der Hochschulausbildung unerlässlich ist, um die Innovationsfähigkeit der Studierenden zu fördern. Erstens fördert Interdisziplinarität die Entwicklung innovativen Denkens. Wenn Studierende mit interdisziplinärem Wissen in Berührung kommen, können sie den Denkrahmen ihres eigenen Fachgebiets durchbrechen und so innovatives Denken entwickeln. Dies ermöglicht Innovation und Unternehmertum. Zweitens können interdisziplinäre Forschungsprojekte den Forschungshorizont der Studierenden erweitern und dazu beitragen, dass Studierende andere Werte derselben Forschungsgegenstände entdecken und dieselben Forschungsprojekte aus einer neuen Forschungsperspektive, also einem neuen Blickwinkel angehen. Dadurch können bestehende Forschungsansätze aufgebrochen und das innovative Denken der Studierenden gefördert werden (Liu 2020). Schließlich bietet die interdisziplinäre Forschung Studierenden Einblicke in die aktuellen Forschungsschwerpunkte in verschiedenen Bereichen, verbessert die Beteiligung der Studierenden an der Forschung und fördert die Forschungs- und Innovationsfähigkeit der Studierenden. Die Durchführung von Forschungsprojekten durch Studierende unter Anleitung von Lehrenden kann nicht nur den Erwerb und die Vertiefung von Fachwissen fördern, sondern auch die Innovations- und Praxisfähigkeit der Studierenden verbessern und die Ausbildung innovativer Talente an Hochschulen wirksam unterstützen. Kurz gesagt, die Förderung der Interdisziplinarität in der Hochschulbildung ist das Ergebnis der Entwicklung der Disziplinen, aber auch der Schlüssel zur Förderung der Innovationsfähigkeit und des Unternehmergeistes der Studierenden. Sie ist auch eine inhärente Notwendigkeit für die Ausbildung innovativer Talente an Hochschulen.

1.3   Interdisziplinarität ist unerlässlich, um der strategischen Entwicklung Chinas zu einem innovativen Land gerecht zu werden

In den letzten Jahren hat der Staat in einer Reihe von Dokumenten das strategische Ziel des Aufbaus eines innovativen Landes klar formuliert. Die Hauptaufgabe der Talentförderung an Hochschulen besteht darin, innovative Talente auszubilden. Die Hochschulen sind die Hauptakteure bei der Bereitstellung innovativer Talente, die für den Aufbau eines innovativen Landes benötigt werden. Es ist der historische Auftrag und die natürliche Aufgabe der Hochschulen, eine große Zahl hochqualifizierter Talente auszubilden, die über interdisziplinäres Wissen, ein Bewusstsein für Innovation und Kooperation, Innovationsfähigkeit und die Fähigkeit zur Exploration verfügen, um die Entwicklung der nationalen Wissenschaft und Technologie zu unterstützen. Da die Hochschulbildung in die Phase der Popularisierung eingetreten ist, ist die Verbesserung der Qualität der Hochschulbildung zum strategischen Entwicklungsziel der Hochschulen geworden. Hochschulen sollen proaktiv die Vorteile der Interdisziplinarität nutzen, interdisziplinäre Fachgebiete erschließen, interdisziplinäre Forschungszentren einrichten und die Initiative ergreifen, neue Modelle für die Ausbildung interdisziplinärer Talente zu erforschen, um die Qualität von Bildung und Lehre an den Hochschulen zu verbessern und die Ausbildung innovativer Talente zu fördern. Ein Beispiel ist die South China University of Technology. Die Universität erforscht aktiv Formen der Ausbildung von interdisziplinären Talenten, indem sie den Ausbildungsmechanismus erneuert, Innovationsklassen und experimentelle Klassen für die Reform der Lehre einrichtet und die Interdisziplinarität in drei Aspekten wirksam werden lässt: Qualität der Ausbildung und der Lehre, Förderung der Innovationsfähigkeit und des Unternehmergeistes der Studierenden sowie Ausbildung von innovativen Talenten (Zhang und Lü 2016). Im Vergleich zu den entwickelten Industrieländern befindet sich die interdisziplinäre Ausbildung, Lehre und Forschung in China noch im Anfangsstadium. Traditionelle disziplinäre Ausbildung und Lehre sowie entsprechende Modelle der Talentausbildung sind noch vorherrschend. Die Hochschulen, die sich auf die Förderung innovativer Talente aus interdisziplinärer Sicht konzentrieren, befinden sich noch in der kognitiven Erkundungsphase. Daher entspricht die sinnvolle Erforschung interdisziplinärer Disziplinen an Hochschulen der neuen Entwicklung wissenschaftlicher Disziplinen. Die Schaffung geeigneter Mechanismen zur Förderung der Ausbildung interdisziplinärer und innovativer Talente ist daher von großer strategischer Bedeutung für die Umgestaltung und Entwicklung der Hochschulbildung und den Aufbau eines innovativen Landes.

2 Reale Herausforderungen bei der Optimierung des Systems zur Ausbildung innovativer Talente an Hochschulen

Aus einer interdisziplinären Perspektive haben Forschung und Praxis im Zusammenhang mit der Förderung innovativer Talente an Hochschulen bemerkenswerte Ergebnisse erzielt: Das Verständnis für das traditionelle Konzept der disziplinären Ausbildung ist nicht mehr selbstverständlich, das Bewusstsein für interdisziplinäre Entwicklung hat sich an den Hochschulen zunehmend entwickelt, die Einrichtung von Innovations- und Praxisplattformen für Studierende hat Gestalt angenommen und Forschungseinrichtungen, die sich speziell mit der Entwicklung interdisziplinärer Fachgebiete befassen, wurden gegründet. Da die wissenschaftliche und technologische Entwicklung innovativer Talente an den Hochschulen jedoch höhere Anforderungen stellt, ist die Ausbildung innovativer Talente an den Hochschulen mit zahlreichen Herausforderungen in Bezug auf Konzept, Ziel, Umfeld und Mechanismen konfrontiert, die die Verbesserung der Qualität der Ausbildung und die Vertiefung der Reform von Ausbildung und Lehre an den Hochschulen beeinflussen und einschränken können.

2.1 Konzept der Ausbildung: Das traditionelle Ausbildungskonzept schränkt die Förderung von Innovationsfähigkeit und Unternehmertum ein

Die Hochschulen sind in der Regel nach Fachbereichen gegliedert. Die traditionellen Ausbildungs- und Lehrkonzepte sind das Produkt der Entwicklung der Hochschulbildung in einer bestimmten historischen Phase, was zwar sinnvoll ist, sich aber objektiv hemmend auf die Förderung von Innovationsfähigkeit und Unternehmergeist der Studierenden auswirkt. Die Entwicklung der Innovationsfähigkeit und des Unternehmergeistes der Studierenden erfordert eine interdisziplinäre Ausbildung, während das traditionelle Konzept der Hochschulbildung eine gewisse kognitive Voreingenommenheit gegenüber der Interdisziplinarität aufweist. Dies behindert die Entwicklung von Konzepten zur Förderung der Innovationsfähigkeit und des Unternehmergeistes von Studierenden (Zhu 2017). Seit der Hochschulreform aus dem Jahr 2005 orientieren sich die Hochschulen bei der Bildung von Fakultäten und Fachbereichen an der Breite der jeweiligen Disziplinen. Im Vordergrund stehen die Entwicklungstiefe der Fächer und die Ausbildung von Fachspezialisten. Dieses disziplinär ausgerichtete Ausbildungskonzept hat Lehre und Studium an den Hochschulen seit jeher geprägt. Die Lehrenden sind teilweise fest von diesem Ausbildungskonzept überzeugt, so dass eine interdisziplinäre Entwicklung der Hochschulen und die Förderung von Innovationsfähigkeit und Unternehmertum behindert werden. Das derzeitige Hochschulverwaltungssystem ist weitgehend auf das traditionelle disziplinäre System ausgerichtet. Dies hat zur Folge, dass interdisziplinäre Forschung und Hochschulbildung nicht durch ein entsprechendes Verwaltungssystem und Unterstützungsmechanismen gefördert werden können und die Weiterentwicklung des Hochschulkonzepts behindert wird. Hinzu kommt, dass Lehrende und Studierende wenig Verständnis für die Förderung von Innovationsfähigkeit und Unternehmergeist haben. Die Ausbildung innovativer Talente an Hochschulen setzt vor allem voraus, dass Lehrende und Studierende die Entwicklung von Innovationsfähigkeit und Unternehmergeist ernst nehmen und als sinnvoll erachten. Gegenwärtig sehen dies jedoch nur wenige Lehrende und Studierende so. Im Gegenteil, sie halten diese für utilitaristisch und glauben, dass Innovationsfähigkeit und Unternehmergeist nur eine Rolle bei der Beschäftigungsförderung spielen und wenig oder gar keinen Wert für die Bildung haben. Sie verkennen dabei, dass diese Fähigkeiten auch für die Entwicklung des Landes und des Einzelnen von großer Bedeutung sind. Vor diesem Hintergrund bleibt die Förderung der Innovationsfähigkeit und des Unternehmergeistes in der Umsetzung sehr oberflächlich und das interdisziplinäre Lernen beschränkt sich auf die Theorie, was sich negativ auf die Verbesserung der Qualität des Lehrens und Lernens auswirkt.

2.2 Ausbildungsziele: Die Ausbildung von „Fachspezialisten" schränkt die Integration unterschiedlichen Fachwissens im Rahmen der Hochschulbildung ein

Das traditionelle Ziel der Hochschulbildung besteht darin, hochqualifizierte Spezialisten in einem bestimmten Fachgebiet auszubilden. In der neuen Ära sollte das Ziel der Hochschulbildung jedoch darin bestehen, hochqualifizierte innovative Talente auszubilden. Um dieses Ziel zu erreichen, muss die Hochschulbildung im Kontext der Interdisziplinarität stattfinden, denn ohne eine breitere interdisziplinäre Perspektive und interdisziplinäres Wissen kann kaum von hochqualifizierten innovativen Talenten gesprochen werden. Von diesen Talenten wird in der Gesellschaft erwartet, dass sie in der Lage sind, Probleme im beruflichen Alltag zu lösen, indem sie nützliches Wissen aus verschiedenen Disziplinen und aus unterschiedlichen Blickwinkeln einbringen (Yan und Li 2017). Auch wenn die

Hochschulen heute die Innovationsfähigkeit und den Unternehmergeist der Studierenden fördern, haben sich die Ziele der Hochschulbildung in dieser Hinsicht kaum substanziell verändert. Der Schwerpunkt der Hochschulbildung liegt nach wie vor auf der Ausbildung von Spezialisten in einem bestimmten Fachgebiet. Die Einschränkungen, die das traditionelle Ziel der Hochschulbildung für die Interdisziplinarität mit sich bringt, spiegeln sich vor allem in den folgenden zwei Aspekten wider: Das Curriculum und die Lehrinhalte, die dem traditionellen Ziel der Hochschulbildung entsprechen, basieren auf dem System und dem Wissen eines bestimmten Fachgebietes. Die Lehrenden beschäftigen sich lange Zeit nur mit dem System und dem Wissen ihres Fachgebietes und haben keine Zeit oder keine Bereitschaft, mit anderen Fachgebieten in Kontakt zu treten. Dies führt dazu, dass interdisziplinäre Lehre nur oberflächlich stattfindet. Zweitens konzentrieren sich die Studierenden in der traditionellen Hochschulbildung eher auf das Fachwissen ihrer eigenen Disziplin und vernachlässigen das interdisziplinäre Lernen. Dies wiederum behindert die Entwicklung innovativen Denkens. Kurz gesagt, das Ziel der Hochschulbildung ist derzeit nicht auf der Höhe der Zeit. Dies hat zur Folge, dass die Integration unterschiedlichen disziplinären Wissens an den Hochschulen erschwert wird und das Ziel, innovative Talente an den Hochschulen auszubilden, nur schwer zu erreichen ist.

2.3   Umfeld der Hochschulbildung: Disziplinäre Barrieren behindern die Entwicklung der Interdisziplinarität

Ein wichtiger Einflussfaktor für die Ausbildung innovativer Talente ist das Hochschulumfeld. Jede Disziplin bildet ein eigenes Wissenssystem. Querschnittsdisziplinen sind neue Disziplinen, die durch die Kombination von mehr als zwei disziplinären Wissenssystemen entstehen (Zhang 2013). Aufgrund der Einzigartigkeit der jeweiligen disziplinären Kulturen und Wissenssysteme kommt es bei der Kombination von Disziplinen häufig zu Widersprüchen und Konflikten, welche die Kommunikation zwischen den Disziplinen beeinträchtigen. Dies kann dazu führen, dass die Ausbildung innovativer Talente in einem disharmonischen disziplinären Umfeld stattfindet und behindert wird. Einerseits behindern disziplinäre Barrieren den Kommunikationsprozess zwischen den Disziplinen. Wissenschaftler sind die Hauptakteure, die die Entwicklung ihrer Disziplin vorantreiben und steuern. Das unterschiedliche akademische Handeln der Wissenschaftler in den einzelnen Disziplinen führt daher zu unterschiedlichen disziplinären Barrieren, welche die Geschwindigkeit der Integration von interdisziplinärem Wissen, das Entstehen interdisziplinärer Ausbildungs- und

Lehrmethoden, die Geschwindigkeit der Herausbildung einer interdisziplinären Kultur usw. beeinflussen. Diese Barrieren können auch den interdisziplinären Kommunikationsprozess behindern. Auf der anderen Seite schwächt das Vorhandensein disziplinärer Barrieren die Vitalität der Kommunikation und die Integration verschiedener Disziplinen. Das Vorhandensein disziplinärer Barrieren kann dazu führen, dass im Prozess der Interdisziplinarität eine Disziplin dominiert und ihr System das der anderen Disziplinen verdrängt. In diesem Fall kann sich eine wirklich neue interdisziplinäre Wissensstruktur oder ein entsprechender Wissensinhalt kaum herausbilden. Dies wird sich auch negativ auf die Förderung der Innovationsfähigkeit und des Unternehmergeistes der Studierenden auswirken und die Ausbildung innovativer Talente beeinträchtigen.

2.4 Mechanismen der Hochschulbildung: Fehlende Mechanismen zur gemeinsamen Nutzung von Ressourcen als Hindernis für die Entwicklung innovativen Denkens

Zu den Mechanismen der Hochschulbildung gehören u. a. die Mechanismen der Verwaltung, der Anreiz- und Entlohnungssysteme sowie der Prüfung der Studierenden. Auch Mechanismen zur gemeinsamen Nutzung von Ressourcen sind im Hinblick auf die Entwicklung der Interdisziplinarität erforderlich. Das Fehlen dieser Mechanismen ist einer der Hauptgründe, welche die Entwicklung von innovativem Denken bei den Studierenden behindern. Einerseits können Studierende im Prozess der Wissensintegration innovatives Denken, neue Ideen und innovative Ansätze entwickeln. Derzeit sind die Hochschulen jedoch klar nach Disziplinen in Fakultäten und Fachbereiche gegliedert. Die Ressourcen der einzelnen Disziplinen werden von den entsprechenden Fakultäten verwaltet. Für die Entwicklung der Interdisziplinarität ist es daher problematisch, dass insbesondere die dominierenden Disziplinen ihre Ressourcen nicht mit anderen teilen. Dies führt dazu, dass das Wissen der Disziplinen nicht ideal integriert und gemeinsam genutzt werden kann. Da die Ressourcen der jeweiligen Disziplinen kaum ausgetauscht werden, führt dies zu einer Sackgasse in der Kommunikation zwischen verschiedenen Disziplinen. Der Hauptgrund für diese Situation ist das Fehlen eines Mechanismus für die gemeinsame Nutzung interdisziplinärer Ressourcen. Andererseits setzt eine reibungslose Durchführung von interdisziplinärer Forschung den Austausch von Ressourcen und das gegenseitige Vertrauen von Wissenschaftlern gerade voraus. Wissenschaftler, die interdisziplinär lehren und forschen, müssen engagiert und in der Lage sein, ihr disziplinäres Wissen und ihre Forschungsressourcen uneigennützig einzubringen. Gegenwärtig ist die Evaluierung von Hochschullehrern jedoch an ihre persönlichen Forschungsergebnisse gebunden, was dazu führt, dass sie ihre Forschungsergebnisse und -fortschritte für sich behalten und nicht mit anderen teilen, um ihre persönlichen Interessen zu schützen. Das mangelnde Bewusstsein der Wissenschaftler für den akademischen Austausch führt zu einer Kluft zwischen den Wissenschaftlern, welche sie daran hindert, auf das Wissen und die Ressourcen anderer Disziplinen zuzugreifen und ihre Innovationsfähigkeit zu verbessern (Ma 2011). Hochschulen sollten daher die disziplinären Barrieren überwinden und einen Mechanismus zur gemeinsamen Nutzung von Ressourcen einrichten, um einen reibungslosen Ablauf der interdisziplinären Forschung und Lehre zu gewährleisten.

3   Wege zur Optimierung des Systems der interdisziplinären Ausbildung von innovativen Talenten an Hochschulen

Interdisziplinarität ist die Grundvoraussetzung für die Ausbildung innovativer Talente an den Hochschulen. Die Einrichtung von Querschnittsfächern an den Hochschulen bedeutet weder das Ende der Ausbildung von Spezialisten eines Fachs noch die völlige Überwindung disziplinärer Grenzen, sondern betont die Methode der Problemlösung aus interdisziplinären Perspektiven und Denkweisen und bietet eine Vielfalt disziplinären Denkens als Garant für die Ausbildung innovativer Talente. Die Hochschulen sollten daher von den Herausforderungen ausgehen, mit denen sie bei der Optimierung des Ausbildungssystems für innovative Talente konfrontiert sind, und gezielt Ansätze und Empfehlungen entwickeln, um theoretische Grundlagen für die Optimierung des Ausbildungssystems für innovative Talente an Hochschulen zu schaffen.

3.1   Innovative Talente ausbilden: Querschnittsfächer nutzen und Ausbildungskonzepte klar formulieren

Die Einrichtung und Entwicklung interdisziplinärer Studiengänge folgt dem Trend der Zeit und der Entwicklungslogik der Disziplinen. Die Ausbildung innovativer Talente an den Hochschulen entspricht den Entwicklungsbedürfnissen der Studierenden. Die Ausbildung innovativer Talente an den Hochschulen sollte vor allem auf einem klaren Konzept basieren. Erstens sollten die Hochschulen bei der Entwicklung interdisziplinärer Studiengänge von ihrem Profil und ihren Stärken ausgehen. In diesem Zusammenhang sollte die Verteilung der disziplinären Ressourcen so angepasst werden, dass interdisziplinäre Studiengänge ihre Reichweite vergrößern, ihre Qualität verbessern und damit auch die Reform von Studium und Lehre fördern können. Zweitens sollten Hochschulen die Vorteile von Querschnittsdisziplinen nutzen, um innovative Talente zu fördern. Dabei sollten die intrinsische Motivation und das Engagement aller Beteiligten gefördert werden. Interdisziplinarität sollte in alle Aspekte der Hochschulbildung und der Lehre sowie in alle Bereiche der Talentförderung integriert werden, um alle Arten von hochqualifizierten, innovativen, anwendungsorientierten und interdisziplinären Talenten auszubilden (Ma 2015). Drittens sollten die Hochschulen insbesondere im Kontext der Interdisziplinarität die Innovationsfähigkeit und den Unternehmergeist der Studierenden fördern. Allen Beteiligten muss deutlich gemacht werden, dass die Förderung der Innovationsfähigkeit und des Unternehmergeistes eine wichtige Ausrichtung der Hochschulbildung ist und dass die Ausbildung innovativer Talente nur dann möglich ist, wenn dies auch wirklich gelingt. Dabei ist es besonders wichtig, dass entsprechende Lehrkräfte zur Verfügung stehen, Plattformen für Innovation und Unternehmertum geschaffen und Innovation und Unternehmertum praktiziert werden können.

3.2 Erfüllung der Bedürfnisse der Studierenden, der Fachbereiche, der Hochschulen und der Gesellschaft sowie Anpassung der Ausbildungsziele

Die Formulierung klarer Ausbildungsziele ist eine Grundvoraussetzung für die Bildungs- und Lehrtätigkeit der Hochschulen. Nur wenn die Ausbildungsziele klar definiert sind, können die Hochschulen ihre Ausbildungsaktivitäten zielgerichtet durchführen. Die Ausbildungsziele spiegeln das Niveau der Ausbildung wider. Vor dem Hintergrund der Entwicklung der Interdisziplinarität sollten Hochschulen die Ausbildungsziele rechtzeitig anpassen und dabei vier Aspekte berücksichtigen, nämlich die Entwicklungsbedürfnisse der Studierenden, die Entwicklungsrichtung der jeweiligen Disziplin, den Entwicklungsplan der Hochschule und die gesellschaftliche Nachfrage. Erstens sollten die Hochschulen bei der Formulierung von Zielen zur Förderung innovativer Talente in erster Linie die Interessen der Studierenden berücksichtigen, denn die Studierenden sind die Adressaten von Hochschulbildung und Lehre. Ihre Lernmotivation und Eigeninitiative sind die Voraussetzung für die Sicherung der Qualität der Lehre. Die Zielformulierung für die Ausbildung innovativer Talente sollte daher vom Ansatz der Studierendenorientierung ausgehen. Ausgehend von den Interessen der Studierenden sollte Interdisziplinarität entwickelt und Innovationsbewusstsein gefördert werden. Zweitens sollten die Hochschulen bei der Formulierung der Ausbildungsziele der Logik der Entwicklung der Disziplinen folgen. Im neuen Zeitalter sind viele neue Disziplinen und interdisziplinäre Fächer entstanden; einige Disziplinen sind dagegen überholt. Insofern sollte die Anpassung der Ausbildungsziele zur Förderung innovativer Talente an den Hochschulen eng mit der Entwicklung der Disziplinen verknüpft sein. Es ist davon auszugehen, dass mit der Entwicklung der Interdisziplinarität ein Durchbruch in der Ausbildung innovativer Talente erzielt werden kann. Aus diesem Grund sollte dem Entwicklungsbedarf der Querschnittsdisziplinen Rechnung getragen werden. Drittens müssen die Ziele der Hochschulbildung mit ihrer inhaltlichen Qualitätsentwicklung vereinbar sein. In der Popularisierungsphase der Hochschulbildung hat diese begonnen, sich von einer expansiven zu einer inhaltsreichen Entwicklung zu wandeln. Die Förderung einer qualitativ hochwertigen Entwicklung der Hochschulbildung basiert auf der Prämisse einer qualitativ hochwertigen Ausbildung und Lehre an den Hochschulen, weshalb die Hochschulen strengere Qualitätsanforderungen für die Ausbildung innovativer Talente festlegen sollten, um der Nachfrage nach hochqualifizierten Talenten im Kontext der inhaltlichen Entwicklung der Hochschulen gerecht zu werden. Viertens sollte die Formulierung von Ausbildungszielen an Hochschulen den Bedarf der Gesellschaft an Talenten widerspiegeln. Die Gesellschaft braucht unter anderem innovative Talente, vielseitige Talente und hochqualifizierte Talente mit praktischen Fähigkeiten. Die vielfältigen Bedürfnisse der Gesellschaft nach Talenten sollten den vielfältigen Entwicklungsbedürfnissen der Gesellschaft entsprechen. Das Ziel der Ausbildung innovativer Talente besteht darin, hochqualifizierte Talente für die gesellschaftliche und technologische Entwicklung bereitzustellen. Die Konkretisierung dieses Ziels sollte von den tatsächlichen Bedürfnissen der Gesellschaft ausgehen.

3.3 Schaffung von interdisziplinären, integrierten und innovativen Lernangeboten und Verbesserung des Umfelds für die Ausbildung

Die Verbesserung des Umfelds für die Ausbildung innovativer Talente an Hochschulen umfasst im Wesentlichen zwei Aspekte: Zum einen geht es um die Förderung der Integration unterschiedlicher disziplinärer Kulturen und um die Überwindung disziplinärer Barrieren. Zum anderen geht es um die Schaffung interdisziplinärer, integrierter und innovativer Lernangebote. Dabei soll die Integration unterschiedlichen disziplinären Wissens gefördert werden. Erstens erfordert die Förderung innovativer Talente an Hochschulen ein gutes interdisziplinäres Klima. Dies setzt voraus, dass disziplinäre Barrieren überwunden werden. Auf der einen Seite können die Hochschulen von allen Fakultätsleitern und Lehrkräften verlangen, dass sie sich mit der Entwicklung der relevanten Querschnittsdisziplinen auseinandersetzen und die Bedeutung dieser Querschnittsdisziplinen für die Förderung innovativer Talente erkunden. Es ist besonders wichtig, dass Hochschullehrer eine offene und tolerante Haltung gegenüber neuen Ideen und Methoden einnehmen und den Austausch zwischen verschiedenen Disziplinen aktiv fördern. Darüber hinaus können Hochschulen die Zusammenarbeit zwischen Fachvertretern verschiedener Disziplinen und zwischen Lehrenden verschiedener Fakultäten und Hochschulen durch die Organisation von Symposien und Tagungen sowie durch Anreiz- und Belohnungssysteme fördern. Auf diese Weise soll die Motivation und der Enthusiasmus der Hochschullehrer und des Lehrpersonals gefördert werden, sich an der Entwicklung der Interdisziplinarität zu beteiligen. Zweitens sollten die Hochschulen den Studierenden interdisziplinäre, integrierte und innovative Lernangebote machen, um die Voraussetzungen für die Integration unterschiedlichen disziplinären Wissens zu schaffen. Zum einen sollten Lernangebote zur Förderung von Innovationsfähigkeit und unternehmerischem Denken auf die Interessen der Studierenden zugeschnitten sein (Du und Chen 2012). Diese Lernangebote sollten interdisziplinäre Merkmale aufweisen, um die interdisziplinäre Wissensstruktur der Studierenden zu optimieren. Auf diese Weise werden auch die Wissensressourcen der Studierenden bereichert und innovatives Denken sowie die Entwicklung umfassender Kompetenzen gefördert. Andererseits sollten die Hochschulen die systematische Entwicklung innovativer Lernangebote verstärken. Die Hochschulen sollten dafür Sorge tragen, dass in den einzelnen Fächern ein grundlegendes theoretisches Wissen vermittelt wird und dass die Innovationsfähigkeit, die Fähigkeit zur Exploration und die Eigeninitiative der Studierenden gefördert werden.

3.4 Schaffung eines durchdachten Systems zur Bewertung innovativer Talente und entsprechende Mechanismen für die Ausbildung

Im Zusammenhang mit der Entwicklung der Interdisziplinarität ist die Einrichtung eines Systems zur Bewertung innovativer Talente das wichtigste Instrument, um die Ergebnisse der Transformationsentwicklung der Hochschulen sowie die

Qualität der Förderung der Innovationsfähigkeit und des Unternehmergeistes zu überwachen und zu überprüfen. Erstens sollten die Hochschulen wissenschaftlich fundierte und umfassende Bewertungsindikatoren entwickeln. Die Hochschulen sollten ein System quantifizierbarer Indizes und ein System nicht-quantifizierbarer Indizes entwickeln, die Fachkenntnisse, Innovationsfreudigkeit, die Fähigkeit zum Forschen sowie praktische Fähigkeiten entsprechend den Anforderungen der interdisziplinären Ausbildung von innovativen Talenten abdecken, wobei qualitative und quantitative Erhebungen und eine umfassende Bewertung der Studierenden kombiniert werden sollten. Zweitens sollten die Hochschulen bei der Einrichtung des Systems zur Bewertung innovativer Talente die Grundsätze der Systematik und der Durchführbarkeit beachten. Zum einen gibt es viele relevante Einflussfaktoren auf die Innovationsfähigkeit von Studierenden. Die Hochschulen sollten ein durchdachtes System zur Bewertung von Studierenden entwickeln, das die wesentlichen Merkmale der Interdisziplinarität berücksichtigt und sicherstellt, dass das System zur Bewertung innovativer Talente den tatsächlichen und relevanten status quo der Ausbildung widerspiegelt. Auf der anderen Seite sollte das Prinzip der Durchführbarkeit beachtet werden, wenn ein System zur Bewertung von innovativen Talenten an Hochschulen eingeführt wird. Die Hochschulen sollten die Bewertungsindizes quantifizieren und diese Indizes im Laufe der Zeit entsprechend der Entwicklungsdynamik sowie der Förderung von Innovationsfähigkeit und Unternehmergeist anpassen, um sicherzustellen, dass das eingeführte Talentbewertungssystem effektiv ist und wertvolle Bewertungsschlussfolgerungen gezogen werden können. Schließlich sollten die Hochschulen bei der Entwicklung eines Systems zur Bewertung der Ausbildung von innovativen Talenten eine Vielzahl von Faktoren berücksichtigen. Sie sollten sich nicht nur auf die Studierenden konzentrieren, sondern auch die Kompetenzen der Lehrenden, die materiellen Ressourcen, die Rahmenbedingungen und viele andere Faktoren berücksichtigen, um das Evaluierungssystem aus einer globalen Perspektive zu entwickeln, objektivere Evaluierungsergebnisse zu erzielen und bei der Anpassung des Ausbildungssystems Orientierung zu bieten (Sun 2013).

3.5 Die Entwicklung der Lehrenden im Hinblick auf ihre Innovationsfähigkeit und Interdisziplinarität

Die Lehrenden als Dreh- und Angelpunkt von Bildung und Lehre an Hochschulen sind der Schlüssel zur Verbreitung einer Innovationskultur. Bei der Optimierung des Systems zur Förderung innovativer Talente an Hochschulen geht es vor allem um die Entwicklung des Lehrkörpers. Erstens sollten die Hochschulen über einen Lehrkörper mit interdisziplinären Kompetenzen verfügen. Aufbauend auf profilbildenden Disziplinen und Forschungsplattformen sollten bestehende Forschungsprojekte und -ressourcen auf das Ziel der Ausbildung innovativer Talente mit interdisziplinären Fähigkeiten ausgerichtet werden. Die Bildung interdisziplinärer Forschungsteams sollte forciert werden, damit die Lehrenden in diesen Teams ihre Erfahrungen mit Interdisziplinarität in die Lehre einbringen können. Zweitens sollten die Hochschulen ihren Lehrkörper mit interdisziplinären Kompetenzen ausbauen, indem sie sich aktiv um interdisziplinäre Forschungsprojekte bewerben und Lehrende für die Teilnahme an diesen Forschungsprojekten gewinnen. Interdisziplinäre Forschungsprojekte erfordern die gemeinsame Beteiligung und Zusammenarbeit von Forschern unterschiedlichen disziplinären Hintergrunds. Dadurch können Lehrende ihr disziplinäres Wissen erweitern, sich mit anderen Wissenschaftlern austauschen, innovative Initiativen ergreifen und die Bildung interdisziplinärer Forschungsteams fördern. Schließlich sollten Hochschulen die institutionelle Entwicklung stärken, um interdisziplinäre Lehrerteams zu fördern (Ji und He 2020). Um den Zusammenhalt der interdisziplinären Lehrerteams zu verbessern, sollte ein geeignetes Teammanagementsystem, wie z. B. ein Belohnungs- und Bestrafungssystem, ein Bewertungssystem usw. eingeführt werden, um die Lehrenden zu ermutigen, sich mit Enthusiasmus und Initiative an der Entwicklung der Interdisziplinarität zu beteiligen. Der Aufbau von innovativen und interdisziplinären Lehrteams zielt letztlich darauf ab, die Funktionen der Interdisziplinarität – Vielfalt, Komplementarität, Koordination und Harmonie – voll zur Geltung zu bringen, eine Atmosphäre der gemeinsamen Innovation unter Lehrenden und Studierenden zu schaffen und die Humanressourcen für die Ausbildung innovativer Talente an den Hochschulen zu sichern.

Literatur

Du W, Chen H (2012) Interdisziplinarität: Eine strategische Wahl für die Entwicklung anwendungsorientierter Bachelorstudiengänge. Res High Eng Educ (gaodeng gongcheng jiaoyu yanjiu) 1:127–131

Ji L, He Y (2020) Die Entwicklung von Lehrenden, die die Gründungskompetenzen vermitteln: Politische Ausrichtung, Forschungsschwerpunkte und Wege für die Praxis. Chinese Agric Educ (zhongguo nongye jiaoyu) 5:69–75

Liu X (2020) Die interdisziplinäre Integration ist ein wichtiger Ansatz zum Aufbau erstklassiger Fachrichtungen. Hig Educ Manage (gaoxiao jiaoyu guanli) 1(1–7):28

Ma C (2015) Eine Diskussion über die Strategien zur Förderung interdisziplinärer Forschung an Universitäten in einer innovationsgetriebenen Umgebung. Sci Manage Sci Technol (kexue yu kexue jishu guanli) 1:28–34

Ma T (2011) Aufbau interdisziplinärer Fachrichtungen und Förderung der Ausbildung von erstklassigen innovativen Talenten. High Educ Res (gaodeng jiaoyu yanjiu) 6:73–77

Sun Z (2013) Aktive Förderung der interdisziplinären Integration und umfassende Steigerung der Innovationsfähigkeit an Hochschulen. Chinese High Educ (zhongguo gaodeng jiaoyu) 1:27–29

Yan J, Li X (2017) Einrichtung interdisziplinärer Studiengänge: Eine Option zur Ausbildung von innovativem Graduiertenstudierenden. Res High Eng Educ (gaodeng gongcheng jiaoyu yanjiu) 1:179–184

You S, Yuan H, Cui Y (2014) Erkundung des Entwicklungspfades der interdisziplinären Entwicklung in der kooperativen Innovationsarbeit an Hochschulen. Educ Res (jiaoyu yanjiu) 4:94–99

Zhang S (2013) Eine Untersuchung zum Ausbildungsmodell für interdisziplinäre Graduierte: Die Perspektive der Ausbildung von innovativen Talenten. Fakultät für Management der Wuhan University of Technology, Wuhan

Zhang Y, Lü C (2016) Innovative Entwicklung der Ingenieursethik-Ausbildung im Kontext der interdisziplinären Integration. Res High Eng Educ (gaodeng gongcheng jiaoyu yanjiu) 3:121–126

Zhu Q (2017) Forschung zur Entwicklung der Innovationsfähigkeit von Studierenden aus der Perspektive der interdisziplinären Betrachtung. Marxistische Fakultät der Shandong University, Jinan

Aufbau und Praxis eines Kurssystems zur kulturellen Bildung mit einer charakteristischen Campuskultur an angewandten Hochschulen

Guang-lei Chen, Li Li und Jing Wei

应用型高校特色校园文化育人课程体系的构建与实践

陈光磊, 李莉, 魏景

1 Zentrale Gestaltung des Kulturraums auf dem Campus

1.1 Gestaltungskonzept für den Kulturraum auf dem Campus

Der Hochschulcampus ist ein dreidimensionaler, interaktiver Raum, der von Geist und Seele durchdrungen ist. Mit der kontinuierlichen Entwicklung von Wissenschaft und Technologie wird der physische Raum des Campus zur Grundlage und

G. Chen (✉) · L. Li · J. Wei
Heze University, Heze, China
E-Mail: 391711948@qq.com

L. Li
E-Mail: 2411493742@qq.com

der virtuelle Raum zur Erweiterung der Reichweite der Hochschule. Im Allgemeinen umfasst der Bau eines Hochschulcampus den Bau des physischen Raumes, des kulturellen Raumes, des virtuellen Raumes, des ökologischen Raumes, des Sicherheitsraumes etc. Der kulturelle Raum kann die Campuskultur, die Fachkultur, die Laborkultur, die Bildungskultur, die Kampfkunstkultur, die Mensakultur, die Geschichtskultur usw. umfassen.

Offenheit und gemeinsame Nutzung des kulturellen Raums auf dem Campus

Die Campuskultur findet in einer in jeder Hinsicht offenen Umgebung statt, daher ist es notwendig, der Offenheit und der gemeinsamen Nutzung von Campus-Ressourcen mit einem offenen Geist und einer umfassenden Vision Aufmerksamkeit zu schenken. Offenheit bedeutet, dass die Architektur der Hochschulkultur den Prinzipien der Offenheit und Toleranz folgen sollte. Offenheit ist ein Zustand, ein Bestreben und eine offene Denkweise. Die Einrichtung eines Mechanismus für den kulturellen Austausch und die Verbindung der Hochschule mit der Region fördern die Schaffung des Kulturraums auf dem Campus. Gleichzeitig ist der Kulturraum auf dem Campus auch ein Lernraum, real, dreidimensional, reich an pädagogischer Bedeutung und kulturellem Wert. In einem solchen Raum kann ein tiefgreifender intellektueller Dialog zwischen Hochschullehrern und Studierenden sowie ein intensiver Austausch mit Unternehmen und anderen gesellschaftlichen Institutionen stattfinden. „Teilen" ist ein Element des „Fünf-Entwicklungskonzeptes", und kulturelles Teilen ist das Teilen von geistigem Reichtum. Die traditionelle chinesische Kultur der „Harmonie und Vielfalt" spiegelt die Inklusivität und Offenheit eines Landes, einer Nation und sogar einer Epoche wider. Die Teilhabe am Prozess des Aufbaus einer Campuskultur an Hochschulen manifestiert sich in der gemeinsamen Teilhabe am Hochschulerfolg, an der Beteiligung aller Mitarbeiter und an der kulturellen Entwicklung für alle Lehrenden und Studierenden (Wang 2016). Zweitens soll der Umfang der gemeinsamen Nutzung kultureller Errungenschaften ausgeweitet, die führende Rolle der Hochschulkultur durch die offene gemeinsame Nutzung von Bildungsressourcen voll zur Geltung gebracht sowie das regionale Image und der Geschmack der Stadt verbessert werden.

Integration und Humanität der Kulturräume auf dem Campus

Die organische Verbindung von Campuskultur und regionaler Kultur ist heute eine wichtige Aufgabe der Hochschulen bei der Gestaltung des Kulturraums auf dem Campus. Dies ist auch ein wichtiges Element der kulturellen Bildung und der ganzheitlichen Kompetenzentwicklung der Studierenden im neuen Zeitalter. Sie ist auch dringend notwendig, damit sich die Hochschulen gemeinsam mit der Region entwickeln und voneinander profitieren können (Liang und Shen 2018). Die räumliche Gestaltung im Rahmen der Entwicklung der Campuskultur an Hochschulen sollte nicht nur die Vermittlung der Hochschulkultur beinhalten und das Profil der Hochschule hervorheben, sondern auch die guten Traditionen der regionalen Kultur aufgreifen und mit der Entwicklung der Campuskultur verbinden, um so auch die Vermittlung und Entwicklung der regionalen Kultur energisch zu fördern.

Die Humanität ist das grundlegende Merkmal des Kulturraums auf dem Campus. Wenn man dem Kulturraum auf dem Campus eine humanistische Atmosphäre verleiht, kann man ihn zu einem wirklich besonderen Symbol der Hochschulkultur machen und eine kulturelle Durchdringung und Charakterbildung erreichen. Wenn sich die Gestaltung des Kulturraums auf dem Campus zu sehr auf die Schönheit und die visuelle Wirkung der architektonischen Form konzentriert, wird es ihm an humanistischer Sorgfalt mangeln und es wird schwierig sein, ihn in den Alltag der Lehrenden und Studierenden zu integrieren. Die Gestaltung des kulturellen Raumes auf dem Campus soll Natur und Menschlichkeit verkörpern und berücksichtigen, wie das Ziel der Bildung von Menschen in einem begrenzten räumlichen Umfeld tatsächlich erreicht werden kann. Ein humanistischer Kulturraum auf dem Campus ist nicht nur ein Raum für das Leben und die Entwicklung der Lehrenden und Studierenden, sondern auch ein Raum für die Kommunikation und Interaktion zwischen ihnen. Bei der Gestaltung des Campus-Kulturraums sollten daher die vielschichtigen Bedürfnisse des Menschen und sein Bedürfnis nach Selbstverwirklichung in vollem Umfang berücksichtigt werden. Nur wenn der Mensch im Mittelpunkt steht und ein kultureller Raum geschaffen wird, der alle fördert, können Lehrende und Studierende die Anziehungskraft und die ansteckende Kraft der Kultur in der Hochschule voll spüren.

1.2 Die strategische Planung des Campus-Kulturraums auf der höchsten Ebene ist der Schlüssel zur Erneuerung der Mechanismen der kulturellen Bildung

Am 1. Juli 2016 hat Parteichef *Jinping Xi* auf der Konferenz zum 95. Jahrestag der Gründung der Kommunistischen Partei Chinas (KPCh) das „Selbstbewusstsein in vier Hinsichten" klar formuliert und das „kulturelle Selbstbewusstsein" in das Spektrum des sozialistischen Selbstbewusstseins aufgenommen (Xi 2021).

Die gute regionale traditionelle Kultur ist ein organischer Bestandteil des kulturellen Selbstbewusstseins. Die Hochschulen sollten bei der Kulturvermittlung der „*Jinping Xi* Gedanken für das neue Zeitalter des Sozialismus chinesischer Prägung" umsetzen, die Grundprinzipien aufrechterhalten und neue Wege beschreiten, die hervorragenden Errungenschaften der chinesischen Zivilisation kreativ übertragen und gleichzeitig das kulturelle Selbstbewusstsein der Lehrenden und Lernenden festigen, während die Kulturvermittlung ihre erzieherische Funktion voll entfaltet. Im Rahmen der Vermittlung der hervorragenden regionalen traditionellen Kultur kann auch die Vermittlung der sozialistischen Grundwerte in den gesamten Bildungsprozess integriert werden. Die Vermittlung der hervorragenden traditionellen Kultur Chinas soll gefördert und ein Gefühl von Selbstbewusstsein und Nationalstolz entwickelt werden (Shao 2018). In diesem Zusammenhang ist die Schaffung von groß angelegten Exzellenzprojekten mit Modellcharakter für die kulturelle Entwicklung auf dem Campus erforderlich. Die Bedeutung der herausragenden traditionellen regionalen Kultur muss zur Förderung des Campusgeistes, des humanistischen Geistes und des Zeitgeistes voll ausgeschöpft werden, damit sie zu einem wichtigen Bestandteil der Bildung werden kann.

Die Heze University hat sich zum Ziel gesetzt, die Strategie der „kulturstarken Provinz" des Parteikomitees der Provinz Shandong und der Provinzregierung umzusetzen und gute Arbeit im Bereich der Kulturvermittlung und Kulturinnovation zu leisten. Basierend auf den reichen revolutionären kulturellen Ressourcen von Heze und seinem Ruf als „eine Hauptstadt und vier Heimatstädte" („eine Hauptstadt": die Pfingstrosenhauptstadt Chinas; „vier Heimatstädte": die Heimatstädte der Malerei und Kalligraphie, der Oper, der Kampfkünste und der Volkskunst) werden die Vorteile seiner Kulturmarke genutzt (Peng 2016). Die Hochschule lässt die Rolle des Forschungsinstituts für Kultur von Heze, des Forschungsinstituts für Pfingstrosen, des Forschungsinstituts für den Gelben Fluss, des Forschungszentrums für Volkskunst des Südwestens von Lu und anderer Institutionen zur Entfaltung kommen, erschließt das historische Kulturerbe von Heze, erforscht die Revolutionskultur von Heze, die Ahnenforschungskultur, die Pfingstrosenkultur, die Shuihu-Kultur (aus dem Roman „Die Räuber vom Liangshan-Sumpf"), die „Gelber-Fluss-Kultur" etc. Eine Reihe von repräsentativen kulturellen Forschungsergebnissen ist entstanden und ein Unterscheidungsmerkmal in der Vermittlung und Erneuerung des regionalen Kulturerbes hat sich herausgebildet. Dies trägt dazu bei, die regionale kulturelle Kreativität und die Kulturtourismusindustrie zu fördern, die Besonderheit der Kultur von Heze zu präsentieren und die Entwicklungsgeschichte von Heze gut zu erzählen. Auf diese

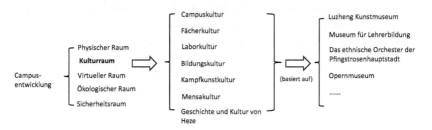

Abb. 1 Bauplanung für den Campus des Heze College und Bau von Kulturräumen

Weise kann das Image der Kultur von Heze erweitert und der Bekanntheitsgrad von Heze erhöht werden.

Im Laufe ihrer Entwicklung baut die Heze University aktiv eine Hochschulkultur auf, die reich an regionalen Merkmalen ist, integriert die kulturelle Entwicklung in die strategische Hochschulplanung auf höchster Ebene und hebt ihren einzigartigen Charakter in der kulturellen Entwicklung hervor, wodurch sie zur Verbesserung der Qualität der Ausbildung angewandter Talente beiträgt.

Die strategische Hochschulplanung auf höchster Ebene im Bereich der kulturellen Bildung erfordert die Entwicklung eines Systems, das die Qualität der kulturellen Bildung auf der Grundlage der bestehenden Campuskultur verbessert. Außerdem müssen Mechanismen für die neue Ära entwickelt und erneuert werden, welche die Pflege einer Campuskultur mit reichen lokalen Merkmalen fördern. Als Ergebnis hat die Heze University das Museum für Lehrerbildung, das Luzheng Kunstmuseum und das ethnische Orchester der Pfingstrose gebaut. Das Opernmuseum befindet sich in der Planungs- und Bauphase. Auf dieser Grundlage hat die Heze University einen mehrdimensionalen Kulturraum auf dem Campus geschaffen, der die Campuskultur, die Fächerkultur, die Laborkultur, die Bildungskultur, die Kampfkunstkultur, die Mensakultur und die Geschichte und Kultur von Heze umfasst (Abb. 1).

2 Aufbau eines charakteristischen und die Campuskultur fördernden Curricularsystems

Am 6. Dezember 2017 veröffentlichte die Gruppe führender Parteimitglieder des Bildungsministeriums die „Eckpunkte des Umsetzungsprogramms zur Verbesserung der Qualität der ideologisch-politischen Arbeit an den Hochschulen" und betonte die Notwendigkeit, die Bildungsfunktion der Hochschulen in allen

Aspekten voll auszuschöpfen und Systeme für die zehn wichtigsten Bildungsbereiche – Curriculum, Forschung, Praxis, Kultur, Netzwerk, Psyche, Hochschulverwaltung, Service, Finanzen und Organisation – effektiv aufzubauen (Shi 2018). Unter diesen Bereichen ist die Gestaltung des kulturellen Bildungssystems für die angewandten Hochschulen von besonderer Bedeutung, da sie für die Erfüllung ihrer Hauptaufgabe, der Pflege der Moral und der Kultivierung des Menschen, besonders wichtig ist. Dies wird auch ein Impuls für die Transformationsentwicklung der Hochschulen für angewandte Wissenschaften sein. Die Heze University betrachtet die Pflege der Moral und die Kultivierung des Menschen als ihre Mission und übernimmt die Aufgabe, die sozialistischen Grundwerte zu pflegen und zu praktizieren, die hervorragenden historischen und kulturellen Traditionen der chinesischen Nation weiterzugeben und fortzuführen. Unter Berücksichtigung der kulturellen Besonderheiten der Region Heze hält die Heze University an dem von Offenheit geprägten Bildungskonzept „Von der Hochschule zur Gesellschaft" fest und hat sich durch die praktische Erforschung der Gestaltung eines kulturellen Bildungssystems mit der charakteristischen Campuskultur ein gutes Image geschaffen.

2.1   Theoretische Grundlagen für den Aufbau eines kulturellen Bildungssystems mit charakteristischer Campuskultur

Der Aufbau eines kulturellen Bildungssystems mit charakteristischer Campuskultur ist ein dringendes Erfordernis zur Stärkung der ideologischen und politischen Bildung an Hochschulen

In seiner Rede auf der Nationalen Konferenz zur ideologisch-politischen Arbeit an Hochschulen 2016 betonte Parteichef *Jinping Xi,* dass die ideologisch-politische Arbeit während des gesamten Bildungs- und Lehrprozesses durchgeführt und der Erziehung der Menschen durch Kultur und Literatur mehr Aufmerksamkeit geschenkt werden sollte (Hao 2017). Die Stärkung und Verbesserung der ideologisch-politischen Bildung an den Hochschulen hängt mit der grundsätzlichen Frage zusammen, wie die Hochschulen ausgerichtet sind und wie sie geführt werden (Yu 2017). Vor dem Hintergrund der Multipolarisierung, der wirtschaftlichen Globalisierung, der Digitalisierung und der kulturellen Diversifizierung sind unterschiedliche Wertvorstellungen miteinander verwoben, und die weltanschauliche und politische Bildung an Hochschulen steht vor großen Herausforderungen. Die Pflege und Erneuerung der Kultur ist eine wichtige Aufgabe der Hochschulen. Die Campuskultur der Hochschulen ist nicht nur eine Verdichtung des Geistes der Hochschule oder eine wichtige Verkörperung der Philosophie des Hochschulkonzepts, sondern sie spiegelt auch die allgemeine geistige Einstellung der Lehrenden und Studierenden wider und wirkt sich auf die Bildung von Idealen und Überzeugungen sowie auf die richtige Weltanschauung, Lebensauffassung und Werte der Lehrenden und Studierenden aus. Durch den Aufbau eines Systems der kulturellen Bildung mit einer charakteristischen Campuskultur und das Festhalten am Konzept der ganzheitlichen und prozessbegleitenden Bildung unter Beteiligung aller Akteure wird die schrittweise Entwicklung eines langfristigen Mechanismus der kulturellen Bildung auf dem Campus möglich, der zum Aufbau einer Hochschule mit kulturellem Bewusstsein und Selbstvertrauen beiträgt. Auf diese Weise kann die Wirkung der ideologischen und politischen Bildung an den Hochschulen erheblich gesteigert werden (Tao 2018).

Der Aufbau eines kulturellen Bildungssystems mit charakteristischer Campuskultur ist eine unabdingbare Voraussetzung für die Verbesserung der Qualität der Ausbildung von anwendungsorientierten Talenten an Hochschulen

In der „Anleitung für einige lokale allgemeine Bachelor-Hochschulen in der Transformation zur Anwendungsorientierung" wird deutlich gemacht, dass das Ziel der Talentausbildung an angewandten Hochschulen darin besteht, anwendungsorientierte technische und fachliche Talente für die Produktions- und Betriebsbasis hervorzubringen. Die anwendungsorientierten Talente auf Bachelor-Niveau sollten jedoch nicht nur die Praxis und Anwendung beherrschen, sondern in einem umfassenden Sinne qualifiziert sein und bestimmte Qualitätsstandards in den drei Bereichen Theorie, Praxis und ethisches Verhalten erfüllen (Weng und Xu 2018). Die Hochschulen dürfen die Studierenden nicht als nützliches Werkzeug zur Erhöhung der Beschäftigungsquote der Hochschule und zur Förderung der wirtschaftlichen Entwicklung betrachten und dabei die Persönlichkeitsentwicklung der Studierenden vernachlässigen (Weng 2018). Die Qualitätsstandards für die Ausbildung angewandter Talente achten nicht nur auf theoretisches Wissen und praktische Fähigkeiten, sondern auch auf humanistische Bildung, soziales und moralisches Verhalten, Rationalität und die Übereinstimmung von Wissen und Handeln. Letztlich zielt die angewandte Hochschulbildung auch auf die allseitige Entwicklung von Moral, Intelligenz, körperlicher Fitness, Ästhetik und Arbeitsethik. Die Studierenden werden auf subtile Weise von der Campuskultur der Hochschule beeinflusst. Auf der Werteebene leitet und beeinflusst die Campuskultur die Studierenden, so dass die Studierenden nicht nur lernen, Wissen und Fertigkeiten zu beherrschen, sondern auch soziale Verhaltensweisen zu entwickeln. Durch die ganzheitliche Gestaltung des kulturellen Bildungssystems mit einer charakteristischen Campuskultur kann die Rolle der kulturellen Bildung voll ausgeschöpft werden, was für die allseitige Entwicklung der Studierenden und für die Förderung der Qualität der angewandten Hochschulbildung von großer Bedeutung ist.

2.2 Ideen für die praktische Gestaltung des kulturellen Bildungssystems mit einer charakteristischen Campuskultur

Der 18. Parteitag hat festgestellt, dass die Hauptaufgabe der Bildung in der Pflege der Moral und der Kultivierung des Menschen besteht. Der 19. Parteitag fordert die Umsetzung dieser Hauptaufgabe. Die Art und Weise, wie diese grundlegende Aufgabe verwirklicht werden kann, ist eine Frage des neuen Zeitalters, mit der sich jede Hochschule auseinandersetzen muss. In der kulturellen Bildung durch eine charakteristische Campuskultur sollen die Hochschulen alle Elemente der Ressourcen im Zusammenhang mit Kultur nutzen, um den einzigartigen Charakter der Campuskultur hervorzuheben und die Rolle der Campuskultur in der kulturellen Bildung zu entfalten. Die damit verbundene Arbeit sollte als ein großes systematisches Projekt betrachtet werden: Das kulturelle Bildungssystem mit einer charakteristischen Campuskultur sollte ganzheitlich aufgebaut werden.

Ausgehend von den Realitäten der lokalen angewandten Hochschulen hat die Heze University im Rahmen des Reformprojekts der ideologischen und politischen Kurse in der Provinz Shandong im Jahr 2014 die Ressourcen der Hochschule für ideologische und politische Theoriekurse integriert, das gesamte System der ideologischen und politischen Bildungskurse aufgebaut, praktische Studien durchgeführt und im Dezember 2017 ein neues System der Talentausbildung geschaffen. Im Dezember 2017 hat die Hochschule im Rahmen der Schwerpunk-Bildungsreformprojekte des Bildungsministeriums und der Provinz Shandong, wie dem Projekt „Neue landwirtschaftliche Forschungs- und Reformpraxis" und dem Projekt „Innovation und Praxis für ganzheitliche und prozessbegleitende Bildung unter Beteiligung aller Akteure der landwirtschaftlichen Fakultäten an angewandten Hochschulen", ein neues Talentausbildungssystem eingerichtet. Die Heze University hat die Art und Weise der Hochschulbildung in der neuen Ära erneuert, das System der Ausbildung umgestaltet und die Bildungspolitik der Partei durch die Lehrreformprojekte umfassend umgesetzt.

Die Hochschule hat aus der Praxis der Exploration ein neues, innovatives Modell der Hochschulbildung unter dem Leitbild „Eine Säule, zwei Flügel, drei Längen- und fünf Breitengrade" und dem Konzept „12345" entwickelt. Eine Säule steht für das grundlegende Ziel und die grundlegende Aufgabe der Bildung. Die zwei Flügel sind zum einen die Pflege der Moral und zum anderen die Kultivierung des Menschen (Jiang 2017). Die „drei Längengrade" beziehen sich auf die drei sich vertikal entwickelnden Bildungsebenen Wissen, Fertigkeiten und überfachliche Kompetenzen. Die „fünf Breitengrade" sind die fünf Aspekte der Bildung in der horizontalen Entwicklung, also die moralische Bildung, die intellektuelle Bildung, die Körper-Fitness-Bildung, die ästhetische Bildung und die Bildung der Arbeitsmoral (siehe Abb. 2).

Nach mehrjähriger Forschung und ausführlichen Debatten entstand 2016 das Bildungskonzept „12345" auf der Grundlage des Bildungsmodells „Eine Säule, zwei Flügel, drei Längen- und fünf Breitengrade" (Jiang 2017). Als lokale, anwendungsorientierte Hochschule fördert die Heze University die Vitalität aller Bildungselemente auf dem Campus und stellt die Bildung in das soziale Umfeld. In dem eigentlichen Erkundungsprozess hat die Heze University „den Mechanismus der Ausbildung umgestaltet, den Prozess der Ausbildung umstrukturiert, das Ausbildungsmodell optimiert, die Initiative für die neue Ära zur Pflege der Moral und der Kultivierung des Menschen umgesetzt, den Schwerpunkt der Ausbildung auf die Pflege der Moral und der Kultivierung des Menschen als eine wichtige Bildungsaufgabe gelegt und das Bildungsziel von rot und professionell hervorgehoben. Es hat sich eine Bildungslandschaft im Sinne einer ganzheitlichen und prozessbegleitenden Bildung unter Beteiligung aller Akteure

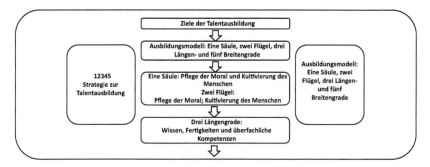

Abb. 2 Das Talentausbildungsmodell „Eine Säule, zwei Flügel, drei Längen- und fünf Breitengrade" der Heze University. (Quelle: Jiang 2017)

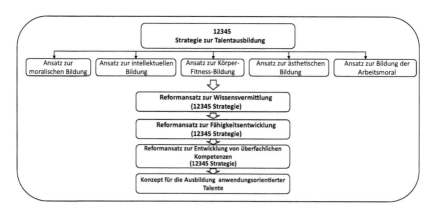

Abb. 2 (Fortsetzung)

herausgebildet. Eine „vierdimensionale Synergie" (Umsetzung des hochschulinternen „Aktionsplans zur Synergiebildung aller Elemente"; Interaktion zwischen Eltern und Hochschule im Rahmen des „Aktionsplans zur Kommunikation zwischen Eltern und Hochschule"; Kooperation zwischen Stadt und Hochschule im Rahmen des „Aktionsplans zur Kooperation zwischen Stadt und Hochschule" und Umsetzung des „Aktionsplans für gesellschaftliches Engagement" zur Integration von Hochschule und Wirtschaft) ist entstanden und ein Bildungssystem in allen fünf Dimensionen wurde gestaltet. Mit der Strategie „12345" zur Neugestaltung der Talentausbildung – siehe Abb. 3 – wird die Forderung nach „doppelter Wahrung" in die Tat umgesetzt und die Qualität der Bildung umfassend verbessert (Yi und Jiang 2020). Die Heze University setzt die *Jinping Xi* Gedanken des Sozialismus mit chinesischen Merkmalen in der neuen Ära gründlich um, stützt sich auf die tatsächliche Entwicklung der lokalen angewandten Hochschulen und setzt die Bildungsinitiative „Pflege der Moral und Kultivierung des Menschen" umfassend um.

Auf der Grundlage der Untersuchung des Ausbildungsmodells hat die Heze University das Ausbildungsmodell im Hinblick auf eine ganzheitliche und prozessbegleitende Ausbildung unter Beteiligung aller Akteure erneuert. Basierend auf den Empfehlungen zur integrierten Entwicklung von Hochschulen und Stadt, unter Berücksichtigung der Regionalität und Nutzung der regionalen Vorteile von „einer Hauptstadt und vier Heimatstädten" und der Stärke der Hochschule in der pädagogischen Ausbildung, konzentriert sich die Heze University auf die

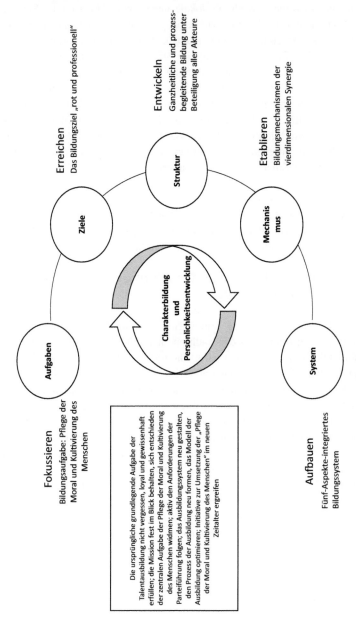

Abb. 3 Die „12345"-Bildungsstrategie für die neue Ära. (Quelle: Jiang)

Entwicklung ihres eigenen Profils als lokale angewandte Hochschule. Sie versucht, die Qualität der Ausbildung zu verbessern, insbesondere in Bezug auf die Gestaltung des Curriculums und die praktische und kulturelle Bildung. Dabei konzentriert sie sich auf die Entwicklung einer einflussreichen und inspirierenden Campuskultur. Die Hochschule baut kulturelle Einrichtungen wie das Luzheng Kunstmuseum, das Museum für Lehrerbildung, das Opernmuseum und das ethnische Orchester der Pfingstrosenhauptstadt auf, die ihre Bildungsfunktion in vielerlei Hinsicht entfalten sollen. Derzeit sind das Luzheng Kunstmuseums und das Museum für Lehrerbildung bereits fertiggestellt, das Opernmuseum befindet sich noch im Bau. Im Folgenden werden diese drei Museen im Hinblick auf ihre Bildungsfunktion zusammengefasst und erläutert.

3   Aufbau eines curricularen Systems kultureller Bildung mit einer charakteristischen Campuskultur für die angewandte Hochschulbildung

3.1   Innovative Erforschung der Bildungsfunktion des Luzheng Kunstmuseums

Im März 2014 veröffentlichte das Bildungsministerium die „Leitlinien für die Verbesserung der Ausbildung in der traditionellen chinesischen Hochkultur", in denen ausdrücklich dazu aufgerufen wird, „die traditionelle chinesische Hochkultur in den Lehrplan und das Lehrmaterialsystem zu integrieren" und die Fähigkeit der Studierenden zu verbessern, die traditionelle chinesische Hochkultur selbstständig zu erlernen und zu erforschen, ihren Sinn für kulturelle Innovation zu kultivieren und ihr Verantwortungsbewusstsein und ihre Mission, die traditionelle chinesische Hochkultur fortzuführen und weiterzuentwickeln, zu stärken. Daher ist es besonders wichtig, die Ausbildung in der exzellenten traditionellen Kultur zu stärken, die Identifikation der Studierenden mit der exzellenten traditionellen Kultur zu fördern, ihren Stolz auf die exzellente traditionelle Kultur und ihr kulturelles Selbstvertrauen zu kultivieren und sie zu ermutigen, die Initiative zu ergreifen und Verantwortung für den Fortbestand und die Innovation der exzellenten traditionellen Kultur Chinas zu übernehmen (Ma 2018). Shandong ist der Geburtsort des Konfuzianismus, die konfuzianische Kultur hat eine lange Geschichte, die exzellente traditionelle Kultur hat ein tiefes Fundament, die exzellente Qilu-Kultur ist ein wichtiger Teil der chinesischen Zivilisation und die Luzheng-Kunst ist ein wichtiges kulturelles Symbol. Die Gründung des Luzheng

Museums hat die wichtige Aufgabe, die exzellente chinesische Kultur zu kultivieren und zu verdichten, in der lokalen exzellenten traditionellen Kultur Wurzeln zu schlagen und die Menschen mit der lokalen exzellenten traditionellen Kultur vertraut zu machen. Die Gründung des Luzheng Museums ist ein Zeichen dafür, dass die Universität das kulturelle Erbe des Volkes weiterführt. Unter dem Motto „Kunst erzieht und Musik inspiriert" hat die Heze University im Jahr 2013 die Shandong Guzheng Musik in den Lehrplan relevanter Studiengänge und in den Lehrplan für ästhetische Erziehung aufgenommen, um die Entwicklung der Disziplinen und die Kulturvermittlung aktiv zu fördern. Die Hochschule führt auch Shandong Guzheng Musik und andere Volksmusikprogramme in Grund- und Mittelschulen ein, was zur Verbreitung und Entwicklung der traditionellen Kunst der Shandong Guzheng Musik und zur Förderung der nationalen Kultur beiträgt. Die Heze University hat innerhalb von drei Jahren das Luzheng Kunstmuseum aufgebaut und im Jahr 2021 den „Kulturinnovationspreis" der Provinz Shandong gewonnen.

Das Luzheng Kunstmuseum ermöglicht es den Studierenden, in die reale Szene einzutauchen. Das Museum enthält historische Materialien, kanonische Bücher, Partituren, Audio- und Videoaufnahmen, Musikinstrumente, Reliquien von Zheng-Meistern und Zheng-Produktionen der alten Zheng-Musik aus Shandong als wichtigste Sammlungsobjekte. Dazu gehören auch die transponierte Zheng im Pan-Stil aus Xuzhou, die Birnenholz-Zheng und die Nano-Zheng, eine High-Tech-Innovation. Das Museum verfügt auch über einen Aufführungssaal und einen eleganten Versammlungssaal für Aufführungen und Kunstaustausch vor Ort. Das Museum ermöglicht eine umfassende Darstellung der Entwicklungsgeschichte und der künstlerischen Errungenschaften der Zheng-Musik aus Shandong. Die Säle werden für Aufführungen und künstlerischen Austausch genutzt, um die Entwicklungsgeschichte und die künstlerischen Errungenschaften der Zheng-Musik aus Shandong in all ihren Aspekten darzustellen und ein realistisches Szenario für den Austausch und die Verbreitung der Zheng-Musik, für die Weitergabe und Innovation sowie für die kulturelle Bildung zu schaffen.

Unter Nutzung der Ressourcen des Kunstmuseums hat die Universität Heze ein umfassendes System von Guzheng-Kursen entwickelt, die sowohl online als auch offline angeboten werden und auch praktisches Training umfassen. Dies ist zu einem wichtigen Bestandteil der Hochschulbildung an der Heze University geworden, kommt Studierenden im ganzen Land zugute und hat zur innovativen Entwicklung von Ausbildungsformen beigetragen. Die Heze University folgt dem pädagogischen Konzept „Kunst erzieht und Musik inspiriert" und verbindet organisch den Unterricht im Hörsaal mit Elementen der darstellenden Kunst und der Bühnenpraxis. Während die Hochschule auf der einen Seite das Offline-Kurssystem für Guzheng-Musik aus Shandong wissenschaftlich entwickelt, nutzt sie auf der anderen Seite moderne pädagogische Informationstechnologie, um die Entwicklung von Online-Lernressourcen für Guzheng-Kurse energisch voranzutreiben. Der Kurs „Guzheng Performance (Shandong Guzheng Art)", der von unserer Hochschuldozentin *Hongying Fang* unterrichtet wird, wurde erfolgreich als Online-Kurs auf der Kursangebotsplattform der Hochschulallianz der Provinz Shangdong für das akademische Jahr 2020/2021 ausgewählt. Auf diese Weise können nicht nur Studierende der Hochschule diesen Kurs als Wahlfach wählen und ihre überfachlichen Kompetenzen erweitern, sondern auch Studierende aus dem ganzen Land können davon profitieren. In diesem Sinne wird auch das Ziel der ästhetischen Erziehung und kulturellen Bildung erreicht.

Die Hochschule bietet eine Reihe von praktischen Kursen an, hat ein Zheng-Studentenorchester gegründet und fördert aktiv die Verbreitung und den Austausch der Zheng-Musik. Sie vermittelt diese Kunst nicht nur, sondern entwickelt sie auch auf innovative Weise weiter. Im Juli 2019 gewann das Zheng-Orchester eine Gruppengoldmedaille und mehrere Einzelsilbermedaillen beim nationalen Finale des „Voice of Broadcasting 2019 National Youth Art Competition" und wurde vom Veranstalter geehrt und zu weiteren Vorspielen eingeladen. Das Zheng Orchester nahm 2019 an weiteren Wettbewerben teil und erhielt ebenfalls zahlreiche Auszeichnungen. Es hat auch bekannte Musikstücke neu interpretiert und in Zusammenarbeit mit anderen Musikinstrumenten aufgeführt, was zu landesweiter Anerkennung geführt hat. Die Zheng-Musik aus Shandong hat ihre Wurzeln in der Region Heze im Südwesten des Gebiets Lu und zieht immer mehr in- und ausländische Experten, Professoren, Musikwissenschaftler und Studierende an, die sie studieren und erforschen wollen.

3.2 Innovative Erforschung der Bildungsfunktion des Museums für Lehrerbildung

Parteichef *Jinping Xi* betonte, dass Lehrer die wichtigste Ressource für die Entwicklung des Bildungswesens und ein Grundstein für den Wohlstand und die Stärke des Landes, die Wiedergeburt der Nation und das Glück des Volkes seien. „Die Lehrer sind eine wichtige Kraft, um den chinesischen Traum zu verwirklichen und die große chinesische Nation wiederzubeleben. Talente sind der Schlüssel dazu. In den Lehrern liegt der Schlüssel zur Ausbildung der Talente" (Xi 2020). Zur besseren Vermittlung und Weiterführung der hervorragenden traditionellen Lehrerbildungskultur hat die Heze University mit Hilfe der Ressourcen der Fachgruppe Lehrerbildung eine Reihe von Kursen gestaltet und Fachinstitutionen wie z. B. das „Museum für Lehrerbildung" eingerichtet.

Das Museum für Lehrerbildung wurde gegründet, um die chinesischen Bildungsideen zu erläutern, das nationale Bildungskulturerbe zu bewahren, die lange Geschichte der Lehrerbildung systematisch darzustellen und eine geistige Heimat für Lehrer zu schaffen. Das Museum orientiert sich an der Leitidee „Wertschätzung von Lehrern und Bildung" und stellt die Kultur der Lehrerbildung und die Vermittlung von Lehrermoral und Berufsethik in den Mittelpunkt. Das Museum gliedert sich in die drei Hauptbereiche „Ideen der Lehrerbildung", „Modelle der Lehrerbildung" und „Geschichte der Lehrerbildung" und ist in vier Themenbereiche unterteilt: „Lehrermoral", „Berufsethik der Lehrer", „Lehrkunst" und „Lehrkompetenz".

Aufbauend auf den Kursen zur Geschichte der chinesischen Bildung und zur Geschichte der ausländischen Bildung entwickelt die Hochschule mit Hilfe moderner Informationstechnologien Online-Kursressourcen, um die kulturelle Interpretation der Geschichte und Entwicklung der Lehrerbildung und die Fortführung des pädagogischen Erbes zu stärken und ein mehrstufiges Kurssystem zu gestalten. Die Heze University arbeitet eng mit dem Bildungsbüro der Stadt Heze und anderen Bildungseinrichtungen in der Stadt zusammen und entwickelt eine Bildungsgemeinschaft, die gemeinsam mit verschiedenen Methoden die Fortführung des Erbes der Lehrerbildung, die Weiterentwicklung der Lehrerbildung und die Reform des praktischen Unterrichts in der neuen Ära fördert.

Mit Hilfe des Museums für Lehrerbildung können Lehrkräfte ihre Professionalität, ihre umfassenden Kompetenzen und ihre Offenheit weiterentwickeln. Gleichzeitig kann die Lehrkompetenz der Lehramtsstudenten durch verschiedene Formen der praktischen Ausbildung verbessert werden.

Ausgehend von der Tradition und in Verbindung mit der Moderne wendet die Heze University neue Bildungsmethoden an und entwickelt unter Berücksichtigung der Besonderheiten und des Umfelds des neuen Zeitalters völlig neue Bildungsformen, die insbesondere Wert auf die Praxis und Anwendung legen. So verfügt das Museum für Lehrerbildung über folgende Bereiche: einen Präsentationsbereich, in dem Präsentationskurse entwickelt werden; einen Film- und Fernsehbereich, in dem die hervorragende traditionelle Bildungskultur ausgestrahlt wird, sowie einen Kreativbereich, in dem verschiedene Aspekte der Lehrerbildung erforscht werden, wobei Lehrerbildung, ästhetische Bildung und moralische Bildung integriert werden.

Mit der Fertigstellung des Museums für Lehrerbildung wurde ein studentisches Guide-Team der Heze University gegründet, dessen Mitglieder die Aufgabe haben, die Kultur der Lehrerbildung und den Austausch über die Lehrerbildung durch ihre Erläuterungen im Museum fortzuführen. Das studentische Guide-Team hat Professoren, Wissenschaftler, Direktoren und Mitarbeiter der Bildungsbehörden empfangen und zeigt großes Engagement. Darüber hinaus schließen sich immer mehr Studenten dem Guide-Team an und lernen die Inhalte auf eigene Initiative. Immer mehr Experten, Professoren, Wissenschaftler und Studenten aus dem In- und Ausland kommen, um das Museum zu erkunden.

3.3 Erforschung der kulturellen Bildungsfunktion des Opernmuseums

Da Heze eine Heimatstadt der Oper ist, ist der Aufbau des Opernmuseums von großer Bedeutung für die Vermittlung der lokalen Opernkultur, für die Förderung des Ortes und für die Ausbildung von Operntalenten. Der Aufbau des Opernmuseums umfasst hauptsächlich vier Aspekte: einen Überblick über die chinesische Opernkultur, das kulturelle Erbe der Caozhou-Oper, die Klassiker chinesischer Opernstars und eine ästhetische Ausbildungsstätte für die Hochschuloper. Die Idee des Aufbaus lässt sich wie folgt zusammenfassen: ein Thema: Förderung der Opernkultur, Fortführung chinesischer Kulturschätze; zwei Schwerpunkte: Erhaltung der Opernkultur, Ausbildung von Operntalenten; drei Hauptlinien: Opernkultur, Opernmeister und klassische Meisterwerke; vier Ebenen: Operntugend, Operngeheimnis, Opernkunst, Opernfähigkeiten; fünf Bereiche: Ausstellungsbereich, audiovisueller Bereich, praktischer Ausbildungsbereich, kreativer Bereich, Aufführungsbereich.

Ziel des Opernmuseums ist es, die hervorragende chinesische Opernkultur zu bewahren und die hervorragende lokale Opernkultur zu fördern. Das Opernmuseum verfügt über einen sechsteiligen Proberaum für Opernaufführungen: Oper seit Tausenden von Jahren (ein Überblick über die chinesische Opernkultur), Hundert Blumen blühen im Operngarten (eine Hommage an die klassischen chinesischen Operngattungen), Lehrermodell (ein Beispiel eines chinesischen Opernmeisters), Chrysanthemen-Spektrum-Kleidung (eine Einführung in die Kostüme der chinesischen Oper), Shengdan, Jing, Duan, Wu und Chou (fünf Hauptrollen der chinesischen Oper) und Hand-Auge-Körper-Schritt (fünf Haupttechniken der chinesischen Oper). Diese sechs Aspekte dienen nicht nur der Erhaltung des kulturellen Erbes. Sie bieten auch ein konkretes praktisches Training und haben gleichzeitig den Effekt einer ästhetischen Erziehung. Es handelt sich somit um ein innovatives Ausbildungsmodell zur anwendungsorientierten Ausbildung lokaler Talente.

Die Heze University hat für die Studierenden ein mehrstufiges und vielfältiges Kurssystem mit dem Schwerpunkt Kultur geschaffen, indem sie ein kulturelles Bildungssystem mit einer charakteristischen Campuskultur entwickelt hat. Dies ist nicht nur eine innovative Reform des früheren Kurssystems und eine Änderung des Konzepts für die Gestaltung von Bildungsangeboten, sondern auch eine Änderung des Bildungsmodells, das sich nicht nur auf Bücher beschränkt, sondern sich stärker auf die Praxis konzentriert. Hochschulen sind Akteure der Weitergabe der Zivilisation und Museen sind die Konzentration der Zivilisation und die Interpretation der Tradition, die eine Art Ewigkeit ausdrückt. Der Wert der Bildung liegt in der Weitergabe dieser Kulturen von ewigem Wert an die nächste Generation. Mit anderen Worten: Bildung sollte die klassische Kultur weitergeben, damit sich die Gesellschaft harmonisch entwickeln kann (Lu und Zhou 2014) Das Experiment der Heze Universität fördert die praxisorientierte Lehre, das Verständnis von ganzheitlicher und prozessbegleitender Bildung unter Beteiligung aller Akteure und trägt entscheidend zur Erfüllung der Aufgabe „Pflege der Moral und Kultivierung des Menschen" bei.

Literatur

Hao G (2017) Eine Untersuchung zur kulturellen Bildung an Hochschulen. Liaoning University, Shenyang

Jiang T (2017) Umsetzung der Grundaufgabe der „Pflege der Moral und Kultivierung des Menschen" und Innovative Entwicklung der angewandten Hochschulbildung. J Heze Univ (Heze xueyuan xuebao) 3:98–109

Liang J, Shen L (2018) Erforschung der Fortführung und innovativen Entwicklung der herausragenden Zhuang-Traditionskultur an Hochschulen in Guangxi. High Educ Forum (gaoxiao luntan) 1(29–31):35

Lu G, Zhou J (2014) Aufbau von Kernkursreihen zur Förderung der Entwicklung von „Fließbandproduktion" zu „Erwachsener". Res High Eng Educ (gaoxiao gongcheng jiaoyu yanjiu) 3:85–94

Ma L (2018) Gestaltung der chinesischen traditionellen Kultur und Struktur für die ideologisch-politische Bildung an Hochschulen. Think Tank Era (zhiku shidai) 46:29–31

Peng J (2016) Eine Untersuchung zum Status Quo der Kulturindustrie in Heze und zur Entwicklungsmaßnahme. J Heze Univ (Heze xueyuan xuebao) 6:53–56

Shao R (2018) Das Festhalten am Marxismus und Förderung der herausragenden chinesischen Traditionskultur. Creation (chuang zao) 2:21–22

Shi S (2018) Korrekte Einschätzung der Beziehung zwischen „ideologisch-politischer Bildung in den Kursen" und „ideologisch-politischen Kursen". Ideol Theor Educ (sixiang lilun jiaoyu) 11:57–61

Tao W (2018) Eine Untersuchung zum Aufbau des Kulturbildungssystems an Hochschulen in der Inneren Mongolei. Modern Vocational Educ (xiandai zhiye jiaoyu) 18:42–43

Wang T (2016) Stärkung des kulturellen Aufbaus an Hochschulen durch neue Entwicklungs-ansätze. Shaanxi Daily (Shanxi ribao) vom 4. März 2016

Weng W, Xu L (2018) Entwicklung von Qualitätsstandards für die Ausbildung angewandter Bachelor-Talente. China High Educ (Zhongguo gaodeng jiaoyu) 17:16–19

Weng W (2018) Qualitätsstandards für die Ausbildung angewandter Bachelor-Talente: Grundlegende Merkmale und Förderungsstrategien. J Sichuan Normal Univ (sichuan shifan daxue xuebao) 3:62–68

Xi J (2020) Notizen zu den wichtigen Aussagen von Generalsekretär Xi Jinping über Lehrer. Beijing: Higher Education Press (gaodeng jiaoyu chubanshe): 202

Xi J (2021) Rede zur Feier des 95. Jahrestags der Gründung der Kommunistischen Partei Chinas. Qiushi 8:4–20

Yi Y, Jiang T (2020) Innovation und Praxis zur Umsetzung der Initiative „Pflege der Moral und Kultivierung des Menschen" in der neuen Ära an der Heze University. J Heze Univ (Heze xueyuan xuebao) 4:1–11

Yu S (2017) Lass die „Große ideologisch-politische Bildung" die „Pflege der Moral und Kultivierung des Menschen" an Hochschulen begleiten. Qinghai Party Life (Qinghai dang de shenghuo) 3:16–17

Das reale Dilemma und der Durchbruch beim Aufbau der modernen wirtschaftsnahen Fakultäten unter dem Blickwinkel der Feldtheorie

Fei Qiu und Guang-hui Qian

场域理论视角下现代产业学院建设的现实困境与路径突破

邱飞, 钱光辉

1 Der Inhalt der Feldtheorie hinsichtlich des Aufbaus moderner wirtschaftsnaher Fakultäten

Das „Feld" ist die Grundeinheit der sozialen Analyse, die von dem zeitgenössischen französischen Denker *Bourdieu* verwendet wurde. Die Feldtheorie geht davon aus, dass eine hochdifferenzierte Gesellschaft aus verschiedenen Feldern besteht, wie z. B. dem wirtschaftlichen, dem pädagogischen und dem akademischen Feld. Jedes Feld hat seine eigene Logik (Li 2021). Um die Probleme und den zukünftigen Entwicklungspfad des Aufbaus moderner wirtschaftsnaher

F. Qiu (✉) · G. Qian
Zhejiang A&F University, Zhejiang, China
E-Mail: qiufei@zafu.edu.cn

G. Qian
E-Mail: 20060088@zafu.edu.cn

J. Cai et al. (Hrsg.), *Jahrbuch Angewandte Hochschulbildung 2022*,
https://doi.org/10.1007/978-3-658-43417-5_5

Fakultäten mit Hilfe der Feldtheorie zu analysieren, ist es zunächst notwendig, die Kernideen der Feldtheorie zu verstehen und die grundlegenden Inhalte zu erfassen.

1.1   Kernbegriffe der Feldtheorie von *Bourdieu*

Die Feldtheorie von *Bourdieu* befasst sich hauptsächlich mit dem Inhalt von Grundbegriffen wie Feld, Kapital, Habitus und deren Beziehungen zueinander. Ein Feld ist ein abgegrenzter Raum. Felder können aus verschiedenen Perspektiven und Blickwinkeln in verschiedene Typen unterteilt werden, um die Forschung und Analyse zu erleichtern. Darüber hinaus gibt es klare Grenzen zwischen den einzelnen Feldern. Diese Grenzen definieren die Reichweite des jeweiligen Feldes. *Bourdieu* vergleicht das Feld anschaulich mit einem Spiel, in dem die Beziehungen zwischen den Spielern die Struktur des Feldes bestimmen. Das Kapital ist der Ausdruck des Outputs der verschiedenen Kräfte innerhalb des Feldes. Zu seinen Arten gehören vor allem das ökonomische Kapital, das kulturelle Kapital, das soziale Kapital und das symbolische Kapital (Bourdieu und Wacquant 2015, S. 135). Habitus ist eine von den Akteuren festgelegte Position, d. h. eine Art und Weise, eine Praxis, die mit ihrer eigenen spezifischen „Logik" explizit zu konstruieren und zu verstehen ist (Bourdieu und Wacquant 2015, S. 164). Der Habitus ist stabil und steht in einer interaktiven Beziehung zum Feld. Nach *Bourdieu* beinhaltet die Forschung aus der Feldperspektive die Analyse von drei wesentlichen und untrennbar miteinander verbundenen Aspekten: Beziehungen, Strukturen und Habitus. Felder jeglicher Art sind nach *Bourdieu* Beziehungssysteme, Orte von Macht- und Kampfbeziehungen, die auf die Veränderung des Feldes abzielen. Ein Feld besteht aus einer Reihe von Subfeldern, jedes mit seiner eigenen Logik, seinen eigenen Regeln und Routinen. Das Kapital ist eine wichtige Kraft, die die Feldtheorie durchzieht und die strukturelle Form des Feldes beeinflusst, wobei Feld und Kapital voneinander abhängig sind und sich gegenseitig definieren (Liu 2006). Der Habitus wiederum wirkt durch die Beeinflussung der Praktiken der Akteure, die als Medium fungieren, auf das Feld ein.

1.2 Feldanalyse des Aufbaus moderner wirtschaftsnaher Fakultäten

Auf der Grundlage von *Bourdieus* Feldtheorie umfasst der Aufbau moderner wirtschaftsnaher Fakultäten im Wesentlichen drei große Felder, die sich aus drei verschiedenen Arten von Subjekten zusammensetzen: das politische Feld der Politikproduktion, in dem die Regierung und andere Institutionen angesiedelt sind, das Bildungsfeld der Wissensproduktion, in dem die Bachelorhochschulen angesiedelt sind, und das industrielle Feld der materiellen Produktion, in dem die Unternehmen angesiedelt sind. Diese drei Felder stellen einerseits die kombinierten Positionen dar, die für den Aufbau moderner wirtschaftsnaher Fakultäten erforderlich sind. Andererseits sind die Akteure in den drei Feldern an einem Machtspiel beteiligt, das auf Kooperation beruht und in dem sie darum konkurrieren, die Struktur der Felder, in denen sie sich befinden, sowie die Beziehungen zwischen den Feldern und Bereichen zu verändern. Ob es sich um ein politisches, ein bildungspolitisches oder ein industrielles Feld handelt: Jedes Feld hat seine eigene Logik, seine eigenen Regeln und seine eigene Unausweichlichkeit der Entwicklung: Die Akteure innerhalb des Feldes folgen entlang etablierten Gewohnheiten und produzieren entsprechende Verhaltensweisen, die wiederum das Feld konstruieren und bereichern. Auf diese Weise wird eine klare Grenze zwischen den Feldern gezogen, die nicht nur eine Abgrenzung zwischen verschiedenen Feldern darstellt, sondern auch ein Hindernis für eine vertiefte Zusammenarbeit zwischen den Feldern ist. Andererseits sind die verschiedenen Felder keine unvereinbaren und antagonistischen Räume. Aufgrund verschiedener Faktoren, wie z. B. der Gesamtheit des sozialen Systems, der Zusammensetzung der komplexen Beziehungen, des Kapitalflusses und der Rolle des Kapitals, sind verschiedene ähnliche Felder unsichtbar miteinander verbunden und erzeugen eine auf Konkurrenz basierende Zusammenarbeit; nur die Tiefe der Kooperationsbeziehung ist unterschiedlich. Insgesamt sind die Felder die Summe komplexer Beziehungen, in denen verschiedene Kräfte gleichzeitig mehrere Rollen spielen.

Der Aufbau moderner wirtschaftsnaher Fakultäten umfasst drei Hauptbereiche: den politischen Bereich, den Bildungsbereich und den industriellen Bereich. Die Regierung, die Hochschulen und die Unternehmen sind die Hauptakteure in jedem dieser Bereiche. Die Beziehungsstruktur zwischen ihnen ist ein wichtiger Faktor, der den Aufbau moderner wirtschaftsnaher Fakultäten beeinflusst, und auch ein wichtiger Faktor, der die Integration von Wirtschaft und Hochschulbildung daran hindert, den Status quo zu durchbrechen und eine höhere Ebene zu erreichen. Das kinetische Prinzip des Funktionierens und der Transformation des Feldes liegt in seiner strukturellen Form und ist auch besonders in der Distanz,

der Kluft und der asymmetrischen Beziehung zwischen den verschiedenen spezialisierten Kräften verwurzelt, die sich in diesem Feld gegenüberstehen, wobei
das Kapital eine wichtige Rolle spielt (Bourdieu und Wacquant 2015, S. 139).
Das Kapital ist eine wichtige Kraft innerhalb des Feldes. Das dominante Kapital
innerhalb des Feldes prägt die Positionsstruktur des Feldes. Unterschiede im Status und in der Stärke der Rolle der verschiedenen Kapitale führen zu Wettbewerb
und Volatilität innerhalb des Feldes.

Was den Aufbau moderner wirtschaftsnaher Fakultäten betrifft, so ist er das
Ergebnis einer Kombination von Machtkapital, kulturellem Kapital und ökono-
mischem Kapital. Das intermediäre Kapital in der politischen Arena, in der die
Regierung angesiedelt ist, ist hauptsächlich Machtkapital. Es dominiert die Beziehungen durch Zwangsmittel wie die Formulierung von Gesetzen und Politiken.
Es gibt auch andere Arten von Kapital wie Machtkapital und ökonomisches
Kapital in der Bildungsarena. Diese Kapitale nehmen an der Funktionsweise
der Bildungsarena teil, beeinflussen sie und bestimmen sie sogar. Aber diese
Kapitale reichen nicht aus, um die grundlegende Form des Kapitals in der Bildungsarena zu definieren (Liu 2006). Bildung ist eine kulturelle Aktivität, die
darauf abzielt, Menschen zu kultivieren. Daher ist das Kapital im Bildungsbereich
hauptsächlich kulturelles Kapital. Der industrielle Bereich, in dem Unternehmen
angesiedelt sind, zielt auf die Herstellung von Produkten zur Erzielung wirt-
schaftlicher Gewinne ab. Sein Kapital ist in erster Linie ökonomisches Kapital.
Die geordnete Konkurrenz des Kapitals hat eine fördernde Wirkung, während
das Ungleichgewicht der Konkurrenz der Hauptfaktor ist, der die Beziehungen
in diesem Bereich verschlechtert. Als Hauptakteure des Feldes sind ihre Verhal-
tenspraktiken die dynamischen Faktoren, die im Feld eine Rolle spielen, wobei
einerseits das Festhalten an Gewohnheiten stabilisierend wirkt und andererseits
die Entfremdung von Gewohnheiten zum Entwicklungshindernis wird.

2   Das reale Dilemma des Aufbaus moderner
       wirtschaftsnaher Fakultäten unter dem Blickwinkel
       der Feldtheorie

Die Beschleunigung der „neuen Entwicklung der vier Disziplinen" ist zu einem
wichtigen Motor für die qualitative Entwicklung der Hochschulbildung geworden.
In diesem Zusammenhang ist die Frage, wie das Profil der Bachelorhochschulen voll zur Geltung gebracht werden kann, wie Ressourcen integriert werden
können und wie moderne wirtschaftsnahe Fakultäten zur Unterstützung der regionalen Entwicklung aufgebaut werden können, zu einer wichtigen Überlegung

für die Hochschulentwicklung geworden. Die Analyse der Dilemmata und Hindernisse, mit denen die Entwicklung konfrontiert ist, wird dazu beitragen, die richtige Medizin zu verschreiben, um Veränderungen und Innovationen in der Talentausbildung zu fördern und eine tiefgreifende Integration von Wirtschaft und Hochschulbildung sowie eine kontinuierliche Verbesserung der Qualität der grundständigen Ausbildung zu unterstützen.

2.1 Die Beziehungen zwischen den Hauptträgern der Hochschulen sind unklar; die Rolle der Unternehmen als Bildungsakteure wird nicht klar hervorgehoben

Als Multi-Stakeholder-Organisation werden moderne wirtschaftsnahe Fakultäten von Hochschulen mit dem Ziel gegründet, Talente auszubilden. Die Inhalte dieser Fakultäten sind in Disziplinen oder Studiengängen zusammengefasst. Zu den Kooperationspartnern gehören die Regierung, Industrieunternehmen usw. Sie sind somit das Ergebnis der gemeinsamen Führung mehrerer Akteure. Der Status und die Rolle der verschiedenen Akteure sind jedoch unterschiedlich. In der eigentlichen Arbeit der wirtschaftsnahen Fakultäten hat die Regierung keine dominierende Position mehr, sondern wird zum Dienstleister und Koordinator für alle kooperierenden Parteien, indem sie Plattformen und politische Maßnahmen bereitstellt. Die lokale Regierung sollte die relevanten Politiken und Maßnahmen rechtzeitig verbessern, um die Zusammenarbeit zwischen Wirtschaft, Hochschulen und Forschungsakteuren und die Ausbildung hochqualifizierter und anwendungsorientierter Talente zu fördern (Zhu und Peng 2018). Die Entwicklung von wirtschaftsnahen Fakultäten geht von den Bedürfnissen der Industrieunternehmen aus. Ziel ist es, die Qualität der Talentausbildung zu verbessern. Die wechselseitige Interaktion zwischen der Nachfrage- und der Angebotsseite stellt eine enge Verbindung zwischen Hochschulen und Industrieunternehmen her. Die dritte wichtige Funktion der Hochschulen ist das gesellschaftliche Engagement, das durch den gesellschaftlichen Auftrag der Hochschulen bestimmt wird. Deshalb sollten die Hochschulen bei der Einrichtung moderner wirtschaftsnaher Fakultäten nicht die alleinige Rolle spielen. Es sollte das Konzept der „dualen Hauptakteure" gelten, d. h. Hochschulen und Unternehmen sollten gleichberechtigt sein und gemeinsam die Aufgabe dieser Zeit wahrnehmen, nämlich die regionale Hochschulbildung zu entwickeln und das gute Funktionieren der wirtschaftsnahen Fakultäten zu fördern.

Trotz der Fortschritte bei der Integration von Wirtschaft und Hochschulbildung sind die Beziehungen zwischen Regierung, Unternehmen und Hochschulen noch nicht vollständig geklärt, was zu einer Verzerrung der Kräfteverhältnisse zwischen den verschiedenen Akteuren führt. Die Regierung, deren Rolle sich gewandelt hat, agiert hinter den Kulissen und bietet Rahmenbedingungen und Unterstützung für die Entwicklung von wirtschaftsnahen Fakultäten, einschließlich eines stabilen politischen Rahmens, eines entspannten Entwicklungsumfelds und angemessener finanzieller Unterstützung. Hochschulen und Unternehmen sind die beiden Hauptakteure in der Ausbildung von Talenten, aber die Beziehungen zwischen ihnen sind nach wie vor verworren und ihre Macht ist extrem ungleich verteilt. Insbesondere die Unternehmen als Nachfrager sind in diesem Prozess passiv, gefangen und marginalisiert. Auf der einen Seite setzt der Staat durch Politik, Evaluierung und andere Mittel sein Machtkapital für die Entwicklung der Unternehmen ein und hält sie als Geiseln im Strudel der Integration von Wirtschaft und Hochschulbildung, so dass sie passiv die soziale Verantwortung für die Ausbildung von Talenten übernehmen. Auf der anderen Seite ergreifen Unternehmen die Initiative, um Talente auszubilden und mit Hochschulen zusammenzuarbeiten, um Mitarbeiter zu rekrutieren, ihre eigene Entwicklung voranzutreiben und ihren sozialen Einfluss zu verbessern. Das Schiff wird jedoch von den Hochschulen gesteuert. Das Unternehmen befindet sich am Rande und spielt nicht die ihm zustehende Rolle. Als wichtige Plattform für die Zusammenarbeit zwischen Hochschulen und Unternehmen und als Weg zur Integration von Wirtschaft und Hochschulbildung sollten moderne wirtschaftsnahe Fakultäten die Rolle der Unternehmen als wichtige Akteure in der Ausbildung hervorheben und vor allem den Enthusiasmus und das Engagement der Unternehmen voll zur Geltung bringen. Gegenwärtig zeigen die Hochschulen zwar ein großes Interesse an der kooperativen Ausbildung, räumen den Unternehmen aber zu wenig Befugnisse ein, um die Initiative zu ergreifen, und zu wenig Verwaltungsrechte. Auf der anderen Seite haben die Unternehmen noch kein Selbstverständnis entwickelt, dass sie der zweite wichtige Akteur in der kooperativen Ausbildung sind. Folglich sind die wirtschaftsnahen Fakultäten de facto eine lose Organisation. Die Intensität der Zusammenarbeit zwischen Hochschulen und Unternehmen ist gering, die Kräfte der beiden Seiten bilden keine starke „1+1>2-Synergie". Die primäre Funktion der Hochschulen liegt in der Talentausbildung. Die Unternehmen als Arbeitgeber werden traditionell aus dem Bildungssystem ausgeklammert, was zu einer geringen Bereitschaft führt, sich an der Ausbildung zu beteiligen. Insgesamt wird die Rolle der Unternehmen in der Ausbildung nicht hinreichend hervorgehoben. Diese Rollenverteilung hat zur Folge, dass zwischen Wirtschaft und Hochschulbildung noch immer eine Lücke besteht, die eine echte Integration von Wirtschaft und Hochschulbildung verhindert.

2.2 Übermäßiger Wettbewerb um Kapital und nicht zufriedenstellende Ausbildungserfolge

Das Hauptfeld der Entwicklung moderner wirtschaftsnaher Fakultäten ist das Bildungsfeld der Wissensproduktion, in dem die Bachelorhochschulen angesiedelt sind. Die Einführung und Modifizierung einer Reihe von staatlichen Maßnahmen zur Förderung der Integration von Wirtschaft und Hochschulbildung hat die strukturelle Beziehung zwischen den verschiedenen Kapitalen in diesem Bereich beeinflusst: Das kulturelle Kapital, das durch die Kultivierung von Talenten und die Produktion von Wissen gekennzeichnet ist, wurde verstärkt durch Machtkapital und ökonomisches Kapital umgeben. Der „Wettbewerb der Kapitale" und der Austausch der Interessen sind in diesem Bereich ständig im Gange. Wenn es zu einem ernsthaften Interessenkonflikt kommt und die Subjekte nicht in der Lage sind, sich durch Verhandlungen und Kompromisse zu einigen, wird sich der Wettbewerb der Kapitale verschärfen und sogar die maximale Schwelle des Feldraums überschreiten und eine Art Exzess erreichen, der die strukturellen Beziehungen innerhalb des Feldes einer ernsthaften Veränderung unterzieht. Beim Aufbau moderner wirtschaftsnaher Fakultäten manifestiert sich der exzessive Wettbewerb darin, dass das Machtkapital auf der Ebene der nationalen Regierung versucht, die Struktur des Feldes durch Zwangsgewalt zu beeinflussen. Das Wirtschaftskapital versucht auf der Ebene der Unternehmen, das kulturelle Kapital mit materiellen Vorteilen wie Geld und Ressourcen zu infiltrieren und dann den Kapitalexport zu stärken.

Aufgrund der schwachen Autonomie des Bildungsfeldes selbst haben sowohl die direkte Dominanz des Machtkapitals im politischen Feld als auch das indirekte Eindringen des ökonomischen Kapitals im industriellen Feld die logischen Regeln des bestehenden Feldes in unterschiedlichem Maße untergraben (Li et al. 2020). Der Druck des strukturellen Ungleichgewichts des Feldkapitals erschüttert die Kernposition des kulturellen Kapitals und verschiedene Kapitale werden in ihrer eigenen Form innerhalb des Feldes eine Rolle spielen, indem sie strukturellen Druck auf das kulturelle Kapital ausüben: Der Positionsraum muss dem Statusraum des Machtkapitals und des ökonomischen Kapitals weichen. Wenn sich das kulturelle Kapital in einer schwachen Position befindet und das Machtkapital und das ökonomische Kapital die absolute Oberhand gewinnen, ist das Wesen der Bildung in gewisser Weise bedroht; das Ziel der Ausbildung von Talenten gerät ins Wanken und die Bildung wird nicht in der Lage sein, die Wirksamkeit der Kultivierung des Menschen zu erreichen. Aus einem anderen Blickwinkel betrachtet, haben sich die Hochschulen im Betrieb der modernen wirtschaftsnahen Fakultäten die meiste Zeit in einem Elfenbeinturm eingeschlossen, um nach ihrer eigenen Logik Talente auszubilden, scheinbar mit einer starken Macht, die Beziehungen zwischen den Feldern und die Verbindungen zwischen ihnen zu kontrollieren. In Wirklichkeit sind sie jedoch in der Mitte gefangen und müssen sich im politischen Bereich an die Vorgaben des Machtkapitals und im industriellen Bereich an die Entwicklungsbedürfnisse des Wirtschaftskapitals „anpassen". Die drei Kräfte des Kapitals koexistieren nicht in Harmonie, sondern eher in einer Unterströmung. Wenn die politischen und ökonomischen Kräfte deren Export und den ungeordneten Wettbewerb weiter intensivieren, wird die Macht des kulturellen Kapitals relativ geschwächt: Die Hochschulen als Ort des Exports von kulturellem Kapital werden aus dem Kern des Feldes verdrängt werden. Wird dadurch die Wirksamkeit der Bildung geschwächt und wo manifestieren sich Sinn und Wert der Existenz von Hochschulen? Unter der Prämisse ihrer eigenen Existenz und Entwicklung ist es rational, dass die drei Kapitalkräfte ihre Energie exportieren und miteinander konkurrieren, was auch dem Gesetz der Entwicklung entspricht. Das gravierende Ungleichgewicht zwischen den Kapitalkräften und die Unfähigkeit, einen stabilen Zustand zu erreichen, wird jedoch dazu führen, dass das Ziel der Ausbildung von Talenten in weite Ferne rückt und die Ausrichtung des Hochschulwesens auf die Ausbildung von Talenten ins Wanken gerät. Dies wird sich letztlich negativ auf das Funktionieren des gesamten Bildungsökosystems auswirken.

2.3 Der Habitus der Akteure ist verfestigt und es findet keine Veränderung und Erneuerung des Organisationsmodells der Fakultäten statt

Ein weiterer wichtiger Begriff der Feldtheorie ist der „Habitus": Nach *Bourdieu* ist der Habitus ein strukturbildender Mechanismus, ein dauerhaftes und übertragbares Ausstattungssystem, das auf der Ebene des Unbewussten funktioniert, sowie das individuelle Wissen und Verständnis von der Welt (Bourdieu und Wacquant 2015, S. 179). Die Entscheidungen der Akteure werden nicht nur durch das System oder die soziale Struktur bestimmt. Der Habitus der Akteure hat tiefe historische Wurzeln und reale Kontexte und spielt die Rolle von Entscheidungsventilen. Die strategischen Entscheidungen der Akteure im Feld sind degenerierte Produkte der Entfremdung vom Habitus (Li et al. 2020). Die Verfestigung bzw. Entfremdung des Habitus wird sich negativ auf die Entwicklung der

Dinge auswirken. Im Falle der Entwicklung moderner wirtschaftsnaher Fakultäten spiegelt sich die Entfremdung des Habitus der Akteure vor allem in Makro- und Mikroaspekten wider.

Auf der Makroebene ist die Organisationsform des Aufbaus von wirtschaftsnahen Fakultäten altmodisch und folgt der Logik der jeweiligen Disziplin. D. h. die Hochschulen gehen von der Entwicklungslogik der jeweiligen Disziplin aus und darauf aufbauend werden entsprechende Studiengänge eingerichtet und Spezialisten in der jeweiligen Disziplin ausgebildet. Diesem Modell folgen die meisten Hochschulen. Die so entstandenen wirtschaftsnahen Fakultäten verfügen über ein eigenes Verwaltungssystem und eine eigene Ressourcenzuweisung, was die Distanz zwischen Hochschulen und Unternehmen vergrößert und eine vertiefte Zusammenarbeit verhindert. Angesichts der Tatsache, dass die wirtschaftsnahen Fakultäten das Ergebnis der Integration von Wirtschaft und Hochschulbildung sind, ist dieses Modell nicht mehr in der Lage, sich an die Bedürfnisse der Talentausbildung anzupassen. In der neuen Ära ist es notwendig, das Verwaltungssystem und die Mechanismen zu erneuern, die Organisation umzustrukturieren und die Probleme zu lösen, die sich aus der geringen Begeisterung der Unternehmen und der geringen Wirkung der Talentausbildung ergeben, was auf die institutionellen Schwierigkeiten der gegenwärtigen Form der Zusammenarbeit zwischen Hochschulen und Unternehmen zurückzuführen ist. Außerdem muss das Organisationsmodell der rein mechanischen Integration von Fächern und Studiengängen geändert werden. Auch der Status quo, dass Unternehmen und Hochschulen bei der Integration von Wirtschaft und Hochschulbildung getrennt handeln, muss weiterentwickelt werden.

Auf der Mikroebene ist das Paradigma der Talentbildung veraltet; sie folgt der Logik der Wissensvermittlung, bei der die Lehrenden die Führung übernehmen und die Studierenden das Wissen passiv aufnehmen. Die Studierenden sind also Empfänger dessen, was die Lehrenden vermitteln. Die so ausgebildeten Studierenden sind nicht die Talente, die die Gesellschaft braucht, denn sie können die Anforderungen der Unternehmen zur Lösung praktischer Probleme nicht erfüllen. Die Betonung der Wissensvermittlung an sich ist nicht falsch, denn sie entspricht in einer bestimmten Phase der individuellen Entwicklung voll und ganz der Entwicklungslogik des Individuums und des Bildungs- und Lehrprozesses und trägt dazu bei, die Wissensbasis der Studierenden zu erweitern und die Grundlagen für ihre Entwicklung zu legen. Die derzeitige Form der Wissensvermittlung konzentriert sich jedoch auf die Fähigkeit, sich Wissen einzuprägen, zu verstehen und anzuwenden. Dies ist die niedrigste Stufe des Lernens. In einer späteren Phase der Ausbildung von Talenten sollten wir von der Wissensvermittlung zur Wissensinnovation übergehen und die Analyse-, Bewertungs- und Innovationskompetenzen in den Vordergrund stellen, d. h. ein „Lernen auf höheren Ebenen" anstreben (Wu et al. 2018). Die Wissensvermittlung selbst ist nicht das Ziel, sondern ein Instrument. Finales Ziel ist es, Wissen auf innovative Weise zu entwickeln und Werte zu verwirklichen. Das bestehende Paradigma der Talentausbildung sollte überdacht werden, um den Schwerpunkt auf Innovation und logisches Denken sowie auf andere umfassende Kompetenzen zu legen, so dass der Übergang von einem „instrumentellen Zweck" zu einem „wertebezogenen Zweck" vollzogen wird.

Die Feldtheorie von *Bourdieu* liefert Ideen und einen allgemeinen Rahmen für die Analyse des Problems, um das Dilemma des Aufbaus moderner wirtschaftsnaher Fakultäten zu untersuchen. Auf der Grundlage der entsprechenden Analysen werden die Schlussfolgerungen wie in Abb. 1 dargestellt zusammengefasst. Der Aufbau moderner wirtschaftsnaher Fakultäten umfasst das Feld der Bildung, das Feld der Politik und das Feld der Wirtschaft. Die Hauptakteure dieser drei Felder stehen in einem Verhältnis von Konkurrenz und Kooperation. Im Prozess der Kooperation ist das Verhältnis zwischen den drei Feldern stabil und erzeugt positive Effekte, die den Aufbau wirtschaftsnaher Fakultäten unterstützen. Im Wettbewerbsprozess führen Interessenkonflikte zu einer Verschlechterung der Beziehungen zwischen den Feldern. Übermäßiger Wettbewerb erzeugt negative Effekte, so dass die Entwicklung wirtschaftsnaher Fakultäten auf einige Schwierigkeiten stößt. Gleichzeitig ist die Beziehung zwischen den drei Feldern und dem Aufbau moderner wirtschaftsnaher Fakultäten auch eine wechselseitige Interaktion: Einerseits beeinflussen sie den Aufbau wirtschaftsnaher Fakultäten durch den Export von kulturellem Kapital, Machtkapital und ökonomischem Kapital; andererseits werden die wirtschaftsnahen Fakultäten die Bedürfnisse der drei Felder vor allem durch den Export von Wissen und Talenten befriedigen.

3 Wege zum Durchbruch beim Aufbau moderner wirtschaftsnaher Fakultäten unter dem Blickwinkel der Feldtheorie

Auf der Grundlage der feldtheoretischen Analyse zur Lösung des Dilemmas bei der Entwicklung moderner wirtschaftsnaher Fakultäten ist es notwendig, in den drei Hauptaspekten Organisationsmodell, Beziehung zwischen den Akteuren und Ausbildungskonzept nach Durchbrüchen zu suchen und eine ineinander greifende „kettenartige Entwicklungsgemeinschaft", eine „Schicksalsgemeinschaft von Hochschulen und Unternehmen" und eine „Innovationsgemeinschaft von Lehrenden und Studierenden" zu konstruieren, um gemeinsam die Entwicklung wirtschaftsnaher Fakultäten zu fördern. Auf diese Weise könnten die Hochschulen

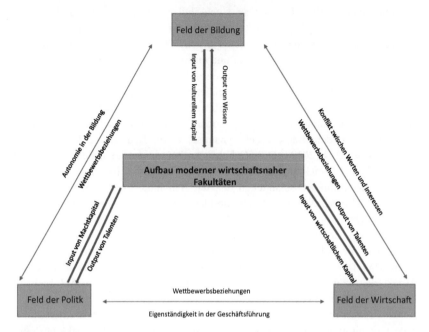

Abb. 1 Aufbau moderner wirtschaftsnaher Fakultäten aus der Sicht der Feldtheorie. (Quelle: Qiu und Qian)

Strategien entwickeln, um die Integration von Wirtschaft und Hochschulbildung zu vertiefen und der regionalen Wirtschafts- und Industrieentwicklung sowie der Kultivierung innovativer Talente zu dienen.

3.1 Erneuerung der Organisationsform, Aufbau einer „kettenartigen Entwicklungsgemeinschaft" und Verwirklichung der Integration von Wirtschaft und Hochschulbildung

Die Beantwortung der Kernfragen bei der Gestaltung von wirtschaftsnahen Fakultäten, wie z. B. die Frage nach der Organisation moderner wirtschaftsnaher Fakultäten und die Frage nach der Schaffung institutioneller Systeme und Mechanismen, ist der Schlüssel zur Verwirklichung einer tiefgreifenden Integration von Wirtschaft und Hochschulbildung und gibt die allgemeine Entwicklungsrichtung vor. Die Bildung einer Fakultät an Hochschulen orientiert sich traditionell an Fächern und Studiengängen. Auf dieser Grundlage werden die Organisationsstruktur und die entsprechenden Systeme entwickelt, um den Anforderungen eines integrierten Systems von Disziplinen und entsprechenden Studiengängen gerecht zu werden. Notwendig ist ein schrittweiser Übergang von einer „Entwicklung nach der Logik der Disziplinen und Studiengänge" zu einer „Entwicklung nach der Logik der Bedürfnisse von Wirtschaft und Industrie". Konkret geht es darum, in der wirtschaftsnahen Fakultät und sogar in der gesamten Hochschule einen Mechanismus zu schaffen, der sich dynamisch an die Bedürfnisse der Wirtschaft anpasst (Cui et al. 2019). Das Ziel des Aufbaus einer ineinander greifenden „kettenartigen Entwicklungsgemeinschaft" besteht darin, eine enge Verbindung zwischen der primären, sekundären und tertiären Industrie zu fördern, interdisziplinäre und innovative Talente auszubilden und die Integration von Wirtschaft und Hochschulbildung zu erreichen. Menschen, die nach diesem Modell ausgebildet wurden, sind besser in der Lage, die verschiedenen Herausforderungen zu bewältigen, die sich aus den Veränderungen der gesellschaftlichen Entwicklung ergeben, und bringen – unabhängig davon, in welcher Phase oder in welchem Aspekt der industriellen Entwicklung sie sich befinden – ein hohes Maß an Anpassungsfähigkeit mit.

Wir müssen uns an den Bedürfnissen der Wirtschaft orientieren, die traditionelle Organisationsform der Fakultäten aufbrechen und der „Entwicklungslogik von Wirtschaft und Industrie" folgen. Die Fachbereiche und die damit verbundenen Studiengänge müssen neu organisiert und entsprechende Curricula entwickelt werden. Vor allem müssen zusammenhängende und „kettenartig" funktionierende Ausbildungsinstitutionen aufgebaut werden. Beim Aufbau moderner, wirtschaftsnaher Fakultäten muss die strategische Planung auf höchster Leitungsebene gestärkt werden. Barrieren in den Strukturen und Mechanismen sind abzubauen und Fachbereiche und Studiengänge neu zu gestalten. Dabei sind die industrielle Entwicklung und die Bedürfnisse der Unternehmen zu analysieren, Anknüpfungspunkte zur regionalen wirtschaftlichen und sozialen Entwicklung zu finden und Fachgebiete und Studiengänge zu identifizieren, die zur lokalen Wirtschaft und Industrie passen. Der Aufbau von wirtschaftsnahen Fakultäten muss also von den Bedürfnissen der Wirtschaftskette ausgehen (Shen 2021). Darüber hinaus ist die Verwaltungsstruktur der traditionellen Fakultäten zu erneuern, indem ein Verwaltungsratsmodell eingeführt wird. Der Verwaltungsrat sollte sich aus führenden Vertretern von Regierungsstellen, Industrieverbänden, Partnerunternehmen, Hochschulen und anderen Abteilungen zusammensetzen. Innerhalb der Fakultät ist ein Dekanat einzurichten, das die Gesamtverantwortung für die Aufgaben der Fakultät trägt. Darüber hinaus ist wirtschaftsnahen Fakultät der Mechanismus für einen unabhängigen Fakultätsbetrieb zu gewähren. Ein dafür notwendiger Sonderfonds sollte eingerichtet werden. Im Hinblick auf die Schaffung interner Einrichtungen, die Einstellung von Personal, die Leitung von Teams und die Einrichtung von Studiengängen sollte der wirtschaftsnahen Fakultät mehr Autonomie eingeräumt werden, damit die Ressourcen besser auf die wirtschaftsnahen Fakultäten ausgerichtet werden können. Zweitens müssen die Hochschullehrer, deren Kompetenzen „kettenförmig" ineinandergreifen, zu einem Team für die Talentausbildung geformt und gefördert werden. Die Lehrenden sind eine wichtige Humanressource für die Entwicklung der Bildung und die Verbesserung der Bildungsqualität. Die Ausrichtung der wirtschaftswissenschaftlichen Fakultäten ist anwendungsorientiert, um den Bedürfnissen der Gesellschaft gerecht zu werden. Dies erfordert den Einsatz von Lehrenden aus der Wirtschaft, die direkt mit der Entwicklung von Industrie und Unternehmen verbunden sind und bei der Ausbildung von Talenten eine ebenso wichtige Rolle spielen sollten wie die Hochschullehrer. Lehrende aus der Wirtschaft sind in der Lage, den Studierenden eine umfassende, praxisorientierte und kompetente Ausbildung zu bieten und ihnen Spitzenwissen außerhalb des „Elfenbeinturms" zu vermitteln. Daher ist es notwendig, die Struktur des Lehrkörpers zu optimieren, hochqualifizierte Talente aus Industrieunternehmen für die wirtschaftsnahen Fakultäten zu gewinnen und einen Lehrkörper aus kompetenten Lehrkräften mit „Doppelqualifikation" zu entwickeln. Dies bedeutet auch, dass ein anwendungsorientierter Lehrkörper aus „Hochschullehrern und Lehrkräften aus der Wirtschaft" entwickelt werden muss. Darüber hinaus können Hochschullehrer durch das „Going-out-Modell" praktische Erfahrungen in Unternehmen sammeln und ihre anwendungsorientierten und praktischen Fähigkeiten weiterentwickeln. Unternehmensvertreter können ihrerseits Lehrerfahrungen sammeln. Drittens muss eine „Talentkette" gefördert werden, die den gesellschaftlichen und wirtschaftlichen Bedürfnissen entspricht. Die von den Hochschulen ausgebildeten Talente werden schließlich in die Gesellschaft gehen und in der Gesellschaft arbeiten. Daher ist es notwendig, dass die Talentausbildung eine klare Ausrichtung auf bestimmte Wirtschafts- oder Industriesektoren hat. Die Hochschulen sollten die Anforderungen der Unternehmen an die Absolventen analysieren und wissen, welche Wissensstruktur, welche praktischen Fähigkeiten, welche Kompetenzen und welche Qualität von den Studierenden verlangt werden. Sie sollten auch in Zusammenarbeit mit den Unternehmen das Ausbildungskonzept auf der höchsten Führungsebene entwickeln, so dass die Unternehmen wirklich in den gesamten Ausbildungsprozess eingebunden sind. Darüber hinaus werden wir die Entwicklung von „auftragsbezogenen", „maßgeschneiderten" und „individuellen" Modellen der Talentausbildung vertiefen, um den Anforderungen der Integration von Wirtschaft und Hochschulbildung

und der Unternehmensentwicklung gerecht zu werden und um interdisziplinäre
Talente mit umfassenden Fähigkeiten und Innovationsgeist zu fördern.

3.2 Klärung der Beziehungen zwischen den Hauptakteuren und Aufbau einer „Schicksalsgemeinschaft von Hochschulen und Wirtschaft", um die Integration von Produktion und Lehre zu fördern

Moderne wirtschaftsnahe Fakultäten sind Organisationen mit mehreren Akteuren,
von denen die Hochschule, die Regierung und die Unternehmen die wichtigsten
sind. Durch den Wandel der Rolle der Regierung sind Hochschulen und Unternehmen zu echten Akteuren bei der Entwicklung von wirtschaftsnahen Fakultäten
geworden. Gegenwärtig ist die Zusammenarbeit zwischen Hochschulen und
Unternehmen bzw. die Integration von Wirtschaft und Hochschulbildung noch
nicht intensiv genug. Dies liegt vor allem daran, dass zwischen Hochschulen und
Unternehmen noch immer eine Kluft besteht, welche die Grenze zwischen beiden
Feldern markiert. Der Aufbau moderner wirtschaftsnaher Fakultäten in der neuen
Ära muss die Beziehungen zwischen Hochschulen und Unternehmen klären, die
etablierten Grenzen zwischen beiden überwinden, die jeweilige Verantwortung für
die Ausbildung klären und die Aufgabe der Ausbildung von Talenten gemeinsam wahrnehmen, um so eine „Schicksalsgemeinschaft von Hochschulen und
Unternehmen" aufzubauen.

Hochschulen und Unternehmen sind zwei unterschiedliche Arten von Organisationen mit eigenen Funktionen und Konzepten. Die Hochschulen haben
ihre traditionellen Hauptfunktionen „Talentförderung, Forschung und gesellschaftliches Engagement" um weitere Hauptfunktionen wie Kulturvermittlung,
Innovation, internationaler Austausch und Zusammenarbeit erweitert. Unternehmen hingegen sind als gewinnorientierte Organisationen darauf ausgerichtet, auf
dem Markt zu bestehen, sich weiterzuentwickeln und Gewinne zu erzielen,
die wirtschaftliche und soziale Entwicklung voranzutreiben und technologische
Durchbrüche zu erzielen. Die Unterschiede zwischen beiden stellen einerseits
Hindernisse für die Zusammenarbeit dar, bieten andererseits aber auch Chancen und Möglichkeiten. Um eine „Schicksalsgemeinschaft von Hochschulen und
Unternehmen" aufzubauen, muss zunächst die verfestigte Arbeitsteilung zwischen
Hochschulen und Unternehmen überwunden und eine neue Art von Partnerschaft
für gemeinsame Diskussionen, gemeinsame Ausbildung und Integration geschaf-
fen werden, um eine gemeinsame Entwicklung, ein gemeinsames Management

und eine gemeinsame Ressourcennutzung zu verwirklichen. Die Verwirklichung der vielschichtigen, integrierten Entwicklung von Hochschulen und Unternehmen beinhaltet die Integration der Hochschulkultur und der Unternehmenskultur, die Integration der Grundlagenforschung der Hochschulen und der angewandten Technologieforschung der Unternehmen, die Integration der Verantwortung und des Auftrags der Hochschulen und die Verfolgung der Interessen der Unternehmen. Zweitens muss die Rolle der Unternehmen als Hauptakteure in der Ausbildung gestärkt und das Konzept der „doppelten Hauptakteure" in die Praxis umgesetzt werden, damit die Unternehmen in den gesamten Prozess der Ausbildung von Talenten einbezogen werden können. Gegenwärtig ist die Zusammenarbeit zwischen Hochschulen und Unternehmen nicht tiefgreifend genug und findet eher formal und oberflächlich statt. Es ist jedoch notwendig, den Enthusiasmus der Unternehmen zu mobilisieren, den Grad der Beteiligung der Unternehmen zu verbessern und gemeinsam das Ausbildungsprogramm, das Bewertungssystem usw. zu formulieren, um die Verbindung zwischen den Lehrinhalten und den beruflichen Anforderungen, die Verbindung zwischen dem Bildungsprozess und dem Wirtschaftsprozess, die Integration von Wirtschaft und Ausbildung zu erreichen. Schließlich sollten die Hochschulen in angemessenem Umfang Ausbildungsanteile an die Unternehmen abtreten und den Unternehmen mehr Entscheidungsbefugnisse und Managementrechte einräumen. Die Abgabe von Kompetenzen ist nicht gleichbedeutend mit der Abgabe von Macht. Es bedeutet nicht, dass sich die Hochschulen um nichts mehr kümmern und alles den Unternehmen überlassen. Es bedeutet vielmehr, dass die Unternehmen als Hauptakteure gleichberechtigt in Bezug auf Management, Ausbildung, Finanzkontrolle usw. sind. Dies ist ein wichtiger Aspekt, um Unternehmen zu motivieren, sich an der Ausbildung von Talenten zu beteiligen. Unternehmen sollten sich intensiv an Lehre, Forschung, Management und anderen Kernaufgaben beteiligen, um die Verbesserung der Lehr- und Lernbedingungen voranzutreiben: weg von einer hochschulbasierten Ressource hin zu einer unternehmensbasierten Ressource. Das bedeutet, dass die Unternehmenskultur, das Know-how und die Technologien der Unternehmen zur wichtigsten Wissensquelle für die Ausbildung von Talenten werden sollten (Chen et al. 2017). Unternehmen können Talente anziehen, um die Unternehmensentwicklung und den Wettbewerb in der Wirtschaft zu unterstützen und die Wettbewerbsfähigkeit und den Einfluss der Unternehmen zu verbessern. Dies ist auch das Hauptziel von Unternehmen, die sich an der Ausbildung von Talenten beteiligen. Die Hochschulen wiederum können ihren Zugang zu Ressourcen erweitern, die Vitalität der Hochschule stimulieren und die Dynamik des Hochschulbetriebs fördern sowie die Ausbildung von Talenten und die Forschung aktiv vorantreiben.

3.3 Veränderung von Denkgewohnheiten, Aufbau einer „Innovationsgemeinschaft von Lehrenden und Lernenden" und Verwirklichung der Integration von Wissensvermittlung und Kultivierung des Menschen

Um sich an die neuen wirtschaftlichen und sozialen Entwicklungen anzupassen und den Anforderungen der neuen wissenschaftlichen und technologischen Innovationsdurchbrüche an die Ausbildung von Talenten gerecht zu werden, ist es dringend notwendig, das Bildungskonzept zu überdenken und von der „Logik der Wissensvermittlung" zur „Logik der Studierendenzentrierung" überzugehen, d. h. von einer „wissenszentrierten" zu einer „personenzentrierten" Orientierung, von der Betonung des „Lehrens" der Lehrenden zur Betonung des „Lernens" der einzelnen Studierenden und von der Betonung der Beherrschung von Wissen zur Betonung der Förderung von Innovationsfähigkeiten. Auch das Bewertungssystem wird von der Logik des Wissens auf technologische Innovationen umgestellt. Im Rahmen eines solchen Ansatzes wird eine „Innovationsgemeinschaft zwischen Lehrenden und Lernenden" aufgebaut, um das Lehren durch Lernen und das Lehren und Lernen zu fördern, gemeinsam Wissen zu generieren und Wissensstrukturen zu gestalten, Innovation anzustreben und das Ziel von Lehre und Bildung zu erreichen.

„Lehrer predigen und lehren und klären auf" – gegenwärtig konzentrieren sich die Lehrkräfte im Rahmen der üblichen Unterrichtsmethoden eher auf die ersten beiden Aufgaben. Vom Aufklären ist man noch weit entfernt. Das so genannte „Aufklären" besteht darin, den Studierenden eine Weltanschauung über die Probleme und die Methodik der Problemlösung zu vermitteln. Es geht nicht nur darum, „Wissen zu beherrschen, um den Kopf zu füllen", sondern auch darum, eine Denkweise und eine entsprechende Innovationsfähigkeit zu entwickeln. Zum einen sollten die Lehrenden das Konzept der Studierendenzentrierung umsetzen. Von der alten „dreifachen Zentrierung", d. h. der Zentrierung auf „Hörsäle, Lehrende und Lehrbücher", muss zur neuen „dreifachen Zentrierung" übergegangen werden, d. h. der Zentrierung auf „die Entwicklung der Studierenden, das Lernen der Studierenden und den Lernerfolg der Studierenden" (Zhao 2016). Im Bildungsprozess werden die Studierenden als Teil einer Lern- und Innovationsgemeinschaft angesehen. Eine solche Beziehung trägt nicht nur dazu bei, die Eigeninitiative der Studierenden zu fördern, den Lernerfolg und die Qualität der Talentausbildung zu verbessern, sondern wirkt sich auch positiv auf die Lehrenden aus. Sie fördert die Lehrkompetenz der Lehrenden und unterstützt sie in ihrer Forschungstätigkeit. Andererseits sollten die Lehrenden dem Konzept der „individuellen Bildung" folgen, d. h. die Studierenden entsprechend ihren Fähigkeiten und Fertigkeiten unterrichten, jedem einzelnen Studierenden Aufmerksamkeit schenken und die Gesamtentwicklung der Persönlichkeit und der Talente der Studierenden fördern. Entsprechend den unterschiedlichen Charakteren, Fähigkeiten und Niveaus der Studierenden sollten die Lehrenden ihre Lehrmethoden und -mittel ständig anpassen, bei der Gestaltung der Lehre und der Lehrveranstaltungen auf die Förderung der Persönlichkeit der Studierenden achten und die Kreativität und das Potenzial der Studierenden zur Entfaltung bringen. Darüber hinaus sollte die bestehende ergebnisorientierte Bewertung dahingehend überarbeitet werden, dass der tatsächliche Lernerfolg der Studierenden als Grundlage für die Bewertung herangezogen wird. Zudem sollte der prozessorientierten Bewertung mehr Aufmerksamkeit geschenkt, der Schwerpunkt auf die Verbesserung der umfassenden Kompetenzen und Fähigkeiten der Studierenden gelegt und die einheitlichen und standardisierten Anforderungen an die Lehre reduziert werden.

Literatur

Bildungsministerium und Ministerium für Industrie und Informationstechnologie. 2020. Bekanntmachung über den Leitfaden für den Aufbau moderner wirtschaftsnaher Fakultäten (guanyu yinfa xiandai chanye xueyuan jianshe zhinan de tongzhi) (Jiaogaotinghan [2020] Nr. 16.) http://www.moe.gov.cn/srcsite/A08/s7056/202008/t20200820_479133. html. Zugegriffen: 27. Nov. 2021

Bourdieu P, Wacquant L (2015) Reflexive Anthropologie. Übersetzt von Li M und Li K. Commercial Press, Beijing

Chen G, Lin Q, Sun B (2017) Erforschung der Reformversuche im Hinblick auf die wirtschaftsnahen Fakultäten. Chin Univ Sci Technol (zhongguo gaoxiao keji) 12:44–46

Cui Y, Ying M, Dai J (2019) Vorantreiben der Integration von Wirtschaft und Hochschulbildung zur Förderung des Aufbaus wirtschaftsnaher Fakultäten mit „dualen Hauptakteuren" an den angewandten Bachelorhochschulen. Chin Univ Sci Technol (zhongguo gaoxiao keji) 6:66–69

Li C, Zhu C, Li L (2020) Warum kann die Eröffnungspräsentation einer unqualifizierten Masterarbeit bestanden werden? Eine Fallstudie basierend auf der Theorie des Bourdieu-Fields. Acad Deg Grad Educ (xuewei yu yanjiusheng jiaoyu) 7:63–69

Li X (2021) Die Entwicklung und Rekonstruktion der Beziehung zwischen Betreuer und Doktoranden im Universitätskontext – aus der Perspektive der Lehrerkarriere. For Educ China (zhongguo linye jiaoyu) 4:1–6

Liu S (2006) Über das Feld der Bildung. Peking Univ Educ Rev (beijing daxue jiaoyu pinglun) 1:78–91

Shen X (2021) Die Rolle moderner wirtschaftsnaher Fakultäten bei der Förderung der Integration von Wirtschaft und Hochschulbildung in der neuen Ära. Res Educ Dev (jiaoyu fazhan yajiu) 5:3

Wu S, Zhu J, Wang Z (2018) Eine Analyse der Bloomschen Lernzieltaxonomie. Educ Mod (jiaoyu xiandaihua) 46:22–23

Zhao J (2016) Über das Konzept und die Geschichte der neuen „dreifachen Zentrierung" – eine Studie zur Reform der Bachelorausbildung in den USA. Res High Eng Educ (gaodeng gongcheng jiaoyu yanjiu) 3:35–56

Zhu W, Peng Y (2018) Eine Untersuchung zum Aufbau wirtschaftsnaher Fakultäten an lokalen Bachelorhochschulen im Kontext der neuen Ingenieurwissenschaften. High Educ Manage (gaoxiao jiaoyu guanli) 2:30–37

Ansätze zur Gestaltung von Curricula an angewandten Hochschulen aus Sicht der Bildungsökologie

Kangkai Yang

教育生态学视角下应用型高校课程建设进路

杨慷慨

1 Reform der Curricula als Dreh- und Angelpunkt für die Umsetzung der nationalen Bildungsentwicklungsstrategie

1.1 Triebkräfte der Entwicklungsstrategie für die Integration von Wirtschaft und Hochschulbildung

Um die wichtigsten Aussagen des 19. Nationalkongresses der Kommunistischen Partei Chinas (KPCh) umzusetzen, wurden im Dezember 2017 „Einige Ansichten des Generalbüros des Staatsrats, um die Integration von Wirtschaft und Hochschulbildung zu vertiefen" veröffentlicht. Damit wurde die Integration von Wirtschaft und Hochschulbildung offiziell von der akademischen Forschung und Praxis in Hochschulen und Unternehmen zu einer nationalen Strategie erhoben

K. Yang (✉)
Editorial Office of Chongqing Journal of Higher Education Research, Chongqing, China
E-Mail: 648741832@qq.com

J. Cai et al. (Hrsg.), *Jahrbuch Angewandte Hochschulbildung 2022*,
https://doi.org/10.1007/978-3-658-43417-5_6

und zu einer wichtigen Initiative für die koordinierte Entwicklung von Bildung, Wirtschaft und Gesellschaft in der neuen Ära. Dieses Dokument bietet gleichzeitig eine institutionelle Garantie für die organische Integration der Bildungskette, der Talentkette, der Wirtschaftskette und der Innovationskette. Die „Umsetzungsmaßnahmen für die Entwicklung von Unternehmen, die an der Integration von Wirtschaft und Hochschulbildung beteiligt sind" weisen auf die Notwendigkeit hin, sich am neuen Entwicklungskonzept zu orientieren, die Angebotsseite der Talentausbildung zu reformieren, das traditionelle Curriculumssystem und das Modell der Talentausbildung grundlegend zu reformieren, von den auf dem Arbeitsmarkt geltenden Qualifikationsstandards auszugehen und die Hochschulbildung in den Dienst der regionalen wirtschaftlichen und gesellschaftlichen Entwicklung zu stellen.

Die Ursprünge und die Genealogie der angewandten Hochschulen sowie die Herausforderungen, mit denen sie konfrontiert sind, sind bis zu einem gewissen Grad das natürliche Ergebnis der differenzierten Entwicklung des chinesischen Hochschulwesens. Der Anteil der Studierenden an angewandten Hochschulen macht die Mehrheit der Studierenden an allen Hochschulen des Landes aus. Ihre Transformation und Entwicklung ist für die Erreichung des Ziels, die Qualität der chinesischen Hochschulbildung zu verbessern, von großer Bedeutung. Dies bedeutet, dass die Hochschulen in ihrem lokalen Umfeld verwurzelt sein und ihre Bildungsangebote in den Dienst der lokalen wirtschaftlichen und sozialen Entwicklung stellen müssen. Dies ist notwendig, um zur Verwirklichung einer Reihe von nationalen Entwicklungsstrategien wie „innovationsgetriebene Entwicklungsstrategie", „Made in China 2025", „China Education Modernization 2035", „One Belt, One Road–Initiative" sowie „Neue Infrastruktur" einen soliden Mechanismus für die Ausbildung der in der Basis der Produktion und auf der Operationsebene dringend benötigten anwendungsorientierten Talente zu schaffen und das Problem der nach wie vor bestehenden strukturellen Defizite im chinesischen Hochschulwesen von Grund auf zu lösen. Die Curriculumsentwicklung ist ein Schlüsselelement für die Steuerung und Förderung der Transformationsentwicklung von angewandten Hochschulen. Der Grad der Curriculumsreform wirkt sich auf das Ausmaß der Transformation dieser Hochschulen aus und bestimmt die Qualität der Ausbildung anwendungsorientierter Talente. Um sich weiterzuentwickeln, müssen angewandte Hochschulen ihre Ausrichtung in der neuen historischen Ära klären, sich auf etablierte Disziplinen stützen, um komplexe Probleme zu lösen. Ferner müssen sie andere Disziplinen in Betracht ziehen (Hao et al. 2020) sowie die Reform des traditionellen Curriculumssystems zu einem neuen, modernen Curriculumssystem vorantreiben.

1.2 Unabdingbare Voraussetzungen für die Umsetzung des „doppelten Zehntausend-Plans"

Der „doppelte Zehntausend-Plan" bezieht sich auf das Ziel des Bildungsministeriums, 10.000 erstklassige Bachelor-Studiengänge auf nationaler und 10.000 erstklassige Bachelor-Studiengänge auf provinzieller Ebene aufzubauen. Das Bildungsministerium hat am 9. April 2019 offiziell den „doppelten Zehntausend-Plan" zum Aufbau von erstklassigen Studiengängen ins Leben gerufen und außerdem den Plan „Golden Lesson" zum Aufbau von 10.000 qualitativ hochwertigen Online- und Offline-Kursen auf nationaler und Provinzebene gestartet. Es stellt sich daher die Frage, wie angewandte Hochschulen, die ihren Schwerpunkt in der Lehre haben und überwiegend anwendungsorientierte Talente ausbilden, die Chance der staatlichen Förderung einer differenzierten Hochschulentwicklung nutzen können, um sich in der Region besser zu entwickeln. Die Curriculumsentwicklung ist eine Daueraufgabe aller Hochschulen. Angewandte Hochschulen, die die Integration von Wirtschaft und Hochschulbildung vorantreiben, müssen ihr eigenes Profil und die Bedürfnisse der Entwicklung der lokalen Wirtschaft berücksichtigen, die Curriculumsentwicklung als Medium nutzen und den Weg der integrierten Entwicklung von Curricula, Fächern und Studiengängen gehen.

Zwischen dem Curriculum, dem Studiengang und den entsprechenden Disziplinen besteht eine untrennbare innere Verbindung. An den Hochschulen der entwickelten westlichen Länder spiegelt ein Studiengang im Wesentlichen eine Berufsorientierung wider, die von den Studierenden durch die Belegung der verschiedenen Kurse gewählt wird. Das Curriculum ist die Brücke zwischen den Disziplinen und dem Studiengang. Die Organisationsform des Curriculums und die Erweiterung der Disziplinen machen den Studiengang aus. Der Inhalt der Studiengangsentwicklung konzentriert sich auf der Mikroebene auf das Curriculum. Das Curriculum ist die Zusammensetzung der Fächer und die Organisation der Lehrtätigkeit (Yan et al. 2019). Die Entwicklung der Curricula kann die organische Verbindung und die wirksame Verknüpfung zwischen der Entwicklung der Disziplinen und des Studiengangs stärken. Die Qualität der Curricula beeinflusst demzufolge den Erfolg der Umsetzung des „doppelten Zehntausend-Plans" und auch den Erfolg des Aufbaus der „doppelten Erstklassigkeit".

1.3   Erweiterung der Curriculumsreform in der Grundbildung

Die Hörsäle sind der Ort, an dem die Reform des Curriculums wirklich umgesetzt wird. Damit verbunden ist eine Reform der Lehre. Um den Erfolg der Curriculumsreform zu messen, braucht man keine nackten Zahlen, die man durch Vergleiche mit einem expliziten Indikatorensystem erhält, sondern man muss untersuchen, welche Art von Veränderungen tatsächlich in den Hörsälen stattgefunden haben. Die Lehrenden sind die Hauptakteure bei der Umsetzung der Curriculumsreform: Ihre Akzeptanz, Anerkennung und Fähigkeit zur Umsetzung der Curriculumsreform haben einen maßgeblichen Einfluss auf den Erfolg oder Misserfolg der Reform (Forschungsteam des Bildungsministeriums 2003). Die Reform des Curriculums in der Grundbildung, die zu Beginn des 21. Jahrhunderts eingeleitet wurde, hat die Erneuerung der Lehrkonzepte und -methoden unter den Lehrenden gefördert. Die Methode des kooperativen Lernens in Gruppen, bei der Lernende diskutieren und sich austauschen, hat sich auf die traditionellen Lernmethoden ausgewirkt. Das Phänomen der Mosaikkultur in der Lehrerkultur wurde reduziert und eine neue kooperative Lehrerkultur aufgebaut. Obwohl es nach wie vor regionale und sektorale Unterschiede bei der Curriculumsreform gibt und Probleme bei der Entwicklung von Ressourcen und der Beratung von Lehrenden bestehen, hat die mehr als zehnjährige Reform- und Entwicklungsarbeit zu gewissen Erfolgen geführt. Im Gegensatz dazu ist die Curriculumsreform in der Hochschulbildung, die an die Curriculumsreform in der Grundbildung anschließt, noch „im Gange". Beide sind nicht „natürlich" oder nahtlos miteinander verbunden. Im Bericht des 19. Nationalkongresses der KPCh wird darauf hingewiesen, dass die Hauptaufgaben der Hochschulbildung in der neuen Ära darin bestehen, sich inhaltlich qualitativ weiterzuentwickeln und den Aufbau „erstklassiger Hochschulen" zu beschleunigen. Die Verbesserung der Qualität der Lehre in den Studiengängen ist in dieser Phase zur Hauptaufgabe der Bachelorhochschulen geworden. Die Qualität der Lehre ist nicht nur für die zukünftige Entwicklung der Hochschulen von Bedeutung, sondern auch für deren Überleben. In der „Mitteilung des Bildungsministeriums über die Umsetzung der Grundsätze der Nationalen Konferenz zur Bachelor-Ausbildung in der neuen Ära" wird explizit darauf hingewiesen, dass die Hochschulen die Lehrinhalte der einzelnen Kurse umfassend sortieren, den Schwierigkeitsgrad erhöhen, die Tiefe erweitern und die Qualität der Lehre effektiv verbessern sollten. Dies ist sowohl eine wichtige Initiative zum Aufbau eines starken Landes in der Hochschulbildung als auch eine natürliche Reaktion auf die Curriculumsreform in der Grundbildung. Die Hochschulen sollten die Initiative ergreifen und die Curriculumsreform durchführen, um den Anforderungen der Zeit gerecht zu werden, aktiv moderne Curriculumssysteme aufzubauen, die den Anforderungen der Ausbildung von anwendungsorientierten Talenten entsprechen.

2 Der Ist-Zustand der Entwicklung der Curricula an den angewandten Hochschulen

Das Curriculum ist der Kern des Studiengangs; die Ausrichtung und Entwicklung des Curriculums ist das Herzstück der Hochschulbildung (Wang et al. 2016). Große Fortschritte wurden bei Premiumkursen, Kursen zur gemeinsamen Nutzung von Qualitätsressourcen und MOOC-Kursen erzielt, was die Wirksamkeit der Curriculumsentwicklung an Hochschulen belegt. Aus bildungsökologischer Sicht gibt es jedoch nach wie vor viele Probleme bei der Curriculumsentwicklung an angewandten Hochschulen, die sich im Fehlen systematischer Ziele, in der unzureichenden oder sich überschneidenden Strukturierung der Inhalte, in einer zu lockeren logischen Beziehung zwischen Kursen und Curriculum, in der Unausgewogenheit des Curriculumssystems, in der utilitaristischen Umsetzung und in der schleppenden Evaluierung äußern. Wenn diese Probleme nicht rechtzeitig und wirksam angegangen werden, werden sie sich sowohl auf die Qualität der Lehre als auch auf die Entwicklung von Disziplinen und Studiengängen auswirken und zu einer Reihe von Qualitätsproblemen in der Hochschulbildung führen.

2.1 Die Curriculumsentwicklung ist durch Fragmentierung gekennzeichnet

Aufgrund der subjektiven und objektiven Bedingungen und der Grenzen des traditionellen Denkens gibt es an vielen angewandten Hochschulen bei der Gestaltung des Curriculums das Problem mit der Ausrichtung der Ausbildungsziele. Die Beziehung zwischen den Zielen der Talentausbildung und dem Curriculum ist nicht ersichtlich – häufig haben beiden nicht die gleiche Ausrichtung. „Die Ziele der Talentausbildung sollen die Entwicklung und Gestaltung des Curriculums anleiten und begleiten. Erstere sollen makroskopisch, Letztere spezifisch sein." In der Praxis ist jedoch die tatsächliche Korrelation und Verbindung zwischen den Zielen der Talentausbildung und dem Curriculum unzureichend, was in dem Phänomen der Fragmentierung zum Ausdruck kommt" (Fang 2019). Die Struktur des Curriculums und die Art und Weise, wie gelehrt wird, sind durch „lineare Singularität" und „formale Abfolge" gekennzeichnet. Das Curriculum berücksichtigt nicht die zukünftigen Entwicklungsbedürfnisse der Studierenden, das Historische ist nicht eng mit dem Realen verbunden, das Internationale nicht mit dem Lokalen und das Nationale nicht mit dem Regionalen.

2.2 Unzureichende „Lokalisierung" der Curriculumsentwicklung

Angewandte Hochschulen sind ausnahmslos lokale Hochschulen. Ihre „Lokalität" bringt es mit sich, dass die Gestaltung der Curricula im Einklang mit der regionalen und lokalen Entwicklung und den Bedürfnissen von Wirtschaft und Industrie stehen muss, um eine Homogenisierung der Talentausbildung zu vermeiden und den eigenen komparativen Vorteil auf dem Arbeitsmarkt zu behaupten. In der Realität mangelt es vielen Hochschulen an Anwendungsbezug, Berufsorientierung und Flexibilität in der Ausbildung. Sie sind bestrebt, den „Himmel" der Wissenschaft zu berühren und den „Boden" der eigentlichen Ausbildung zu verlassen. Dies führt zu einem Dilemma zwischen einem Überangebot an ineffizienter Versorgung und einem Unterangebot an effizienter Versorgung. Es ist eine Verallgemeinerung in der Gestaltung des Curriculums vorhanden; die Inhalte des Curriculums werden nicht rechtzeitig aktualisiert. Die Angebote für die berufliche Entwicklung der Studierenden konzentrieren sich zu sehr auf das „Akademische" und nicht auf das „Praktische"; sie spiegeln weder den Bezug zur Region, zur Industrie und zum eigenen Profil wider, noch konzentrieren sie sich auf Aspekte der Integration von Wirtschaft und Hochschulbildung, der Zusammenarbeit zwischen Hochschule und Unternehmen und der Entwicklung von Beschäftigungs- und unternehmerischen Kompetenzen der Studierenden (Zhen et al. 2019). Natürlich hängt dieses Ergebnis nicht nur mit der unzureichenden Emanzipation des traditionellen Denkens zusammen, sondern auch mit der mangelnden Initiative der Hochschulen bei der Curriculumsreform und der mangelnden Fähigkeit, gute Curricula zu entwerfen. Es gibt also noch viel Spielraum für die Hochschulen in der Gesamtsteuerung.

2.3 Utilitarismus bei der Umsetzung und Evaluierung des Curriculums

Die Übereinstimmung zwischen dem Curriculum und den Ausbildungszielen eines Studiengangs an angewandten Hochschulen ist teilweise recht gering. Der Hauptgrund dafür ist der Utilitarismus bei der Gestaltung des Curriculums, d. h.

die Suche nach dem offensichtlichen Nutzen. Die Kultivierung des Menschen ist eine sehr wertschöpfungsintensive Tätigkeit – die Sichtbarkeit ihres Erfolgs scheint zögerlich zu sein. In der Realität fehlt es an einigen Hochschulen bei der Gestaltung des Curriculums an einer ganzheitlichen Denkweise. Ein Kurs wird häufig allein anhand der Umsetzungsmöglichkeit und der Kosten ausgewählt (Fang 2019). Hierin liegt eine Abweichung von dem eigentlichen Ziel des Curriculums. Eine der Möglichkeiten, dieses Problem zu beheben, besteht darin, die Evaluierungskriterien des Curriculums zu visualisieren und sie mit Hilfe des „Curriculum Mapping" zu messen und zu überwachen (Zheng 2012). Die Schlüsselkriterien der Curriculumsevaluation sollten von interner Homogenität zu externer Pluralität wechseln.

3   Curriculumsentwicklung an angewandten Hochschulen: Vom Konzept zum Handeln

3.1   Konzentration auf die Frage, „für wen bilden wir Talente aus und welche Art von Menschen wollen wir kultivieren"

Die Hauptaufgabe der angewandten Hochschulen besteht darin, anwendungsorientierte und interdisziplinäre Talente mit praktischen Fähigkeiten, Innovationsfähigkeit, Beschäftigungsfähigkeit und Unternehmergeist auszubilden. Unabhängig vom Hochschultyp ist die Ausbildung von Talenten die Kernaufgabe von Hochschulen. Das Bachelor-Studium prägt die Studierenden in besonderer Weise und legt den Grundstein für ihre berufliche und persönliche Zukunft. Weltberühmte Universitäten wie die Harvard University und die Yale University zeichnen sich vor allem dadurch aus, dass sie die besten Bachelor-Studiengänge anbieten. Sie legen nicht nur großen Wert auf die Entwicklung der Forschungskompetenzen der Studierenden, sondern auch auf die Lehre.

Ein unehrlicher Mensch kann in der Gesellschaft nicht existieren: Das oberste Ziel des Aufbaus eines modernen Curriculumssystems ist die Einhaltung des Prinzips der Pflege der Moral und der Kultivierung des Menschen. Die Hochschulen sollten die Weiterentwicklung ihres Lehr-, Lern- und Prüfungsstils gründlich vorantreiben. Es gilt, die Erziehung zur Aufrichtigkeit in die Curriculumsentwicklung und die Lehre zu integrieren, die vorherrschende ungestüme Atmosphäre und utilitaristische Wertorientierung unter Lehrenden und Studierenden zu verändern und „neue" Talente mit Sinn für Patriotismus, Mut zur Innovation und Mut zur Übernahme von Verantwortung auszubilden. Der Studiengang ist ein

Grundelement der Ausbildung von Talenten und eine Form der Organisation des Curriculums auf der Grundlage relevanter Disziplinen als Antwort auf die Bedürfnisse der gesellschaftlichen Arbeitsteilung. In den verschiedenen Epochen der historischen Entwicklung haben sich die gesellschaftlichen Bedürfnisse in unterschiedlichen Formen, Strukturen und Inhalten niedergeschlagen. Unabhängig davon muss die Entwicklung von Studiengängen an angewandten Hochschulen immer der Ausbildung anwendungsorientierter Talente dienen. Die Entwicklung von Studiengängen in der neuen Ära muss interdisziplinär durchdrungen sein, um ein hohes Maß an Integration von akademischer und humanistischer Bildung zu erreichen. Akademische Bildung erhöht die Wissensreserven der Studierenden, humanistische Bildung fördert die Vorstellungskraft der Studierenden – ein Mensch mit einem reichen humanistischen Bildungshintergrund wird über innovative Fähigkeiten verfügen und seine Kreativität nachhaltig entwickeln können (Wang 2019). Es ist eine wichtige Aufgabe der Hochschulen, das aktuell wertvollste und bedeutsamste Wissen in den jeweiligen Disziplinen in das Curriculum zu integrieren und dieses Wissen mit den effektivsten Mitteln an die Studierenden zu vermitteln. Dies erfordert eine Optimierung der Struktur des Curriculums. Die Ziele der Talentausbildung werden sich mit den Bedürfnissen der gesellschaftlichen Entwicklung verändern. Dies gilt auch für das Curriculum.

Die Ziele des Curriculums sind die Konkretisierung der Bildungswerte im Bereich des Studiengangs, die Darstellung der erwarteten zukünftigen Lernergebnisse des Studiengangs und die Kernelemente der grundlegenden Bildungsfragen „für wen man Menschen ausbildet" und „welche Art von Menschen man ausbilden soll". Die angewandten Hochschulen sollten dem Grundkonzept des Curriculum Mapping folgen, nicht nur um den externen Anforderungen des Marktes gerecht zu werden, sondern auch um der internen Logik der disziplinären Wissensentwicklung zu folgen. Die Funktion der weltanschaulich-politischen Bildung und der Werteorientierung sollte im Curriculum voll zur Geltung kommen, um die Einheit von instrumenteller Rationalität und Wertrationalität zu erreichen (Zhang et al. 2021).

3.2 Das „Curriculum Mapping"

Curriculum Mapping wurde von *Jacobs,* Professor an der Columbia University in den USA, entwickelt. Er unterteilte alle Lehrveranstaltungen eines Jahres in Zeitabschnitte oder „Zeitblöcke" für jedes Studienjahr, um die tatsächlichen Lehrinhalte zu beschreiben oder seine eigenen „Karten" zu zeichnen. Dieses vertikale und horizontale Curriculumssystem und die visuelle Grafik der Leistungsbewertung der Studierenden (Gong und Xiao 2014) wurden aufgrund ihrer „Praktikabilität" nach und nach an den Hochschulen gefördert und eingeführt. Sie sind zunehmend zu einem wichtigen Instrument für Hochschulen geworden, um das Curriculumsmanagement zu stärken, die Qualität der Lehre zu verbessern und das Niveau der akademischen Leistung der Studierenden zu überprüfen. Curriculum Mapping ist im Wesentlichen ein Konzept und eine Methode für die Gestaltung des Curriculumssystems, das die Kompetenzen, die für die mögliche zukünftige berufliche Entwicklung der Studierenden erforderlich sind, als Achse nimmt, sich in Form eines Diagramms manifestiert, sich inhaltlich auf die Lerngeschichte der Studierenden konzentriert, die Merkmale des Curriculums und die Kontexte verkörpert. Es bietet den Studierenden einen ganzheitlichen, stimulierenden Kontext, der den psychologischen Erkenntnisprozess der Studierenden optimiert (Wang et al. 2022), mit systematischen, orientierenden, visuellen und dynamischen Merkmalen, die eine neue Perspektive für die Entwicklung von Curricula an Hochschulen bieten. Das Curriculum ist eine Straßenkarte zwischen dem Ausgangspunkt und dem Ziel der studentischen Entwicklung. Die Studierenden als „Fahrgäste" können ihre eigene Position jederzeit klar erkennen; die Hochschule als „Fahrer" kann die Route dynamisch an die sich ändernden Bedürfnisse der „Fahrgäste" und die Straßenverhältnisse anpassen.

Der grundlegende Ausgangspunkt für die Gestaltung des Curriculum Mapping ist, dass das Studium gemäß dem Curriculum die Studierenden in die Lage versetzt, die für das zukünftige Leben erforderlichen Kompetenzen zu erwerben, welche die Grundlage für eine bessere Anpassung an die Anforderungen der Gesellschaft in der Zukunft bilden und die darauf vorbereiten, das Lernen und Überleben zu erlernen. Die ökologische Sicht des Curriculums betont, dass das Curriculum zur Lebenswelt zurückkehren, den verlorenen Sinn für Subjektivität zurückgewinnen und eine neue ökologische Sicht des Curriculums etablieren sollte. Im Hinblick auf die Werteorientierung folgt die Gestaltung des Curriculums dem Konzept der systemischen Ganzheitlichkeit, dem Prinzip der Demokratie und Gleichheit sowie der Idee des Respekts vor Unterschieden und basiert auf einer integrierten Planung für die Entwicklung und den Erfolg der Schüler, der Koordinierung der Interessen aller Beteiligten und der Verwirklichung einer „nahtlosen Verbindung" zwischen den Bedürfnissen der Studierenden, der Unternehmen und dem Curriculum. Der Leitgedanke des Curriculum Mapping ist die Förderung „ganzheitlicher Menschen". Es widmet sich der harmonischen und gesunden Entwicklung der menschlichen Natur, der sozialen Natur und der Autonomie und versucht, wissenschaftliche und geisteswissenschaftliche Kurse zu integrieren, wobei es auf die Einheit von Kohärenz und

Differenz achtet. Das Curriculum Mapping orientiert sich in seiner Umsetzung am „kreativen" Ansatz, d. h. es legt Wert auf den Dialog und die Kommunikation zwischen Lehrenden und Studierenden in der Lehre, was den Studierenden ermöglicht, innovatives Lernen in einem erfahrungs- und forschungsorientierten Rahmen durchzuführen und eine neue Art von Lehrer-Studenten-Beziehung zu etablieren, die demokratisch, gleichberechtigt und dialogisch ist und somit ein harmonisches ökologisches Bild der Bildung schafft.

3.3   Dynamische Visualisierung von Kursinhalten

Der logische Ausgangspunkt der Hochschulbildung ist die höhere Bildung. Die angewandten Hochschulen unterscheiden sich von den Forschungshochschulen durch ihre eigene Ausrichtung und ihre besondere historische Mission, Funktion und Verantwortung. Sie legen mehr Wert auf die gesellschaftliche Funktion des Wissens. Aus diesem Grund sollte sich das Curriculum angewandter Hochschulen von dem anderer Hochschultypen unterscheiden. Die Kursinhalte sollten den Anforderungen der Branchenstandards entsprechen; die Kursstandards sollten mit den Zertifizierungsanforderungen der Berufszertifikate übereinstimmen. Im Einzelnen bedeutet dies: Der Inhalt der Studiengänge sollte mit der aktuellen wirtschaftlichen und industriellen Entwicklung verbunden sein und der Nachfrage nach Talenten sowie den Qualitäts- und Spezifikationsanforderungen entsprechen, wie z. B. der Entwicklung der künstlichen Intelligenz im Kontext der Integration von Wirtschaft und Hochschulbildung, der Entwicklung von Internet+ und 5G+ usw. Es ist notwendig, ein gewisses akademisch-theoretisches Niveau zu haben, aber auch auf die Ausbildung praktischer Fähigkeiten zu achten, um zu vermeiden, dass das akademisch-theoretische Niveau die Förderung praktischer Fähigkeiten vernachlässigt. Es muss aber auch vermieden werden, dass nur anwendungsorientierte Fähigkeiten gefördert werden und das Ziel der Talentausbildung an angewandten Hochschulen auf das beruflich-technische Niveau eines Technikers reduziert wird.

Mit dem Konzept des Curriculum Mapping wird den Hochschulen ermöglicht, die Ressourcen für Lehrveranstaltungen in Form von Lehrveranstaltungsclustern zu optimieren und gleichzeitig das Curriculum zu gestalten. Die zeitliche Abfolge der verschiedenen Lehrveranstaltungen soll sinnvoll gestaltet werden. Die jeweiligen Kursentwickler sollten koordiniert vorgehen. Die Grundbedürfnisse der Lernenden sowie der Bedürfnisse von Wirtschaft und Industrie sollten angemessen berücksichtigt werden. Die Hochschulen sollten die Methode der

Curriculumsimplementierung optimieren und eine einfache, klare und abwechslungsreiche Kursnavigation von der Immatrikulation der Studenten bis zum Abschluss des Studiums nach dem Konzept der Curriculum Mapping entwickeln. Entsprechend der logischen Beziehung zwischen dem Curriculum selbst und den Zielanforderungen der Ausbildung von anwendungsorientierten Talenten wird die logische Transformation von Grundkenntnissen zu Grundlagen-Fachkenntnissen und dann zu Fachkenntnissen realisiert, um die geordnete Verbindung zwischen der Talentkette und der industriellen Kette zu realisieren. Bei der Verfolgung dieses Wertes orientieren sich angewandte Hochschulen an der tatsächlichen Nachfrage, stellen sich der industriellen Entwicklung und bilden ein vernetztes Konsortium mit dem Kern des Wissens, des Wissensaustauschs und des Wissenstransfers, das eine vollständige Kette der Wissensproduktion, des Wissensflusses, des Wissensaustauschs, der Wissensumwandlung und der Wissensanwendung zwischen mehreren Organisationen bildet. Im Kontext der innovationsgetriebenen Entwicklung wird der Aufbau dieser Kette dazu beitragen, die Transformation der angewandten Hochschulbildung in Innovation und Unternehmertum zu fördern (Qian et al. 2010).

Karten sind ein visuelles Hilfsmittel, um Menschen bei der Planung von Reisen und Routen zu unterstützen. *Delgaty* ist der Ansicht, dass Bildung eine Reise ist und dass Lehrende über Ressourcen verfügen sollten, um die Entwicklung ihrer Studierenden zu begleiten – Curricula sind ein solches Hilfsmittel (Delgaty 2009). Das genuine Ziel des Curriculums ist der Studienerfolg der Studierenden; daher sollte das Curriculum so gestaltet sein, dass es die Merkmale einer dynamischen und kontinuierlichen Verbesserung widerspiegelt, ausgehend von den tatsächlichen Voraussetzungen der Studierenden, unter Berücksichtigung der Bedürfnisse der vielen Komponenten des Lernens und basierend auf dem Wandel der Zeit, den Anforderungen der Gesellschaft und der Praxis der Informationstechnologie, um für die Studierenden einen visualisierten Weg zum letztendlichen Ziel der Hochschulbildung zu entwerfen. Curriculum Mapping hilft, übermäßige Kursüberschneidungen im Curriculum zu vermeiden und das Curriculumssystem kontinuierlich und dynamisch zu verbessern. Ein gutes Curriculum ist offen, dynamisch und entwicklungsfähig (Yan 2019). Curriculum Mapping kann jedem Lernenden die Möglichkeit geben, einen maßgeschneiderten Weg zu entwickeln, der seinen eigenen Entwicklungserwartungen auf der Grundlage seiner persönlichen Bedürfnisse, Interessen und Stärken entspricht. Auf diese Weise kann die Planlosigkeit verringert und die Lernreise reibungslos abgeschlossen werden.

3.4 Aufbau eines dynamischen Curriculumsbewertungssystems mit Unterstützung von Big Data

Die Bewertung der Curricula ist ein wichtiger Teil der Bewertung der Bildung. In den alten chinesischen Privatschulen vor der Moderne hieß es: „Die Schüler treten jedes Jahr in die Schule ein und werden jedes zweite Jahr geprüft. Im ersten Jahr wird geprüft, ob die Schüler die klassischen Werke lesen und interpretieren können und ob sie sich über ihre Studienziele im Klaren sind. Im dritten Jahr wird geprüft, ob die Schüler ihr Studium ernst nehmen und ob sie mit ihren Mitschülern gut auskommen. Im fünften Jahr wird geprüft, ob die Schüler fachlich kompetent sind und ihre Lehrer respektieren. In der siebten Klasse wird getestet, ob die Schüler lernfähig sind. Außerdem wird geprüft, ob sie in der Lage sind, Freunde zu erkennen und auszuwählen. Wenn ein Schüler die oben genannten Kriterien erfüllt, gilt es als ein kleiner Erfolg. In der neunten Klasse, wenn der Schüler in der Lage ist, Analogien zu dem, was er gelernt hat, zu ziehen, und wenn er politisch entschlossen und engagiert ist, wird dies als großer Erfolg gewertet."

Diese Bewertung umfasst sowohl explizite Evaluierungsindikatoren als auch die Bewertung impliziten Wissens. Die Wirksamkeit der Evaluierung des Curriculums hängt von der Vollständigkeit und Zuverlässigkeit der Evaluierungsgrundlage ab, während sich die traditionelle Bildungsevaluierung oft zu sehr auf empirische oder subjektive Einschätzungen verlässt und einige Aspekte, die bewertet werden sollten, aufgrund bruchstückhafter Evaluierungsinformationen vernachlässigt. Big Data konzentriert sich auf die gründliche Auswertung von Daten, die wissenschaftliche Analyse von Beziehungen und Werten, die sich hinter scheinbar langweiligen Daten verbergen. Auf diese Weise verlagert die auf Big Data basierende Evaluierung die Bildungsevaluierung von Spekulationen über fragmentierte Informationen hin zu einer evidenzbasierten Entscheidungsfindung, die auf einem vollständigen Spektrum von Daten basiert, die sich über den gesamten Prozess erstrecken. Im „doppelten Zehntausend-Plan" wird betont, dass die Bildungsbehörden den Prozess, die Umsetzung des Plans zu überwachen, verstärken sollten. Daher sollte die synergetische Entwicklung von Curricula, Disziplinen und Studiengängen den dynamischen Bewertungsmechanismus mit Unterstützung von Big Data nutzen, das Prozessmanagement und die Kontrolle stärken und den Qualitätsstandard der synergetischen Entwicklung im gesamten Bildungsprozess umsetzen (Zou und Deng 2018).

„Big Data" bezeichnet die Vielfalt der Datenquellen und -typen sowie das hohe Volumen und die Geschwindigkeit der Datenverarbeitung und -analyse. Als

Begriff aus der IT-Branche bezieht sich Big Data ursprünglich auf eine Sammlung von Daten, die mit herkömmlichen Softwarewerkzeugen nicht innerhalb eines bestimmten Zeitrahmens erfasst, verwaltet und verarbeitet werden können. Im Kern hat sich Big Data jedoch zu einer neuen Art des Denkens und Problemlösens entwickelt (Jin 2013). Daten können eine verlässliche Grundlage für die Bildungsevaluation auf verschiedenen Ebenen und mit unterschiedlichen Zielsetzungen bilden und den Bildungsakteuren helfen, den aktuellen Stand der Bildungsentwicklung, Trends und die Richtung von Verbesserungen umfassend und objektiv zu verstehen. Die Nutzung von Big Data für die Evaluation der Curricula erfordert eine umfassende Planung des Evaluationsgegenstands, des Inhalts, der Ziele, der Methoden und anderer Aspekte, sowohl in geografischer als auch in zeitlicher Hinsicht, sowie eine Analyse der Daten, die verwendet werden müssen, um die mit der Evaluation verbundenen Probleme zu lösen (Zheng und Liu 2015). Die Wirksamkeit der Ergebnisse von Bildungsevaluationen hängt davon ab, dass der Evaluator die Prinzipien der Evaluation und die Methoden der Datenanalyse versteht und nicht um der Evaluation willen evaluiert. Die Verarbeitung von Big Data ist ein komplexer Prozess, der eine kontinuierliche Extraktion, Bereinigung und Analyse der Daten erfordert: Es müssen geeignete technische Mittel eingesetzt werden, um die Qualität, Sicherheit und Effizienz der Verarbeitung der für die Evaluation verwendeten Daten zu gewährleisten. Big Data ist ein Werkzeug, das keine sozialethischen Fragen aufwirft. Bei der Anwendung von Big Data in der Lehrevaluation ist es wichtig, die Datenkompetenz der an der Evaluation Beteiligten zu verbessern und die Privatsphäre und Sicherheit der Daten von Lehrenden und Studierenden zu schützen.

4   Schlussfolgerung

Der Aufbau der „doppelten Erstklassigkeit" ist heute zweifellos der vorherrschende Diskurs in der Entwicklung der Hochschulbildung. Bei aller Aufmerksamkeit für die Entwicklung von Spitzenuniversitäten und Spitzenfächern darf die Entwicklung der angewandten Hochschulen nicht vernachlässigt werden. Denn die angewandten Hochschulen sind sowohl zahlenmäßig als auch geografisch ein wichtiger Bestandteil der chinesischen Hochschulentwicklung. Die Hochschulentwicklung sollte sowohl den Longboard-Effekt als auch die Kompensation des Shortboard-Effekts berücksichtigen und dem Problem des Matthäus-Effekts mehr Aufmerksamkeit widmen. Die bildungsökologische Curriculumsentwicklung konzentriert sich auf den Ausgangspunkt, die Umsetzung und die Evaluation der einzelnen Schritte. Sie erforscht den Weg zur Erreichung der Ziele des Curriculums und der Talentbildung und zielt auf die Entwicklung eines harmonischen Bildungsökosystems ab. Dies wird angewandten Hochschulen helfen, anwendungsorientierte Talente auszubilden und ihre Fähigkeit zu verbessern, die lokale wirtschaftliche und soziale Entwicklung zu fördern. Darüber hinaus wird ein möglicher Weg für die Umgestaltung angewandter Hochschulen aufgezeigt.

Literatur

Delgaty L (2009) Curriculum mapping: are you thinking what I'm thinking? A visual comparison of standardized, prescriptive programmes. ARECLS 6:35–58

Fang M (2019) Eine Analyse zur integrierten Entwicklung von Fachdisziplinen und Studiengängen an angewandten Hochschulen aus der Perspektive der Curriculumsentwicklung. J Yunnan Agric Univ (Yunnan daxue xuebao) 1:105–110

Forschungsteam des Bildungsministeriums „Implementierung und Evaluierung des neuen Curriculums" (2003) Erfolg, Probleme und Gegenmaßnahmen hinsichtlich der Curriculumsreform in der Grundbildung: Analyse der Umfrageergebnisse aus einigen Versuchsregionen. Zeitschrift für die chinesische Bildung (Zhongguo jiaoyu xuekan) 12:39–43

Gong J, Xiao B (2014) Inspiration für die Entwicklung von „Curriculum Mapping" auf dem chinesischen Festland aus der Erfahrung taiwanesischer Hochschulen. Chin High Educ Res (zhongguo gaojiao yanjiu) 5:106–110

Hao L, Feng X, Song A (2020) Überlegungen und Praxis zur interdisziplinären Curriculumsentwicklung im Kontext der neuen Ingenieurwissenschaften. Res High Educ Eng (gaodeng gongcheng jiaoyu yanjiu) 2:31–40

Jin L (2013) Big Data und die Reform der Lehre in der Informationstechnologie. Chin Educ Technol (zhongguo dianhua jiaoyu) 10:8–13

Qian G, Ma J, Lin Y (2010) Ausrichtung der angewandten Bachelor-Ausbildung und Organisationsgestaltung der Lehre. Chin High Educ Res (zhongguo gaojiao yanjiu) 1:84–86

Wang H (2019) Eine Analyse zur Beziehung zwischen Fachdisziplinen, Studiengängen und Curriculum im Aufbau von erstklassigen Fachdisziplinen an angewandten Hochschulen. J High Educ (gaojiao xuekan) 1:12–14

Wang L, Yu J, Wang X (2016) Erforschung der Methode zur Gestaltung von „Curriculum Mapping" an offenen Hochschulen. J Tianjin Univ (Tianjin daxue xuebao) 3:23–28

Wang X, Wang J, Zhu X (2022) Eine Untersuchung zur Curriculumsreform an anwendungsorientierten Hochschulen unter dem Leitbild der Kompetenzentwicklung und der Betonung auf aufgabenorientiertes Lernen. Indus Info Technol Educ (gongye he xinxihua jiaoyu) 3:22–26

Yan W (2019) Erforschung des Reformweges der Curriculumsgestaltung an anwendungsorientierten technischen Hochschulen basierend auf dem Konzept des „Curriculum Mapping". J Guizhou Educ Univ (Guizhou shifan xueyuan xuebao): 62–66

Yan C, Shi G, Zhang S (2019) Eine koordinierte Entwicklung von Fachdisziplinen, Studiengängen und Curricula vor dem Hintergrund der „Doppelten Erstklassigkeit" und des

„Zehntausend-Plans": Gründe, Strategien und Wege. J High Educ Res (gaodeng jiaoyu yanjiu xuebao) 3:35–43

Zhang Y, Li X, Zhu Q (2021) Probleme und Strategien beim Aufbau der „Curriculum-Ideologie" an anwendungsorientierten Hochschulen im Rahmen der Integration von Wirtschaft und Hochschulbildung. Educ Vocat (zhiye yu jiaoyu) 11:77–82

Zhen Y, Shen T, Qian K (2019) Eine Untersuchung zum Aufbau eines Talententwicklungssystems für Unternehmensgründungen an Hochschulen auf der Grundlage der Erkennung von Gründungschancen: Eine Fallstudie der Zhejiang Sci-Tech University. Chongqing High Educ Res (Chongqing gaojiao yanjiu) 1:71–80

Zheng D (2012) Eine Untersuchung zur beschäftigungsorientierten Gestaltung des Curriculums an Hochschulen. Global Educ (quanqiu jiaoyu zhanwang) 5:23–26

Zheng Y, Liu H (2015) Analyse der Anwendung von Big Data in der Bildungsevaluation in den USA. Chin Educ Technol (zhongguo dianhua jiaoyu) 7:25–31

Zou Y, Deng C (2018) Gestaltung eines internen Evaluationsmodells für Lehrqualität unter Berücksichtigung der „Einheit von sechs Elementens". Chongqing J High Educ Res (Chongqing gaojiao yanjiu) 1:31–40

Förderung der Modernisierung des Verwaltungssystems und der Verwaltungskompetenzen an lokalen Hochschulen – aus der Perspektive des Aufbaus eines internen Kontrollsystems

Ye-chun Wu

推进地方高校治理体系和治理能力现代化——基于内控体系建设的视角

吴业春

1 Die Notwendigkeit der Einführung der internen Kontrolle an lokalen Hochschulen

Im Gegensatz zu den Hochschulen, die den Ministerien auf zentralstaatlicher Ebene angegliedert sind, handelt es sich bei den lokalen Hochschulen um Hochschulen auf Provinz- oder Gemeindeebene, die unter der Aufsicht der Bildungsbehörden der Provinzen stehen. Im Vergleich zu den direkt einem Ministerium unterstellten Hochschulen befinden sich die lokalen Hochschulen in einem komplexeren Hochschulumfeld. Aufgrund der Vielfalt der Ebenen und Typen haben viele lokale Hochschulen vor allem kein klares Hochschulkonzept und keine klare Ausrichtung. Außerhalb der Provinzhauptstädte befinden sich viele lokale Hochschulen in einem Verwaltungssystem, in dem die Hauptverantwortung für sie bei ihrer Stadt liegt, obwohl sie von der Provinz und der Stadt gemeinsam

Y. Wu (✉)
Zhaoqing University, Zhaoqing, China
E-Mail: adycwu@scutedu.cn

J. Cai et al. (Hrsg.), *Jahrbuch Angewandte Hochschulbildung 2022*,
https://doi.org/10.1007/978-3-658-43417-5_7

gegründet wurden. Dies führt dazu, dass diese lokalen Hochschulen aufgrund ihrer geografischen Lage und der ihnen zur Verfügung stehenden Ressourcen im Hochschulökosystem wenig wettbewerbsfähig sind (Yao 2019). Obwohl die lokalen Hochschulen bei der Entwicklung eines modernen Hochschulsystems bis zu einem gewissen Grad erfolgreich waren, sind die meisten lokalen Hochschulen nur langsam vorangekommen. Dem Aufbau eines Verwaltungssystems wurde wenig Aufmerksamkeit geschenkt. Um die lokalen Hochschulen auf einen angemessenen Entwicklungspfad zu bringen, hat der Staat unter anderem die „Anleitung einiger lokaler allgemeiner Bachelorhochschulen zur Anwendungsorientierung" und andere damit zusammenhängende Richtlinien erlassen, welche die Transformation und Entwicklung der lokalen Hochschulen fördern sollen. In diesem Prozess werden die lokalen Hochschulen mit tiefgreifenden Veränderungen konfrontiert sein. Dies betrifft ihre Leitungsstruktur, ihr Ausbildungsmodell, die Struktur der Fächer und Studiengänge sowie die Mechanismen und Prozesse der Ausbildung. Auch die räumliche Gestaltung und die Organisationsformen der Hochschule werden Gegenstand von Veränderungen sein.

Laotse sagte: Tue etwas, bevor es etwas zu tun gibt; regiere, bevor Chaos herrscht. Um Probleme zu bewältigen und ein Land zu regieren, muss man lernen, strategisch vorausschauend zu handeln. Das gilt für das Regieren eines Landes, aber auch für das Führen und Verwalten einer Hochschule. Um sich an das komplexe und sich ständig verändernde Umfeld der modernen Gesellschaft anzupassen, müssen die lokalen Hochschulen ihr Management kontinuierlich verbessern. Die institutionelle Struktur ist das Ergebnis des Interessenausgleichs und der Interaktion zwischen den Akteuren und das Ergebnis des Gleichgewichts zwischen der administrativen Macht, die Entscheidungen trifft, und der akademischen Macht. Der Aufbau einer internen Kontrolle setzt die Einrichtung entsprechender Systeme voraus. Diese sind von besonderer Bedeutung für die Beurteilung, ob die interne Kontrolle einer Hochschule gut oder schlecht ist, da sie ein wichtiges Element des internen Umfelds darstellt. Diese institutionellen Mechanismen sollten allen Risiken einer Hochschule vorbeugen und diese verhindern. Der Aufbau der internen Kontrolle umfasst u. a. die Institutionalisierung der Hochschulverwaltung, die Definition der Prozesse, die Festlegung der personellen Zuständigkeiten für die Prozesse, die Formulierung der Verantwortlichkeiten der jeweiligen personellen Zuständigkeiten, die formalisierte Überwachung der Verantwortlichkeiten, die Digitalisierung der Formulare. Es geht also um die Verwaltung der personellen, immateriellen und materiellen Ressourcen der Hochschule. Es ist daher notwendig, ein entsprechendes Personal-, Finanz-, Logistik-, Ausbildungs- und Lehrsystem zu entwickeln. In einem guten Umfeld für die Entwicklung der internen Kontrolle werden die entsprechenden Systeme ständig angepasst und verbessert, die Organisationsstruktur wird ständig optimiert und jedes Mitglied der Organisation ist sich der Prävention und Kontrolle bewusst, was ein gutes Risikobewusstsein und die Entwicklung einer Kultur der internen Kontrolle fördern kann (Yang et al. 2013).

Das Bildungsministerium hat deutlich gemacht, dass die Einführung interner Kontrollstandards eine wichtige Maßnahme zur Stärkung der Aufsicht über die Bildungsfinanzierung und eine unabdingbare Voraussetzung für die Verbesserung der internen Verwaltungsstruktur der Bildungseinrichtungen und die Schaffung eines modernen Hochschulsystems ist. Die Vertiefung der Reform des internen Verwaltungssystems durch den Aufbau des internen Kontrollsystems, die Stärkung der Entwicklungsdynamik, die Förderung der Innovationskraft und die Verbesserung der Leistungsfähigkeit der Hochschulen sind der Schlüssel zur Förderung der Vertiefung der Reform in den Hochschulen. Gleichzeitig sind diese Maßnahmen unerlässlich, um die Modernisierung des Verwaltungssystems voranzutreiben und die Verwaltungskompetenz der Hochschulen zu verbessern. Sie folgen dem allgemeinen Trend der Hochschulentwicklung.

2 Ein Beispiel für den Aufbau eines internen Kontrollsystems an lokalen Hochschulen

Im Folgenden werden die Erfahrungen der Zhaoqing University beim Aufbau eines internen Kontrollsystems als Praxisbeispiel vorgestellt. Um sich weiter an die Veränderungen des externen hochschulpolitischen Umfelds wie das Haushaltsgesetz anzupassen und die regulatorischen Anforderungen zu erfüllen sowie die Modernisierung des eigenen Verwaltungssystems und der Verwaltungskompetenz voranzutreiben, hat die Zhaoqing University Ende 2018 auf der Grundlage der „Standards für die interne Kontrolle in Behörden und öffentlichen Einrichtungen" und anderer relevanter staatlicher Richtlinien und Vorschriften sowie in Verbindung mit den tatsächlichen Gegebenheiten der Hochschule die Initiative ergriffen, neben einem internen Kontrollsystem auf Abteilungs- und Fakultätsebene auch ein internes Kontrollsystem nach Geschäftsbereichen einzurichten. Der Aufbau des internen Kontrollsystems der Hochschule war bisher immer darauf ausgerichtet, die funktionale Wirkung der Planung, Organisation, Leitung, Koordination und Kontrolle in der internen Verwaltung voll zur Geltung zu bringen und die Effizienz der Nutzung der personellen, finanziellen, materiellen, informationellen, zeitlichen und räumlichen Ressourcen der Hochschule zu verbessern. Der Schwerpunkt liegt auf den Schlüsselelementen der internen

Kontrolle. Ausgehend vom Kontrollumfeld werden relevante Kontrollaktivitäten fokussiert und die Wirksamkeit der internen Kontrolle durch Überwachung und Evaluierung sichergestellt. Entsprechende Maßnahmen spiegeln die interne Kontrollkultur der Hochschule wider und ermöglichen eine systematische Weiterentwicklung der internen Kontrolle. Die Zhaoqing University hat gute Ergebnisse erzielt und schrittweise neue Schwerpunkte und Merkmale der internen Kontrolle der Hochschule entwickelt.

2.1 Der Aufbau des internen Kontrollsystems ist im Aufbau von Systemen und Kultur „verankert"

Das Bewusstsein für interne Kontrolle und das Managementverständnis der Führungskräfte sind wichtige Bestandteile der internen Kontrollkultur einer Organisation. Gegenwärtig ist ein ausgereiftes internes Kontrollmanagement weltweit tief in der Unternehmenskultur verwurzelt. Die Besonderheiten des Hochschulmanagements spiegeln sich insbesondere in der Hochschulkultur und -atmosphäre wider (Shen 2010). Das Bildungsministerium betonte in seiner Stellungnahme, dass Hochschulen das Verständnis der internen Kontrolle tief in den Köpfen ihrer Mitglieder verankern sollten, dass Hochschulen eine Kultur der internen Kontrolle schaffen sollten, die der Risikoprävention Bedeutung beimisst und das Verantwortungsbewusstsein stärkt, und dass die Hochschulen bei der Förderung des Umfelds für das interne Kontrollsystem auf die „Wertschätzung der Hochschulleitung, die Zusammenarbeit zwischen den Abteilungen und die Beteiligung aller Mitarbeiter" setzen sollten. Ausgehend von dieser Erkenntnis hat die Zhaoqing University bereits zu Beginn des Aufbaus eines internen Kontrollsystems die Schaffung eines guten Umfelds und die Förderung der internen Kontrollkultur als Grundlage für die weitere Arbeit betrachtet und entsprechende Maßnahmen eingeleitet.

Zunächst wurde klargestellt, dass sowohl der Verantwortliche der Parteiorganisation der Hochschule als auch der Verantwortliche für die Hochschulverwaltung die Hauptverantwortung für den Aufbau des internen Kontrollsystems tragen. Diese beiden Verantwortlichen planen und delegieren persönlich die notwendigen Aufgaben. Durch die persönliche Unterstützung der so genannten „Top-Entscheider" und ergänzt durch eine Reihe von Maßnahmen wie Präsentationen, Schulungen, Inspektionen, Feedback und Korrekturen, die zirkulieren und sich weiterentwickeln, wird die Atmosphäre in der Hochschule von oben nach unten immer intensiver, dass „jeder von der internen Kontrolle lernt, jeder die interne Kontrolle versteht und jeder über die interne Kontrolle spricht". Auf diese Weise wird die Initiative aller Führungskräfte auf den verschiedenen Ebenen und der Mehrheit des Lehrkörpers und des Personals vollständig mobilisiert. Allmählich vollzieht sich der grundlegende Wandel von „Ich muss mich der internen Kontrolle unterwerfen" zu „Ich will die interne Kontrolle". Die Motivation, die interne Kontrolle durchzuführen, hat sich somit bei den Hochschulangehörigen von extrinsisch zu intrinsisch gewandelt: Eine gewollte interne Kontrollkultur ist entstanden.

2.2   Fokus auf Schlüsselelemente

Es ist ein an die jeweilige Hochschule angepasstes internes Kontrollsystem zu etablieren, das hilft, die gesetzten Entwicklungsziele zu erreichen und die Aufgaben zu erfüllen. Bei der Durchführung der internen Kontrolle ist auf die wichtigsten Kontrollpunkte zu fokussieren und durch die Verknüpfung dieser Kontrollpunkte ein geschlossenes System aufzubauen, in dem die Prozesse reibungslos ablaufen. Auf dieser Basis wird eine interne Kontrolle der gesamten Hochschulprozesse realisiert.

Zunächst müssen die wichtigsten Aufgaben identifiziert werden. Bei der Entwicklung eines internen Kontrollsystems können Hochschulen Regeln und Vorschriften, Verantwortlichkeiten, Befugnisse, Prozesse, verschiedene Aufgabenbereiche und Risikobewertungen berücksichtigen und Mechanismen für die Delegierung, Überwachung, Aufsicht und Kontrolle der geplanten Aufgaben entwickeln. Es ist umfassend zu prüfen, wo Risiken in Bezug auf Macht und Befugnisse sowie in Bezug auf die jeweilige Stelle bestehen und was die Umsetzung des Plans und die Erfüllung der Aufgaben behindert. In jeder Organisationseinheit sind Probleme bei der Planung und Festlegung von Aufgaben zu identifizieren und entsprechende Vorschläge zur Problemlösung zu machen. Es ist auch wichtig, bei den wichtigsten Aufgaben den Beginn der Prozesse strenger zu kontrollieren, die gesamten Prozesse zu überwachen, rechtzeitig Rückmeldungen zu geben und Fehler zu korrigieren.

Zweitens liegt der Schwerpunkt auf den Hauptprozessen. Der Aufbau des internen Kontrollsystems der Hochschule konzentriert sich auf die Verteilung und den effektiven Einsatz von Ressourcen wie Personal, materielle und immaterielle Vermögenswerte, um eine effiziente und ordnungsgemäße interne Verwaltung zu fördern. Vorrangig wurden entsprechende Systeme für die Verwaltung des Personals, des Hochschulbudgets und des Hochschulvermögens, der Lehre, der Forschung und der Logistik entwickelt, in denen unter anderem Prozesse, Verantwortlichkeiten und Befugnisse definiert und Maßnahmen und Mittel für die interne Kontrolle entwickelt wurden. An den Schnittstellen zwischen den einzelnen Abteilungen wurde vor allem eine umfassende Strukturierung der Aufgaben, Befugnisse und Verantwortlichkeiten vorgenommen und grundlegende Regelungen für die Kerntätigkeiten getroffen. Auf diese Weise konnte ein gutes Management für weitere horizontale und vertikale Aktivitäten vorgelebt und gefördert werden. Die Institutionalisierung der Hochschulverwaltung, die Definition der Prozesse und die Festlegung der personellen Zuständigkeiten für die Prozesse standen dabei im Vordergrund.

Drittens ist die Rolle der wenigen, aber wichtigen Führungskräfte hervorzuheben und zu nutzen. Einerseits spielt der Mechanismus des „doppelten Teamleiters" (Verantwortlicher für die Parteiorganisation und Verantwortlicher für die Hochschulleitung) eine grundlegende Rolle für die Art und Weise, wie das interne Kontrollsystem entwickelt wird und funktioniert. Zum anderen ist die Durchsetzungskraft der Führungskräfte der zweiten Ebene entscheidend. Aus diesem Grund hat die Hochschule Schulungen und Debatten zum Thema „Interne Kontrolle" auf die Tagesordnung des Hochschulalltags gesetzt und diese den Führungskräften auf verschiedenen Ebenen, aus verschiedenen Statusgruppen und in verschiedenen Phasen angeboten. Die Arbeiten im Zusammenhang mit der internen Kontrolle werden in die Leistungsevaluation, die jährliche Bewertung und die Prüfung der Amtsführung integriert. Diese Maßnahmen haben dazu geführt, dass diese kleine, aber wichtige Gruppe von Hochschulangehörigen bei der Umsetzung des internen Kontrollsystems eine Vorbildfunktion für andere übernommen hat.

2.3 Nutzung von Informationstechnologie beim Aufbau der internen Kontrolle

Da der Staat die Digitalisierung des Bildungswesens und die Verbreitung und Entwicklung von Computer- und Informationstechnologien als vorrangiges Thema betrachtet, hat die Hochschule für ihre interne Verwaltung schrittweise IT-gestützte Instrumente eingeführt, um die Effizienz der Verwaltung zu verbessern. Die interne Kontrolle ermöglicht den Hochschulen zwar eine prozessorientierte und detaillierte Verwaltung, bringt aber auch das Problem steigender Kontrollkosten mit sich. Die einzige Möglichkeit, dieses Problem zu lösen, ist die Einführung von IT-Maßnahmen und die Änderung der Art und Weise, wie die interne Kontrolle durchgeführt wird, also die Digitalisierung der internen Kontrolle. Dies bedeutet, dass moderne IT-Technologien eingesetzt werden, um die Haupt- und Schlüsselprozesse der internen Kontrolle in das Managementinformationssystem der Hochschule zu integrieren. Dadurch können auch menschliche Manipulationsfaktoren reduziert oder eliminiert und somit eine wirksame Risikokontrolle der hochschulbezogenen und relevanten Aktivitäten erreicht werden.

Auf der zentralen Ebene der Hochschule wurden Anstrengungen unternommen, ein Dateninformationszentrum einzurichten, um schrittweise die Integration von Informationen und Daten innerhalb der Hochschule zu fördern und „Informationssilos" zu beseitigen. Bei der Einführung des Systems wurde der Praktikabilität und Effizienz der Funktion sowie der Kompatibilität zwischen den Systemen größere Aufmerksamkeit geschenkt. Auf der Ebene der internen Kontrolle hat die Hochschule die Formulierung von Geschäftsprozessen und abteilungsübergreifenden „Geschäftsprozessketten", die Einrichtung von Gegenzeichnungs- und Überprüfungsplattformen, Plattformen für die Genehmigung von Prozessen und Plattformen für den Informationsaustausch verstärkt. Dadurch konnten menschliche Eingriffe in die Prozesssteuerung weitestgehend vermieden und die Flexibilität der Koordination und das vernetzte Handeln zwischen der Hochschule und den Fakultäten sowie zwischen den Verwaltungsabteilungen wirksam verbessert werden. Insgesamt wird so die Risikokontrollfähigkeit der Universität effektiv weiterentwickelt.

2.4 Durch Evaluation und Monitoring die Wirksamkeit der Einrichtung des internen Kontrollsystems überprüfen

Durch Monitoring, Prüfung und Bewertung der Wirksamkeit des Aufbaus und der Umsetzung des internen Kontrollsystems sowie durch die Suche und Aufdeckung von Problemen und potenziellen Risiken im internen Kontrollsystem können Verbesserungsvorschläge unterbreitet und Reformmaßnahmen eingeleitet werden. Auf diese Weise ist es einerseits möglich, Risiken vorzubeugen und Defizite in der Verwaltung rechtzeitig zu beseitigen; andererseits fördert es auch die kontinuierliche Verbesserung des internen Kontrollsystems der Hochschule, so dass die interne Kontrolle eine echte Rolle in der internen Verwaltung der spielen kann (Zhai 2015). Als Ergebnis entwickelte die Hochschule im Rahmen des Aufbaus des internen Kontrollsystems das „Indexsystem für die Bewertung der internen Kontrolle an der Zhaoqing University", gründete ein Überwachungs- und Bewertungsteam unter der Leitung der Abteilung für Rechnungsprüfung und Controlling, führte eine umfassende quantitative Bewertung der internen Kontrollarbeit für jede Organisationseinheit durch und betonte die Rolle des Bewertungssystems und -mechanismus bei der Förderung, Überwachung, Anleitung und Anregung sowie bei der Förderung eines effektiven Wettbewerbs zwischen den verschiedenen Abteilungen und Fakultäten der Hochschule. Durch regelmäßige Überprüfungen und Inspektionen der internen Kontrollaktivitäten der gesamten Hochschule werden neue Probleme, Risiken und Schwachstellen des Kontrollsystems und der Kontrollmaßnahmen aufgedeckt. Es werden Vorschläge zur Behebung dieser Probleme unterbreitet und die betroffenen Stellen bei der Behebung und Verbesserung angeleitet und überwacht. Der Mechanismus zur Überwachung und Bewertung der internen Kontrolle führt zu einem geschlossenen Kreislauf von Aufbau, Bewertung und Wiederaufbau der internen Kontrolle und fördert die kontinuierliche Verbesserung und Optimierung der internen Kontrolle der Hochschule, um das interne Kontrollsystem sinnvoll zu gestalten und zu modernisieren und die Kompetenz der Hochschule zur internen Kontrolle zu verbessern.

Die Zhaoqing University hält sich an ihre Strategie zum Aufbau eines internen Kontrollsystems: „Auffinden von Wegen durch Pilotprojekte, Setzen von Standards durch gründliche Forschung, Auffinden von Lücken durch vertikales und horizontales Benchmarking und Erreichen von Verbesserungen durch weite Verbreitung". Durch die kontinuierliche Verbesserung des internen Kontrollsystems soll die Modernisierung des Verwaltungssystems und der Verwaltungskompetenz der Hochschule gefördert werden. Dies ermöglicht es der Hochschule, den Weg zu einem wissenschaftlich fundierten, hocheffizienten, spezialisierten und stringenten Hochschulmanagement zu beschreiten. Dies fördert und sichert auch die inhaltliche Qualitätsentwicklung der Hochschule.

3 Überlegungen zur Modernisierung des Verwaltungssystems und der Verwaltungskompetenzen von Hochschulen

3.1 Festhalten am System der „gemeinsamen Verantwortung von Partei- und Durchführungsorgan", Stärkung der kulturellen Identität und der Koordinationsprozesse

Der Parteivorsitzende *Jinping Xi* sagte in Band III, Leitthema 19 des Buches *„Jinping Xi* spricht über die Führung des Landes": „Unseren ursprünglichen Zielen und unserer Gründungsmission treu bleiben und die Selbstrevolution der Partei auf eine tiefere Ebene bringen". Damit wird deutlich, dass eine Organisation, um ihre Stärke und ihren Vorteil zu bewahren, weiterhin innovativ sein und sich selbst verbessern muss. Auch die Hochschulen brauchen den gleichen selbstrevolutionären Impuls, um ihre eigene Entwicklung und ihre ehrgeizigen Ziele zu erreichen. Die interne Kontrolle von Hochschulen umfasst ein breites Spektrum von Maßnahmen und stellt hohe fachliche Anforderungen; sie ist ein komplexes systematisches Managementprojekt. An erster Stelle stehen das persönliche Engagement und die Delegation von Aufgaben durch das oberste Organ der Parteiorganisation der Hochschule und die Hochschulleitung. Sie müssen auch das mittlere Management, die Lehrenden und das Personal anleiten, sich aktiv an der Umsetzung und Durchführung der internen Kontrolle zu beteiligen. Die Vorteile des Mechanismus des „doppelten Teamleiters" sollten genutzt werden. Die Führungskräfte sollten ihren Worten Taten folgen lassen. Zweitens müssen die Kultur und das Selbstverständnis der internen Kontrolle entwickelt und gepflegt werden. Die Kultur der internen Kontrolle ist der entscheidende Faktor des internen Umfelds, der die Wirksamkeit der internen Kontrolle beeinflusst. Der „Kern" der internen Kontrolle ist nicht das System, nicht das Management, sondern die Kultur, die sich in der Identität, den inneren Bedürfnissen, dem Selbstbewusstsein, der Wertschätzung und dem Handeln der einzelnen Dienststellen und Personen ausdrückt. Dies erfordert von der Hochschule eine konsequente Führung, die Kommunikation mit allen Hochschulangehörigen und ein kontinuierliches Lernen, um das Thema zu verstehen und mit der Zeit Identität, Zentripetalkraft und Umsetzungskraft zu entwickeln. Drittens müssen die internen abteilungsübergreifenden Koordinierungs- und Kommunikationsmechanismen verbessert werden. Durch Erfahrungsaustausch, Projektkoordination, Analyse und Diskussion sowie weitere Maßnahmen soll der abteilungsübergreifende Informationsaustausch und die Kommunikation verbessert werden, um Schwierigkeiten bei der Abwicklung von Prozessen zwischen den Abteilungen zu reduzieren. Letztlich soll ein reibungsloser Ablauf des Hochschulbetriebes über alle Ressorts hinweg gewährleistet werden, ohne dass es zu Widersprüchen zwischen dem Managementsystem und den Prozessen kommt. Vielmehr sollen die Systeme ineinandergreifen.

3.2 Verbesserung des Organisationssystems der internen Kontrolle und Steigerung der Professionalität der internen Kontrolltätigkeit

Interne Kontrolle ist ein Kreislaufprozess, in dem die Einheiten oder Abteilungen der internen Verwaltung kontinuierlich verbessert und optimiert werden. In diesem Prozess gibt es nur einen Anfang, aber kein Ende. Dies macht es erforderlich, dass es spezielle Abteilungen oder Mitarbeiter gibt, welche die internen Kontrollaktivitäten durchführen. In der Praxis spiegelt sich dies vor allem in zwei

Aspekten wider: Zum einen werden in einer guten Organisation der internen Kontrolle Abteilungen und Funktionen getrennt, wenn sie miteinander unvereinbar sind. Zum anderen sollten die verschiedenen Aufgaben der internen Kontrolle sinnvollerweise unterschiedlichen Mitarbeitern zugewiesen werden. Die Professionalität des zuständigen Personals sollte kontinuierlich verbessert werden. Das Bildungsministerium fordert die Hochschulen eindeutig auf, „so bald wie möglich eine Abteilung für interne Kontrollfunktionen einzurichten oder die federführende Abteilung für interne Kontrolle gemäß den Anforderungen für die Umsetzung der Normen für interne Kontrolle zu bestimmen, sie mit professionellem Personal auszustatten und einen Arbeitsmechanismus für die Umsetzung der Normen für interne Kontrolle einzurichten, wobei die Leitung die Gesamtverantwortung trägt, die zuständigen Abteilungen für die Umsetzung verantwortlich sind und die Koordination zwischen den zuständigen Abteilungen sichergestellt ist". Gegenwärtig gibt es bereits einige Hochschulen, die eine Vorreiterrolle beim professionellen Aufbau der internen Kontrolle spielen, wie z. B. die Peking Universität, die ein unabhängiges Büro für die Verwaltung der internen Kontrolle eingerichtet hat, das mit dem Kontroll- und Inspektionsbüro des Parteikomitees zusammenarbeitet; die Shaanxi Normal University und die Xi'an University of Electronic Science and Technology usw. haben die interne Kontrolle institutionalisiert und eigene Abteilungen mit entsprechenden Planstellen eingerichtet. Die meisten Hochschulen haben das Thema jedoch noch nicht ernsthaft in Angriff genommen. Der Aufbau der internen Kontrolle an den Hochschulen wird vertieft. Die interne Kontrolle wird stärker auf die Umsetzung und die praktische Anwendung ausgerichtet. Ob es darum geht, ein solides Kontrollumfeld zu schaffen, die Fähigkeit zu verbessern, die Hauptrisiken zu verhindern und zu kontrollieren, die Geschäftsprozesse und Kontrollaktivitäten zu standardisieren oder das Niveau der Informationstechnologie des internen Kontrollsystems zu verbessern – die Unterstützung durch alle Fachabteilungen, durch spezialisierte Experten und durch Fachwissen ist unerlässlich. Gleichzeitig ist es notwendig, eine kontinuierliche Aus- und Weiterbildung im Bereich der internen Kontrolle zu gewährleisten, die Kenntnisse, Theorien, Strategien und Regeln der internen Kontrolle zu vertiefen, die Qualität der Arbeit der internen Kontrolle zu verbessern und das Niveau und die Wirksamkeit des Aufbaus des internen Kontrollsystems zu erhöhen.

3.3   Förderung der Digitalisierung der internen Kontrolle und der wirksamen Umsetzung des internen Kontrollsystems

Bei der Digitalisierung der internen Kontrolle geht es darum, die Elemente der internen Kontrollkonzepte, der Kontrollaktivitäten und der Kontrollmittel mit Hilfe von Informationsmitteln im Informationssystem zu verankern, um so die Systematisierung und Standardisierung des internen Kontrollsystems zu erreichen. Die erste Aufgabe besteht darin, die Managementaufgaben im Zusammenhang mit der Einrichtung von Informationssystemen zentral zu verwalten, den Prozess der Entwicklung, des Betriebs und der Wartung des Systems zu standardisieren, ein System zur Verwaltung der Benutzer einzurichten, die Systemdaten regelmäßig zu sichern, die Sicherheit und Vertraulichkeit des Informationssystems zu gewährleisten und aktiv auf neue Risiken zu reagieren, die sich aus der Nutzung der Informationstechnologie ergeben (He 2005). Die zweite Aufgabe besteht darin, den Plan für die Entwicklung der Informationssysteme im Rahmen des Gesamtkonzepts des „intelligenten Campus" der Hochschule zu entwickeln und die rationale, vorausschauende und anpassungsfähige Planung zu verbessern. Das Engagement der zentralen IT-Management-Abteilung für die Kommunikation und Koordination mit anderen Abteilungen und Fakultäten soll vollständig mobilisiert werden, damit andere Abteilungen und Fakultäten voll in die Entwicklung von Informationssystemen einbezogen werden und zur Kommunikation bereit sind. Die funktionale Integration der verschiedenen Arten von Informationstechnologiesystemen innerhalb der Hochschule sollte verstärkt werden. Das bedeutet, dass diese Informationstechnologiesysteme von allen Beteiligten gemeinsam entwickelt und genutzt werden. Auf diese Weise kann auch die Fähigkeit zur Verwaltung der Informationstechnologien verbessert werden. Drittens sollte die Informationstechnologie genutzt werden, um die Aktualität und Genauigkeit von Informationen zu verbessern, Geschäftsprozesse effektiv zu konsolidieren, den Einfluss menschlicher Faktoren zu reduzieren, die Umsetzung der Kontrolle über die Trennung inkompatibler Abteilungen und Positionen zu verbessern und die Effektivität der Autorisierungs- und Genehmigungskontrolle zu erhöhen, um eine bequemere und effizientere Kommunikationsumgebung und Kooperationsplattform für alle internen Einheiten zu schaffen.

3.4 Verbesserung der internen Kontrollmechanismen für eine nachhaltige und effiziente Hochschulverwaltung

Der Schlüssel zu einer erfolgreichen internen Kontrolle an Hochschulen liegt – wie das Sprichwort sagt: „10 % planen, 90 % umsetzen" – in der Umsetzung. Um die Durchführung und Umsetzung zu verbessern, bedarf es geeigneter Ansätze und Maßnahmen. Die interne Kontrolle muss so geplant, durchgeführt und überwacht werden, dass sie in Einklang ist. In erster Linie muss das Indexsystem für die Bewertung der internen Kontrolle zeitnah angepasst und verbessert werden, um neuen Anforderungen, neuen Situationen und neuen Fragen gerecht zu werden. In die Aufgaben der hochschuleigenen internen Kontrolle sind die Aufgaben, die sich aus der Inspektion durch die zuständigen Behörden ergeben, zu integrieren. Die Weiterentwicklung und Umsetzung der internen Kontrolle ist in die regelmäßigen Überwachungsaufgaben und Prüfungsaufgaben der Hochschulleitung zu integrieren. Der Durchführung und Evaluierung der internen Kontrolle ist von jeder Dienststelle und der Hochschulleitung erhöhte Aufmerksamkeit zu widmen. Zweitens muss die Überwachung der Wirksamkeit der internen Kontrolle auf der Grundlage der Digitalisierung der internen Kontrolle erfolgen. Es ist zu prüfen, ob die Hauptprozesse und -abläufe der einzelnen Geschäftstätigkeiten mit den aktuellen Systemen und Prozessanforderungen der Hochschule übereinstimmen. Es ist zu beurteilen und zu bewerten, ob die relevanten Aufgaben in Übereinstimmung mit den erwarteten Managementzielen durchgeführt werden. Außerdem sind Risikobewertungen der Geschäftstätigkeiten, Vollständigkeits- und Angemessenheitsanalysen in Bezug auf die Gestaltung der Systeme und Prozesse durchzuführen. Die Überwachung der Wirksamkeit der internen Kontrolle umfasst somit eine Gesamtanalyse, Rückmeldungen und Folgemaßnahmen (Zhang 2020). Drittens müssen aus der Überwachung der Wirksamkeit der internen Kontrolle Schlüsse gezogen und diese umgesetzt werden. Dies ist entscheidend, um die Umsetzung des internen Kontrollsystems sowie das Engagement und die Initiative aller Beteiligten zu fördern. Die Umsetzung der internen Kontrolle in allen Geschäftsbereichen und Fakultäten der Hochschulen sollte in die jeweilige Bewertung der Erreichung der Verwaltungsziele und in die Leistungsbewertung einbezogen werden. Die Ergebnisse der Bewertung der jeweiligen internen Kontrolle sollen mit der Ressourcenallokation und der Leistungsbeurteilung der Führungskräfte verknüpft werden. Rechenschaftsmechanismen sind zu entwickeln und das Verantwortungsbewusstsein ist zu stärken. Insbesondere soll die Controlling- und Prüfungsabteilung ihre Prüfberichte und Handlungsempfehlungen regelmäßig den Verantwortlichen der Hochschulparteiorganisation und der Hochschulleitung vorlegen, um eine effiziente und ordnungsgemäße Umsetzung der internen Kontrolle zu fördern. Das neue Zeitalter hat neue und höhere Anforderungen an die Entwicklung der Hochschulbildung gestellt. Es ist von großer Bedeutung, das interne Kontrollsystem der Hochschulen zu stärken und interne Verwaltungskompetenzen aufzubauen, um die Hochschulbildung zur Zufriedenheit der Bevölkerung zu gestalten und eine qualitativ hochwertige Entwicklung der Bildung zu fördern. In dieser Hinsicht haben die lokalen Hochschulen noch einen weiten Weg vor sich und müssen die theoretische Forschung und die Reformpraxis unter dem Konzept der neuen Entwicklung fortsetzen.

Literatur

He H (2005) Interne Kontrolle an Hochschulen und ihre Gestaltung. J North Univ China (zhongbei daxue xuebao) 3:83–84

Shen L (2010) Über die Transformation und Innovation der internen Kontrolle an Hochschulen. Res High Educ (gaodeng jiaoyu yanjiu) 12:68–72

Yang J, Zhang Z, Liu D (2013) Über die Entscheidungsfindung bei wichtigen Angelegenheiten an Hochschulen aus der Perspektive des Risikomanagements. J Chengdu Univ Technol (Chengdu ligong daxue xuebao) 9:102–106

Yao G (2019) Vertiefung der umfassenden Reform im Hochschulbereich und Beschleunigung des Aufbaus eines modernen Hochschulsteuerungssystems. Chin Soc Sci News (zhongguo shehui kexue bao) vom 18.07.2019

Zhai Z (2015) Untersuchung der Wirksamkeit der internen Kontrolle an öffentlichen Hochschulen. Friends Account (kuaiji zhi you) 7:125–129

Zhang Y (2020) Untersuchung der Struktur der internen Kontrolle und des Risikomanagements an staatlichen Hochschulen in Guangdong. Stud Financ Account Educ (jiaoyu caikuai yanjiu) 6:46–50

Die „zweite Transformation" der lokalen angewandten Hochschulen vor dem Hintergrund der Popularisierung der Hochschulbildung

De-fang Liu, Qing Song, Lin-zhen Zhou, Qiu-hong Shen und Lin Hong

普及化背景下地方应用型高校的"二次转型"

刘德仿, 宋 青, 周临震, 沈秋红, 洪 林

1 Hochschulentwicklung und Transformation der lokalen angewandten Hochschulen

1.1 Entwicklungsgeschichte der Hochschulbildung

Die Klassifikation der Entwicklungsstufen der Hochschulbildung ist im Wesentlichen eine Charakterisierung des Umfangs der Hochschulbildung, die den Entwicklungsstand der Hochschulbildung in einem Land widerspiegelt. In Ländern, die sich auf der elitären Stufe befinden, ist der Umfang der Hochschulbildung

D. Liu (✉) · Q. Song · L. Zhou · Q. Shen · L. Hong
Yancheng Institute Of Technology, Yancheng, China
E-Mail: liudf@ycit.cn

Q. Song
E-Mail: 1964862695@qq.com

L. Zhou
E-Mail: nipu@ycit.cn

Q. Shen
E-Mail: qiuhong2005@126.com

J. Cai et al. (Hrsg.), *Jahrbuch Angewandte Hochschulbildung 2022*,
https://doi.org/10.1007/978-3-658-43417-5_8

gering; solche Länder befinden sich in einem Zustand der Unterentwicklung – nur wenige haben Zugang zur Hochschulbildung. In Ländern, die sich auf der Stufe der Popularisierung befinden, hat die Hochschulbildung einen gewissen Umfang erreicht. Solche Länder sind in einen Zustand relativ guter Entwicklung eingetreten; der Zugang zur Hochschulbildung ist im Wesentlichen das Recht aller geworden.

Nach 25 Jahren der Entwicklung seit 1977 erreichte Chinas Bruttoeinschreibungsrate in der Hochschulbildung im Jahr 2002 15 % und befand sich damit im Übergang von der elitären Stufe der Hochschulbildung zur Massenhochschulbildung. Nach weiteren 17 Jahren der Entwicklung erreichte die Bruttoeinschreibungsquote im Jahr 2019 51,6 %, wodurch Chinas Hochschulbildung in eine neue Phase des allgemeinen Zugangs eintrat und das größte Hochschulsystem der Welt entstand. Bis heute ist die Gesamtzahl der Studierenden an chinesischen Hochschulen auf über 44,3 Mio. gestiegen; die Zahl der Hochschulabsolventen stieg auf 240 Mio. und die Bruttoeinschreibungsquote im Hochschulbereich kletterte von 30 % im Jahr 2012 um 27,8 Prozentpunkte auf 57,8 % im Jahr 2021. Von 1978 bis 1998 verlief die Entwicklung der Hochschulbildung in China langsam; in den etwa zehn Jahren vor und nach 1999 bis 2010 erlebte das chinesische Hochschulwesen eine rasante Entwicklung; von etwa 2010 bis heute befindet sich die Entwicklung des chinesischen Hochschulwesens in einer ruhigen und stabilen Phase.

Die Hochschule Y wurde wie viele andere lokale Hochschulen 1958 gegründet, dann geschlossen und 1977 wieder eröffnet. Im Jahr 1996 wurde die Hochschule Y durch die Zusammenlegung mehrerer Vorgängereinrichtungen zu einer Bachelorhochschule aufgewertet und zählte damals ca. 4000 Studierende; im Jahr 2002 erreichte sie 10.000 Studierende und war damit eine der Hochschulen mit mehr als 10.000 Studierenden in der Provinz; im Jahr 2010 erreichte sie 20.000 Studierende und hat derzeit mehr als 23.000 Studierende. In den 20 Jahren von 1977 bis 1997 entwickelte sich die Hochschule Y langsam; von 1998 bis 2010 erlebte sie eine rasante Entwicklung in allen Bereichen, z. B. in Bezug auf die Zahl der Studierenden, das Lehrpersonal, die Infrastruktur und Ausstattung, die Größe des Campus usw. Nach 2010 begann eine Phase der ruhigen und stabilen Entwicklung.

1.2 Transformationsentwicklung der Hochschule Y

Der Entwicklungszyklus der Hochschule Y fällt im Wesentlichen mit der Entwicklungsphase des chinesischen Hochschulwesens zusammen: In den 45 Jahren

ihrer Entwicklung seit der Wiederaufnahme der Hochschulaufnahmeprüfung hat
sie zwei Transformationen unterschiedlicher Art durchlaufen: Die erste Transformation fand um das Jahr 1999 statt, als die langsame Entwicklung der
Hochschulen in eine Hochgeschwindigkeitsentwicklung umgewandelt wurde, was
von der Hochschulleitung mit dem „Sprung von einem Eimer Spreu zu einem
Eimer Reis" verglichen wurde. Die Rahmenbedingungen für die Hochschule
waren gut und die Ressourcen reichlich vorhanden. Dies führte zu einer raschen
Entwicklung der Fächer und Studiengänge. Auch die Lehrenden entwickelten sich
sowohl fachlich als auch persönlich sehr schnell und dementsprechend stark war
die Förderung der Lehrenden. „Es fehlt nicht an Geld, um die Entwicklung der
Fächer zu fördern", hieß es immer aus dem Munde der Hochschulleitung. Die
zweite Transformation fand nach 2010 statt, nämlich von einer rasanten Entwicklung zu einer stabilen Entwicklung, wobei die „inhaltliche Entwicklung" und eine
„qualitativ hochwertige Entwicklung" als wesentliche Merkmale dieser Periode
hervorgehoben werden (Ma 2022). Gleichzeitig förderte der Staat seit 2015 energisch die Umwandlung von Hochschulen in Richtung Anwendungsorientierung.
Die berufliche Hochschulbildung rückte in den Vordergrund.

Die Hochschule Y bietet jährlich mehr als 1000 Studienplätze für Studierende
mit mittleren Berufsbildungsabschlüssen an, die über Programme wie z. B. „College to Bachelor", „3 + 4" und „5 + 2" einen Bachelor-Abschluss erwerben
können. Die zweite Transformation vollzog sich im Übergang von der mittleren
und späten Phase der Massenhochschulbildung zur Phase der Popularisierung,
die wir in diesem Beitrag als „Popularisierungstransformation" der Hochschulen
bezeichnen. Damit verbunden ist auch das Problem des Übergangs von einem
Überfluss an Ressourcen zu einer „Verknappung der Ressourcen", was neue Probleme mit sich brachte. Da auch in der Zeit der rasanten Entwicklung viele
grundlegende und strukturelle Probleme nicht rechtzeitig gelöst werden konnten, sind neue und alte Herausforderungen miteinander verwoben. Dies hat zur
Folge, dass die zweite Transformation alles andere als einfach ist und ein lang-
wieriger Prozess sein wird, der weiter erforscht werden muss. Phänomene wie
„Involution" oder sogar „Flachliegen" sind keine einzelnen Erscheinungen, sondern das unvermeidliche Ergebnis eines Ausbildungskonzepts, das in der Phase
der raschen Entwicklung entstanden und nicht mehr angemessen ist. Es muss aufgrund der Veränderungen des internen und externen Umfelds nach dem Eintritt
in die Phase der Popularisierung neu überdacht werden.

Wie bereits erwähnt, hat China das größte Hochschulsystem der Welt mit jährlich mehr als 10 Mio. Studienanfängern und Hochschulabsolventen (10,76 Mio.
Hochschulabsolventen im Jahr 2022) aufgebaut. Seit 2018 zeigt die jährliche Zahl
der Neugeborenen in China jedoch einen deutlichen Abwärtstrend auf (10,62 Mio.

Neugeborene im Jahr 2021). Unter den beiden Gesichtspunkten des bestehenden Umfangs der Hochschulbildung und der Zahl der Neugeborenen wird die Hochschule Y als öffentliche Hochschule sicherlich dazu tendieren, ihren Umfang der Hochschulbildung zu stabilisieren. Auch die Tatsache, dass es zu wenige berufsbildende Schulen gibt, die bei weitem nicht in der Lage sind, die Nachfrage der Berufsschüler nach akademischer Weiterbildung zu befriedigen, wird sich die Zahl der Studienplatzbewerber an der Hochschule Y wahrscheinlich nicht verringern. Gleichwohl wird es schwierig sein, die rasante Entwicklung der Jahre 1998 bis 2010 zu wiederholen. Nach Ansicht der Autoren liegt der Schlüssel zum Erreichen einer Popularisierungstransformation in der Anpassung des Entwicklungskonzepts und des Ausbildungsmodells, die in der „Expansionsphase" entstanden sind und nun in der stabilen Entwicklungsphase von der Idee der „Inhaltsentwicklung" und der „Qualitätsentwicklung" geprägt sein sollten. Nur so kann die Wettbewerbsfähigkeit der Hochschulen unter den Bedingungen knapper werdender Ressourcen gesteigert werden.

2 Das soziale Talentsystem und die Struktur des Hochschulsystems

Soziale Arbeitsteilung ist eine gesellschaftlich anerkannte Unterscheidung zwischen Individuen oder Gruppen in der Gesellschaft und ein Zeichen für den Fortschritt der menschlichen Zivilisation. Aufgrund der Notwendigkeit, die Arbeit zu teilen, hat das soziale System der Talente eine gewisse hierarchische Struktur. Um die Nachfrage nach Talenten auf den verschiedenen Ebenen der Gesellschaft zu befriedigen, hat das Hochschulsystem eine hierarchische Struktur, die der hierarchischen Struktur des sozialen Talentsystems entspricht, d. h. die verschiedenen Ebenen der Hochschulen bilden die Talente aus, die auf den entsprechenden Ebenen des sozialen Talentsystems benötigt werden. Die hierarchische Gliederung der Hochschulen ist das unvermeidliche Ergebnis der gesellschaftlichen Arbeitsteilung im Hochschulsystem. Die hierarchische Ausbildung von Talenten durch die Hochschulaufnahmeprüfung ist auch die grundlegende gesellschaftliche Funktion der Hochschulbildung.

2.1 Hochschulbildung in Deutschland

Die verschiedenen Hochschultypen wie Forschungsuniversitäten, Technische Universitäten, Fachhochschulen und Berufsakademien sind auf unterschiedlichen

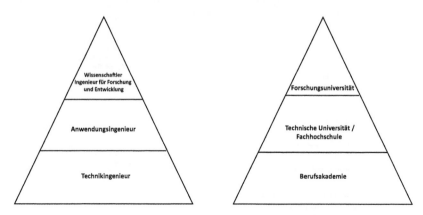

Abb. 1 Das mit dem sozialen Talentsystem in Einklang stehende deutsche Hochschulsystem

Ebenen angesiedelt und spielen jeweils eine eigene Rolle (Abb. 1). Technische Universitäten, Fachhochschulen und Berufsakademien gehören zu den Hochschulen, die anwendungsorientiert und berufsqualifizierend ausbilden.

2.2   Das chinesische Hochschulsystem

Nach dem „211-Projekt" und dem „985-Projekt" ist der Aufbau von „doppelter Erstklassigkeit" eine weitere nationale Strategie im Bereich der Hochschulbildung in China. Vor der Einführung des Programms der „doppelten Erstklassigkeit" bestand das chinesische Hochschulsystem im Großen und Ganzen aus vier Typen, die den unterschiedlichen Niveaus der gesellschaftlichen Nachfrage nach Talenten entsprachen: An erster Stelle stehen die „985"- und „211"-Hochschulen, an denen sich die besten Studierenden und die besten Professoren und Experten des Landes konzentrieren und an denen eine Eliteausbildung stattfindet, um die Elite des Landes auszubilden. An zweiter Stelle stehen andere Hochschulen mit Promotionsrecht, die auf das „Volk" ausgerichtet sind und eine Ausbildung für die breite Masse des Volkes anbieten. An dritter Stelle stehen lokale Hochschulen, wie z. B. die Hochschule Y, die im Sinne der Popularisierung der Hochschulbildung Talente auf Bachelor-Niveau ausbilden. An vierter Stelle stehen berufsbildende Hochschulen, die im Sinne der Popularisierung der Berufsbildung qualifizierte Talente mit praktischen Fähigkeiten auf „College-Niveau" ausbilden.

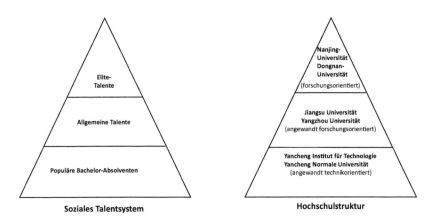

Abb. 2 Struktur des chinesischen Hochschulsystems (Bachelor-Hochschulen)

Mit der Einführung der nationalen Strategie des Aufbaus einer „doppelten Erst-klassigkeit" übernehmen nun offensichtlich die erstklassigen Hochschulen und die erstklassigen Fächer einiger Hochschulen die Aufgaben der Eliteausbildung der ehemaligen „985er"- und „211er"-Hochschulen. Alle anderen Hochschulen sind für die Talentausbildung im Sinne der Popularisierung der Hochschulbildung zuständig. Nachdem die berufliche Bildung als ein „Typus" der Bildung neben die allgemeine Bildung gestellt wurde, hat sich auch die berufliche Bachelorbil-dung in die Reihe der Bachelorbildung im Kontext der Popularisierung eingereiht (Abb. 2).

Die städtische Bildungskommission Shanghais hat die 62 Hochschulen in Shanghai ab 2018 in vier Kategorien eingeteilt. Darunter werden die Bache-lorhochschulen in drei Kategorien eingeteilt: akademisch-forschungsorientiert, angewandt forschungsorientiert sowie angewandt technikorientiert. Nach dieser Einteilung gehört die Hochschule Y zur Kategorie der angewandten technik-orientierten Hochschulen. Die Entwicklungsgeschichte des chinesischen Hoch-schulwesens zeigt, dass sich ein reifes Hochschulsystem, das der Struktur des sozialen Talentsystems entspricht und über klare hierarchische Ebenen und eine eindeutige Ausrichtung der einzelnen Ausbildungsstufen verfügt, erst im Laufe der Entwicklung der chinesischen Hochschulbildung und erst mit dem Eintritt in die Popularisierungsphase etabliert hat (siehe Abb. 3). Mit anderen Worten, ein solides Hochschulsystem kann nur dann entstehen, wenn die Hochschulbildung in eine entwickelte Phase eintritt. In der Phase der Eliteausbildung, in der die

Hochschulbildung unterentwickelt war, und in der mittleren und frühen Phase der Massenhochschulbildung existierte die Hochschule Y als Ergänzung zur unzureichenden Ausbildung hochqualifizierter Talente in der Gesellschaft. Obwohl sie mit der Entwicklung der Hochschulbildung ihre eigenen Kompetenzen erweitert und sich zu einer Bildungseinrichtung entwickelt hat, die Master-Abschlüsse verleiht, änderte sich die Qualität ihrer Studienanfänger und die Ausrichtung ihrer Ausbildung mit den verschiedenen Phasen der Hochschulbildung. So war die Qualität ihrer Studienanfänger in der Phase der Eliteausbildung entsprechend hoch.

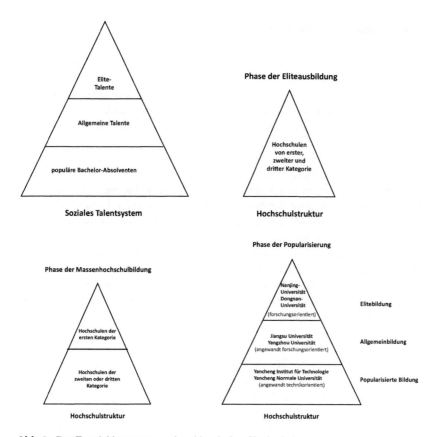

Abb. 3 Der Entwicklungsprozess des chinesischen Hochschulsystems

In der Phase der Elitebildung sowie in der mittleren und frühen Phase der Popularisierung der Hochschulbildung war die Position der Hochschule Y im Hochschulsystem aus der Perspektive der Hochschulbildung relativ vage und ihre Ausrichtung nicht hinreichend klar. Erst in der Phase der Popularisierung war die Hochschule Y in der Lage, ihre eigentliche Position im Hochschulsystem wieder einzunehmen – die einer popularisierten Ausbildung, d. h. auf der Grundlage der vorhandenen Qualität der Studienanfänger und unter den gegebenen Bedingungen der Popularisierung der Hochschulbildung Talente auf Bachelor-Niveau auszubilden.

2.3   Relativ gefestigte Hierarchie

Das System der Hochschulbildung in China ist inzwischen relativ ausgereift. Im Zusammenhang mit der Popularisierung der Hochschulbildung gibt es immer noch Hochschulen, die eine „Elite"-Ausbildung und eine „volksnahe" Ausbildung anbieten. Die Hochschule Y und ähnliche Hochschulen übernehmen dagegen die soziale Verantwortung für die Ausbildung von „populären", anwendungsorientierten Talenten.

Die Positionierung der Hochschule Y im Hochschulsystem als öffentliche, lokale, anwendungsorientierte Hochschule auf Provinzebene ist historisch gewachsen und spiegelt den Willen des Staates wider. Im heutigen, relativ reifen Hochschulsystem wird die Positionierung der Hochschule Y stabil oder sogar relativ gefestigt sein und nicht durch den Willen einzelner Personen verändert werden. Es wird oft gesagt, dass historische Personen historische Dinge tun. Im Zusammenhang mit der Popularisierung der Hochschulbildung ist es für die Hochschule Y wichtig, den möglichen Entwicklungsraum und die Ressourcenbedingungen zu bewerten, die Mission und die Aufgaben zu identifizieren, die vom Staat für sie als angewandte Hochschule festgelegt wurden, und die Richtung und den Weg der Popularisierungstransformation zu erfassen.

3   Das externe Umfeld lokaler angewandter Hochschulen vor dem Hintergrund der Popularisierung und seine Auswirkungen

Die Auswirkungen des Umfangs der Hochschulbildung in den verschiedenen Phasen auf die Hochschulen wurden bereits im vorangegangenen Abschnitt erörtert. Im Zuge der Hochschulentwicklung veränderte sich gleichzeitig auch das externe Umfeld der Hochschulen, wie z. B. die Hintergründe der Studierenden, der Arbeitsmarkt, der wissenschaftliche und technologische Fortschritt und andere externe Elemente, die sich direkt auf die Hochschulbildung auswirken.

3.1   Veränderungen in der Qualität der Studienanfänger

Die Ausweitung der Hochschulbildung und die Erhöhung der jährlichen Immatrikulationszahlen hatten keine Auswirkungen auf erstklassige Hochschulen und erstklassige Studienfächer, da diese nach wie vor in der Lage sind, qualitativ hochwertige Studienanfänger zu gewinnen. Für Hochschulen wie die Hochschule Y stellt sich die Situation anders dar. Konnte die Hochschule Y in der früheren Phase der Elitebildung noch Studienanfänger gewinnen, die für die Elitebildung qualifiziert waren, so ist dies in der Phase der Popularisierung nicht mehr der Fall. Vielmehr hat die Hochschule Y nur noch Studienanfänger, die für ein Studium in der Breitenausbildung qualifiziert sind. Dies ist einer der Gründe, warum das Lehren für die Lehrenden schwierig und das Lernen für die Studierenden mühsam ist. Dies hat auch viel damit zu tun, dass die Lehrkonzepte und Lehrmethoden, die im Laufe der Jahre in der Phase der Elitehochschulbildung entwickelt wurden, in der Phase der Popularisierung nicht mehr angemessen sind. Deshalb müssen die Voraussetzungen der heutigen Studienanfänger erforscht und analysiert werden, um eine maßgeschneiderte Lehre zu realisieren. Diese Aufgabe ist ernst zu nehmen.

3.2   Veränderungen auf dem Arbeitsmarkt

Vergleicht man den Arbeitsmarkt für Hochschulabsolventen in den drei Entwicklungsphasen der Hochschulbildung, so lassen sich zwei offensichtliche Veränderungen feststellen: Erstens hat sich ein Wandel von einem „Mangel an Talenten" zu einem „Überangebot an Talenten" vollzogen. Mit der Ausweitung der Hochschulbildung und dem Anstieg der jährlichen Absolventenzahlen hat sich der Arbeitsmarkt erheblich verändert. Im Arbeitsbericht der Regierung für 2022 wird das Ziel der Schaffung von 11 Mio. neuen Arbeitsplätzen vorgeschlagen. Gleichwohl betrug die Zahl der Hochschulabsolventen im Jahr 2022 bereits 10,76 Mio. Wenn man die Absolventen der Berufsschulen hinzurechnet, wird die Zahl der berufsqualifizierten Absolventen mehr als 11 Mio. betragen. Die Zeiten, in denen wie in den 1980er Jahren alle Absolventen einen Arbeitsplatz fanden, sind vorbei. Zweitens haben sich die Anforderungen der Unternehmen grundlegend geändert. Früher sagten die meisten Unternehmen, sie wollten „Absolventen der Studiengänge XYZ" einstellen, heute suchen sie nach Talenten, die ganz bestimmte Aufgaben an ganz bestimmten Arbeitsplätzen erfüllen können müssen. Mit anderen Worten, sie suchen jetzt nach Talenten für bestimmte Stellen und häufig nach Fachkräften mit einer gewissen Berufserfahrung. Die Veränderungen bei den „Stellenangeboten" sind im Wesentlichen Veränderungen bei den Anforderungen der Unternehmen. Dies führt dazu, dass sich die alte Beziehung zwischen Hochschulen und Unternehmen in Bezug auf die Ausbildung von Talenten verändert hat. Lange Zeit waren die von den Hochschulen ausgebildeten Absolventen „halbfertige Produkte", d. h. sie konnten nicht direkt im Unternehmen eingesetzt werden, sondern mussten zunächst im Unternehmen am Arbeitsplatz ausgebildet werden. Diese Ausbildung am Arbeitsplatz dauert ein bis zwei Jahre oder noch länger. Das bedeutet, dass die Ausbildungskette erst mit der praktischen Ausbildung im Unternehmen vollständig ist.

Unternehmen und andere Arbeitgeber in der Gesellschaft kritisieren dieses Phänomen schon seit langem. Es existiert indes immer noch und wurde lange Zeit von den Arbeitgebern akzeptiert. Im Zuge der Popularisierung der Hochschulbildung haben die Unternehmen diese Spielregeln geändert: Unternehmen weigern sich, Hochschulabsolventen zunächst einzustellen und sie über einen längeren Zeitraum am Arbeitsplatz zu schulen. Der Grund für den Mut der Unternehmen, diese Spielregeln zu ändern, liegt auch in der Entwicklung der Hochschulbildung und der Ausweitung der Hochschulbildung. Erstens hat sich der Arbeitsmarkt von einem Mangel an Talenten zu einem Überschuss an Talenten gewandelt. Zweitens haben die Unternehmen im Laufe der Jahrzehnte, insbesondere in den letzten zehn Jahren der raschen Entwicklung der Hochschulbildung, eine gewisse Talentreserve aufgebaut. Es gibt keinen Hunger oder Durst nach Talenten mehr. Drittens wechseln junge Arbeitnehmer immer häufiger den Arbeitgeber, so dass die Unternehmen kein Verlustgeschäft mehr machen wollen, indem sie jahrelang in die praktische Ausbildung von Hochschulabsolventen investieren, die am Ende mit hoher Wahrscheinlichkeit nicht im Unternehmen bleiben. Den Unternehmen stehen jedes Jahr zig Millionen Hochschulabsolventen gegenüber. Die veränderten Spielregeln führen dazu, dass es für Hochschulabsolventen immer schwieriger wird, den gewünschten Arbeitsplatz zu finden. Die Schaffung von Vollbeschäftigung ist seit jeher ein wichtiger Bestandteil der wirtschaftlichen und sozialen Entwicklung des Landes und von höchster Priorität für die soziale Stabilität. Im Laufe der Jahre haben die Partei und der Staat der Erhöhung der Beschäftigung einen hohen Stellenwert in der wirtschaftlichen und sozialen Entwicklung eingeräumt und verschiedene Maßnahmen

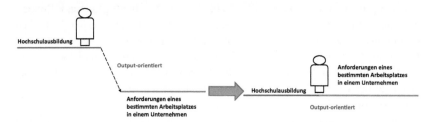

Abb. 4 Schaffung einer nahtlosen kooperativen Talentausbildungskette von Hochschulen und Unternehmen

ergriffen, um die Beschäftigung über verschiedene Kanäle zu erhöhen. Die Überwindung des oben erwähnten Phänomens der Trennung zwischen hochschulischer und unternehmerischer Talentausbildung und die Schaffung von hochwertigen Arbeitsplätzen für Hochschulabsolventen waren die Hauptthemen der Stellungnahmen des Generalbüros des Staatsrats zur Vertiefung der Integration von Wirtschaft und Hochschulbildung.

Die Unternehmen verlangen von den Hochschulen, dass sie Absolventen hervorbringen, die über bestimmte Berufserfahrungen verfügen und für bestimmte Arbeitsplätze qualifiziert sind. Dies ist eine neue Beschäftigungsanforderung, die von den Unternehmen im Zuge der Entwicklung der Hochschulbildung und des Arbeitsmarktes und unter dem Gesichtspunkt der Maximierung ihrer eigenen Interessen gestellt wird, was die Hochschule Y und ähnliche Hochschulen vor das schwierige Problem stellt, das Konzept der Talentausbildung und das Ausbildungsmodell vollständig zu ändern, da die Hochschulen die Beschäftigungsstandards der Unternehmen nicht ändern können. Der einzig richtige Weg ist daher, sich selbst zu ändern, d. h. sich selbst zu reformieren, um die Talentausbildungskette in Zusammenarbeit mit Unternehmen und im Kontext der Integration von Wirtschaft und Hochschulbildung zu vervollständigen (dargestellt in Abb. 4).

3.3 Die Herausforderungen der vierten industriellen Revolution

Zu Beginn des 21. Jahrhunderts ist einer der Haupttrends des globalen wirtschaftlichen Wandels das Aufkommen und die Entwicklung der vierten industriellen Revolution, die vor allem durch die breite Anwendung von Hochtechnologien wie dem Internet der Dinge, Big Data, künstlicher Intelligenz und Robotik gekennzeichnet ist. Sie hat die Produktion und die Lebensweise der Menschen tiefgreifend verändert (Lin 2020). Seit der Verkündung der Strategie „Made in China 2025" im Jahr 2015 ist die digitale Transformation zur treibenden Kraft des technologischen Fortschritts für alle Arten von Unternehmen geworden. Alle Bereiche der Gesellschaft, einschließlich der Unternehmen, verlangen von ihren Mitarbeitern zunehmend digitale Kenntnisse und Kompetenzen.

Die digitale Transformation ist auch ein Thema, dem sich die Hochschulen mit Blick auf ihre gesellschaftliche Funktion nicht entziehen können. Es geht um die Modernisierung von Bildung und Lehre. In Bezug auf die Ausbildung von Talenten müssen die Hochschulen die Erwartungen der Unternehmen an die digitale Transformation erfüllen, sich auf das Ziel konzentrieren, Talente mit guten digitalen Kenntnissen und Kompetenzen auszubilden, entsprechende Reformen der Curricula und der Lehre im Hinblick auf die Vermittlung von Praxis und die digitale Transformation von Lehrinhalten und Lehrmethoden durchführen und die Lernumgebung durch den Einsatz digitaler Technologien optimieren, um die digitale Transformation des Lehrprozesses und der Lehrmethoden voranzutreiben und die Qualität und Effizienz der Lehre durch den Einsatz digitaler Technologien zu verbessern.

3.4   Aufgabe der Hochschule Y in der Talentausbildung

Zusammenfassend lässt sich das externe Umfeld für die Talentausbildung an der Hochschule Y, die in die Popularisierungsphase eingetreten ist, in Abb. 5 darstellen. Die grundlegende Aufgabe der Talentausbildung in der Popularisierungsphase besteht darin, ausgehend von den Anforderungen der ausgewählten Arbeitsplätze Studierende so auszubilden, dass sie anwendungsorientierte Ingenieure sind, die über eine solide theoretische Grundlage, ein gewisses Maß an Fähigkeiten zum Wissenstransfer, gute digitale Kenntnisse und Fertigkeiten sowie ein gewisses Maß an Berufserfahrung für die vorgesehenen Arbeitsplätze verfügen.

Ein Rückblick auf die Entwicklungsgeschichte des chinesischen Hochschulwesens zeigt, dass zwar bereits in der Qing-Dynastie moderne Universitäten gegründet wurden, die „Popularisierung" der Bachelor-Hochschulbildung aber erst in den letzten Jahren stattgefunden hat. Es handelt sich also um eine völlig neue Aufgabe: Die Studierenden bringen neue Voraussetzungen mit, die durch die Popularisierung der Hochschulbildung geprägt sind. Das Ziel der Ausbildung besteht darin, im Gegensatz zur früheren „breit angelegten" Talentausbildung eine relativ „enge" Talentausbildung durchzuführen und nicht mehr „halbfertige

Abb. 5 Externes Umfeld für die Talentausbildung an der Hochschule Y in der Popularisierungsphase

Produkte (Absolventen)", sondern „fertige Produkte (Absolventen)" hervorzubringen. Dies bedeutet, dass die Arbeitsplätze benannt werden, dass die Absolventen über eine gewisse Berufserfahrung verfügen und in der Lage sein sollten, am Arbeitsplatz zu arbeiten, und dass die ausgebildeten Talente anwendungsorientiert sind. In der Tat ist die Ausbildung anwendungsorientierter Talente im Ingenieurbereich die traditionelle Aufgabe der lokalen Fachhochschulen. Es ist wichtig zu definieren, was anwendungsorientierte Talente sind. Hier besteht noch Klärungsbedarf.

Die Praxis der Hochschulbildung hat immer wieder gezeigt, dass mit traditionellen Ideen und Praktiken nur „traditionelle" Ergebnisse erzielt werden können. Nur innovative Ideen und Praktiken können zu wirklich neuen Ergebnissen führen. Angesichts der neuen Studentenschaft, der neuen Ausrichtung der Talentausbildung und der neuen Ausbildungsziele brauchen wir neue oder sogar disruptive Konzepte der Talentausbildung und neue Lehrmethoden.

4　Überlegungen und Perspektiven der Talentausbildung an lokalen angewandten Hochschulen

Bei der Betrachtung der Entwicklungsgeschichte des Hochschulwesens in China und der Entwicklung der lokalen angewandten Hochschulen können in Bezug auf die Hochschule Y drei Themenbereiche untersucht werden: Die Popularisierungstransformation der Hochschule Y, die Veränderung der Hochschulausrichtung und die Veränderung der Talentausbildung.

4.1   Die Popularisierungstransformation der Hochschule Y

Wie zuvor bereits erläutert, wird die Popularisierungstransformation der Hochschulen durch das allgemeine Umfeld der Hochschulbildung angetrieben. Dessen Objektivität wird nicht durch den menschlichen Willen verschoben. Die Zeit der Popularisierungstransformation ist oft eine Zeit konzentrierter Ausbrüche alter und neuer Herausforderungen. Die Popularisierungstransformation führt dazu, dass sich die Hochschulen an einem „wichtigen Scheideweg" ihrer Entwicklung befinden und dass sie das äußere Umfeld und ihre eigenen Bedingungen genau erfassen und eine neue Entwicklungsrichtung, einen neuen Entwicklungsweg und ein neues Entwicklungsmodell wählen müssen. Die Popularisierungstransformation ist für die Hochschule Y sowohl eine Herausforderung als auch eine Chance. Rückblickend auf die erste Transformation der Hochschule Y war es eine historische Chance, welche die Hochschule Y ergriffen hat, denn sie wurde zu einer der ersten in der Provinz aufgewerteten Bachelorhochschulen, eine der ersten Hochschulen mit über zehntausend Studierenden in der Provinz und eine der ersten vergleichbaren Hochschulen in der Provinz, die Masterstudiengänge einrichten dürfen.

Es ist sehr sinnvoll, die Auswirkungen des aktuellen gesellschaftlichen und hochschulpolitischen Umfelds auf die Entwicklung der lokalen angewandten Hochschulen sowie ihre lokalen Entwicklungskonzepte und -modelle in der Zeit der Popularisierungstransformation zu untersuchen, um eine theoretische Grundlage zu schaffen und mögliche Wege für die Gestaltung auf der höchsten Leitungsebene der Hochschule vorzuschlagen. Es ist sehr wichtig, die Aufmerksamkeit auf die Popularisierungstransformation dieses Hochschultyps zu lenken: Erstens, weil die Probleme, die dieser Hochschultyp angesichts der Popularisierungstransformation hat, komplizierter sind als die anderer Hochschultypen. Im Laufe der Jahrzehnte hat sich dieser Typ von Hochschuleinrichtungen nicht nur mit dem Problem der Expansion, sondern auch mit dem Problem der Aufwertung des Niveaus der Hochschulbildung auseinandersetzen müssen. Zweitens, weil dieser Hochschultyp zahlenmäßig in der Mehrheit ist. In der Provinz Zhejiang gibt es insgesamt 78 Bachelorhochschulen und mehr als 50 lokale angewandte Hochschulen, die mit vielen ähnlichen Problemen konfrontiert sind. Bisher gibt es nicht viele fundierte Forschungsartikel über die Popularisierungstransformation von Hochschulen. Das Wesen der Popularisierungstransformation von Hochschulen besteht darin, dass sich das externe Umfeld, in dem sich die Hochschulen befinden, erheblich verändert hat (z. B. hat sich der Mangel an Hochschulabsolventen auf dem Arbeitsmarkt in einen Überschuss verwandelt). Dies zwingt die Hochschulen dazu, ihr Entwicklungsmodell zu ändern. In diesem Zusammenhang können wir auch die Theorie und die Methodik des Wandels des Entwicklungsmodus der Unternehmen von einem Mangel an Produkten zu einem Überschuss an Produkten heranziehen, um die Popularisierungstransformation der Hochschulen zu untersuchen, insbesondere die der angewandten Hochschulen.

4.2   Ausrichtung der Hochschule Y

Die Hochschule Y hat sich bereits im Hochschulsystem etabliert. Bevor sie in die Phase der Popularisierung eintrat, existierte sie neben den anderen Hochschulen, um die fehlenden Ausbildungskapazitäten für hochqualifizierte Arbeitskräfte zu ergänzen. Ihre Ausrichtung war vage und änderte sich ständig. Als sie in die Phase der Popularisierung eintrat, war das Hochschulsystem in China gefestigt und solide. Auch die Ausrichtung der Hochschule Y hatte sich gefestigt. In einem ausgereiften Hochschulsystem ist die Ausrichtung der Hochschule Y offensichtlich die popularisierte Bachelorausbildung. Die popularisierte Bachelorausbildung ist eine neue Form der Bachelorausbildung. Das Problem besteht darin, wie man die allgemeine Ausrichtung der Hochschule Y in die spezifischen Themenbereiche der Hochschule übersetzt: Wie definiert man die Ausrichtung in den Bereichen Ausbildung, Forschung und gesellschaftliches Engagement im Kontext der Popularisierung der Hochschulbildung? Die Beantwortung dieser Frage schafft eine wichtige Voraussetzung, damit die Hochschule ihre profilierte Entwicklung auf der höchsten Leitungsebene gestaltet. Nur wenn es gelingt, die Unterschiede zwischen den Hochschulen anderer Typen und der Hochschule Y in der Ausbildung von Talenten, in der Forschung und in der Erfüllung gesellschaftlicher Aufgaben zu identifizieren, ist eine sinnvolle Gestaltung möglich, die nicht blind dem Trend folgt oder andere kopiert. Dies ist natürlich keine leichte Aufgabe, nachdem die Hochschule in den letzten 40 Jahren bereits zwei grundlegende Entwicklungsphasen des Hochschulwesens durchlaufen und sich inzwischen an gewisse Routinen und Denkweisen gewöhnt hat.

4.3   Popularisierungstransformation im Sinne der Ausbildung anwendungsorientierter Ingenieure

Da sich die popularisierte Bachelorausbildung zur neuen Form der Bachelorausbildung entwickelt hat, ist die Ausbildung von populären und anwendungsorientierten Ingenieuren auf dem Bachelor-Niveau eine ganz neue Aufgabe, die neue oder sogar disruptive Ausbildungskonzepte und Lehrmethoden erfordert. Dabei ist das Ziel, die Ausbildung von populären und anwendungsorientierten Ingenieuren in der tatsächlichen Lehre zu verankern (Wu et al. 2017), damit die Absolventen von den Unternehmen tatsächlich gebraucht werden und eine qualifizierte Beschäftigung finden können.

Um das neue Ausbildungsziel, „populäre anwendungsorientierte Ingenieure für die gewählte Position" zu erreichen, müssen zunächst eine Reihe von Voruntersuchungen durchgeführt werden. Dabei sind insbesondere die Faktoren „Voraussetzungen der Studierendenschaft im Kontext der Popularisierung der Hochschulbildung", „Medienkompetenz und digitale Kompetenz der Studierenden" und „Merkmale anwendungsorientierter Ingenieure" zu berücksichtigen. Normative Dokumente, Bildungs- und Lehrtheorien, Methoden und Werkzeuge für Lehre und Forschung sollten herangezogen werden. Zweitens sollte theoretische Forschung in diesem Bereich betrieben werden, um insbesondere die theoretischen Fragen zu beantworten, wie z. B. „Was für ein Talent ist ein populärer anwendungsorientierter Ingenieur?" und „Wie sollten populäre anwendungsorientierte Ingenieure ausgebildet werden?". Drittens sollte empirische Forschung auf der Grundlage der Ergebnisse der vorangegangenen theoretischen Forschung durchgeführt werden. Bestimmte Studiengänge können als Forschungsobjekte ausgewählt werden, um eine Reihe von Dokumenten für die Bildungsreform zu erstellen und umzusetzen, wie z. B. „Konzepte für die Lehre; Ziele, Konzepte und Maßnahmen für die Bildungsreform; Gestaltung der Curricula; Schlüsselprojekte; Umsetzung der Konzepte; Hochschulmanagement und seine Verbesserung" usw. Diese empirische Forschung kann dazu beitragen, die Bildungsziele zu erreichen und eine nahtlose Verbindung zwischen Hochschulbildung und unternehmerischer Ausbildung herzustellen. Diese empirische Forschung kann einen wichtigen Beitrag zur Erreichung der Ausbildungsziele und einer nahtlosen Verbindung zwischen Hochschul- und Unternehmensausbildung leisten.

Im Jahr 2005 gründete die Hochschule Y das „Youji College", um zunächst in einem kleinen Gebiet eine umfassende Bildungsreform durchzuführen. Sie schuf eine „3 + 1"-Lernplattform zwischen Hochschule und Unternehmen, die auf der digitalen CDIO-Lernplattform für Ingenieurwesen basiert, indem es die Grundprinzipien der CDIO-Ingenieurausbildung anwandte, Produktdesign als eine ausgewiesene Position für die Talentausbildung nutzte und die „berufliche Kompetenz, die ein Absolvent normalerweise erst zwei Jahre nach dem Hochschulabschluss erreicht", als Abschlussqualifikation festlegte. Es gibt vier Schlüsselfaktoren für den Erfolg dieses Projekts: Erstens haben wir mit Siemens ein Unternehmen gefunden, das bereit ist, mit uns zu kooperieren; zweitens haben wir eine digitale CDIO-Engineering-Lernplattform entwickelt; drittens haben wir die bestehenden Lehrkonzepte und Lehrmethoden über den Haufen geworfen und ein neues Talent-Ausbildungsprogramm entwickelt, das von der Hochschule und dem Unternehmen gemeinsam formuliert wurde; viertens misst die Hochschulleitung der Lehrreform große Bedeutung bei, die betroffenen Lehrenden engagieren sich aktiv für die Lehrreform; die Mehrheit der Studierenden ist entschlossen, die Lehrreform anzunehmen. Dies führt dazu, dass die Reform in einer guten Atmosphäre durchgeführt werden konnte.

Die chinesische Hochschulbildung, einschließlich der globalen Hochschulbildung, ist in eine neue Ära eingetreten und muss neu beginnen; sie braucht ein echtes „Phönix-Nirwana" (Wu 2018). Die heutige Reform sollte nicht nur die erfolgreichen Erfahrungen der Vergangenheit übernehmen, sondern auch auf den Hintergrund der Popularisierung der Hochschulbildung abzielen, verwurzelt in den reichen Ressourcen, die in China gesammelt wurden, verwurzelt in der großen Vision des Sozialismus mit chinesischen Merkmalen und den besten Praktiken, um einen neuen Weg zur Reform und Entwicklung der lokalen angewandten Hochschulen zu finden und die „zweite Transformation" der lokalen angewandten Hochschulen effektiv zu vollenden.

Literatur

Lin J (2020) Entwicklung allgemeiner Qualitätsstandards für die Ausbildung neuer Ingenieurstalente. Res High Educ Eng (gaodeng gongcheng jiaoyu yanjiu) 1:5–16

Ma L (2022) Schwerpunkte der Bildungsarbeit im „14. Fünfjahresplan". J Natl Acad Educ Adm (guojia jiaoyu xingzheng xueyuan xuebao) 3:3–5

Wu A, Hou Y, Yang Q, Hao J (2017) Beschleunigung der Entwicklung und des Aufbaus neuer Ingenieursdisziplinen, um sich proaktiv an die neue Wirtschaft anzupassen und sie zu führen. Res High Educ Eng (gaodeng gongcheng jiaoyu yanjiu) 1:1–9

Wu Y (2018) Neue Ingenieursdisziplinen: Die Zukunft der Hochschulbildung im Ingenieurwesen – Strategisches Denken über die Zukunft der Hochschulbildung. Res High Educ Eng (gaodeng gongcheng jiaoyu yanjiu) 6:1–3

Über eine durch Integration von Wirtschaft und Hochschulbildung geleitete hochqualitative Entwicklung der angewandten Hochschulen unter den Aspekten der Professionalisierung, Spezialisierung, Charakterisierung und Innovation – basierend auf der Perspektive der Theorie der synergetischen Evolution

Peng Huang und Ri-hua Wang

产教融合引领应用型高校"专精特新"高质量发展研究——基于协同演化理论视角

黄鹏, 王日华

1　Einleitung

Seit der Öffnung und Reform in China hat die Hochschulbildung beachtliche Fortschritte gemacht. Jedoch sind die Struktur, Qualität und das Niveau der Ausbildung und die Nachfrage der Wirtschaft nach Fachkräften noch nicht vollständig austariert. Das Angebot an Maßnahmen zur Förderung der Zusammenarbeit von

P. Huang (✉) · R. Wang
Guangzhou College of Technology and Business, Guangzhou, China
E-Mail: huangp@gzgs.edu.cn

R. Wang
E-Mail: wrihua@163.com

J. Cai et al. (Hrsg.), *Jahrbuch Angewandte Hochschulbildung 2022*,
https://doi.org/10.1007/978-3-658-43417-5_9

Hochschulen und Unternehmen sowie für die Integration von Wirtschaft und Hochschulbildung ist unzureichend. Die Begeisterung für die Zusammenarbeit variiert zwischen den Hochschulen und Unternehmen: Oft gibt es eine begeisterte Partei und eine, die kein Interesse hat. Die Ausbildung von Talenten an Hochschulen und Unternehmen findet unabhängig voneinander statt. Die Hochschulbildung steht an einem wichtigen Wendepunkt der Transformation und Modernisierung. Die früheren Vorteile der Entwicklung schwinden mit der Zeit. Probleme, die tief verwurzelt sind, zeigen sich allmählich: Es müssen große strukturelle Defizite zwischen dem Angebot von Talenten und Hochschulbildung sowie der Nachfrage von Wirtschaft und Industrie gelöst werden. Die Verwaltung und das Management an den angewandten Hochschulen sind nicht mehr zeitgemäß; es mangelt an gut funktionierenden Systemen und Mechanismen. Das Curriculum muss besser gestaltet werden; zudem werden Lehrkräfte mit doppelten Qualifikationen dringend benötigt. All diese Probleme führen dazu, dass die Ausbildung von Talenten den Bedürfnissen des Marktes nicht gerecht wird. Daher ist es notwendig, die Talentgewinnung an angewandten Hochschulen bedarfsgerecht weiterzuentwickeln und zu verbessern (Li 2018). Hochschulen können durch ihre Funktion als Erzeuger und Vermittler von Wissen die Kapazität und Effektivität des ökonomischen Innovationssystems effektiv verbessern (Fischer et al. 2018). Die Zusammenarbeit von Hochschulen und Unternehmen kann Beschäftigungsmöglichkeiten für Studierende erhöhen, eine nachhaltige Entwicklung fördern, das Wirtschaftswachstum ankurbeln und den Lebensstandard verbessern. Durch gemeinsamen Wissenstransfer und gemeinsame Wissensgenerierung können Klein- und mittelständische Unternehmen wettbewerbsfähiger und innovativer werden (Carraquico und Matos 2019). Nationale und internationale Untersuchungen weisen darauf hin, dass weitere Forschungsarbeiten notwendig sind, um die Wirtschaft und Hochschulbildung zu integrieren sowie die Evaluierung des Bildungswesens zu reformieren. Diese sollen die allgemeine Entwicklungslogik sowie theoretische Grundlagen, qualitative und quantitative Analysen, die Umsetzungspraxis und die synergetische Förderung auf Makro-, Mittel- und Mikroebene berücksichtigen.

Der Schlüssel zur Bildung ist nach wie vor die Entwicklung und Förderung des Menschen in all seinen Facetten. Die Integration von Wirtschaft und Hochschulbildung erfolgt durch eine enge Zusammenarbeit zwischen Unternehmen aus der Wirtschaft und Industrie sowie Institutionen aus dem Bildungs- und Forschungswesen in den Bereichen der gemeinsamen Ausbildung und Innovation. Sie ist eine Möglichkeit, um die Ausbildung von talentierten Menschen in Unternehmen und Organisationen im Bildungs- und Forschungsbereich zu verbessern. Dadurch kann eine erfolgreiche Integration und Entwicklung beider Seiten erreicht werden.

Die enge Verknüpfung von Wirtschaft und Hochschulbildung ist eine wichtige Maßnahme zur Verbesserung der Strukturreform im Bereich der Talentförderung. Sie trägt dazu bei, die Qualität der Bildung zu verbessern, Beschäftigung und Unternehmertum zu fördern, wirtschaftliche Veränderungen und Modernisierung voranzutreiben und eine neue treibende Kraft für die wirtschaftliche Entwicklung zu kultivieren. Entscheidend für die Entwicklung der Verflechtung von Wirtschaft und Hochschulbildung ist die Förderung von unterschiedlichen Ressourcen innerhalb des Bildungssystems und des Wirtschaftssystems zur Erreichung einer optimalen Ergänzung. Durch eine enge Kooperation zwischen Hochschulen und Unternehmen können Studierende bei der Jobsuche und Gründung eines Unternehmens unterstützt werden. Damit kann die Ausbildungskompetenz erhöht, die wirtschaftliche Entwicklung gefördert und innovative Ideen vorangebracht werden.

Die Ausbildung von talentierten Menschen an Fachhochschulen sollte dem folgenden wissenschaftlichen Konzept folgen: „Moral steht an erster Stelle; anschließend sollte der Schwerpunkt auf das Herausbilden von Fähigkeiten und schließlich auf eine umfassende Entwicklung gelegt werden". Die Bedeutung der Wirtschaft als wichtiger Akteur und Förderer in der Ausbildung von Talenten sollte anerkannt werden. Es ist wichtig, dass bei der Ausbildung die Qualität, der Beitrag und die Leistung berücksichtigt werden und dass sie sich an den Entwicklungserfordernissen der modernen Industrie orientiert. Die Ausbildung soll auf Zusammenarbeit zwischen Staat, Wirtschaft, Wissenschaft, Forschung und Praxis basieren und die grundlegenden Kompetenzen der Studierenden in Bezug auf praktische Fähigkeiten und Innovationsfähigkeiten fördern. Durch die Zusammenarbeit mit Unternehmen soll eine neue Ausbildungslandschaft entstehen, in der Hochschulen und Unternehmen gemeinsam die Ausbildung durchführen, Menschen kultivieren sowie Innovationen hervorbringen.

2 Die Strategie der Integration von Wirtschaft und Hochschulbildung als Chance für eine qualitativ hochwertige Entwicklung von angewandten Hochschulen

2.1 Theoretische Grundlagen

In den 1970er Jahren entwickelte der Physiker *Hacken* von der Universität Stuttgart die Theorie der Synergie. Der „Synergieeffekt" bezieht sich auf die kollektive Wirkung vieler Teilsysteme in einem offenen System durch Interaktion und Einflussnahme. Dieser Effekt ist besonders deutlich bei der Integration von Wirtschaft und Bildung. Das System zur Verknüpfung von Wirtschaft und Hochschulbildung kann als komplexes System betrachtet werden, bei dem es sich um zwei Subjekte handelt. Hierbei spielt die Wirtschaft eine führende Rolle bei der Führung und Steuerung, während die Hochschulbildung der Wirtschaft dienen soll. Die angewandten Hochschulen sollen ihren Beitrag zur Modernisierung und Transformation der Wirtschaft leisten. Die Teilsysteme und internen Elemente sollen zusammenwirken und einen verstärkten Effekt auf das Hauptsystem erzielen.

Die Koevolutions-Theorie ist eine neue Theorie, welche die Verbindung zwischen der Entwicklung von Organisationen und der Umwelt untersucht. Es handelt sich um eine Methode, um die Fähigkeiten von Unternehmen bei der Anpassungs- und Überlebensfähigkeit an Veränderungen in der Umgebung zu verbessern. Die Theorie wird im Bereich der Organisationsforschung angewendet und bietet ein neues analytisches Konzept sowie ein Modell der Unternehmensevolution. *Norgaard* wandte das Konzept der Koevolution 1984 erstmals auf den sozioökonomischen Bereich an und argumentierte, dass die Koevolution von sozioökonomischen Systemen hauptsächlich die Korrelation und das Zusammenspiel zwischen Technologie, Wissen, Umwelt und Werten betrifft. Seitdem haben immer mehr Wissenschaftler die Theorie der Koevolution auf den Bereich des Managements übertragen, um die Interaktionen und evolutionären Prozesse zwischen Unternehmen und ihrer Umwelt zu untersuchen. Natürlich hat die gemeinsame Entwicklung von Organisationen eine klare Hierarchie; der Integrationsprozess von Wirtschaft und Hochschulbildung wird von Elementen auf verschiedenen Ebenen vorangetrieben und beeinflusst, was letztendlich zu einem stabileren und geordneteren Systemzustand führt. Die Theorie der synergetischen Entwicklung berücksichtigt nicht nur die Einflüsse der Umwelt auf die Organisation, sondern auch die Fähigkeit der Organisation, Umweltfaktoren zu beeinflussen. Dies ermöglicht eine Analyse der Wechselwirkungen zwischen Organisation und Umwelt.

2.2 Inspiration der Entwicklung von „Hidden Champions" für die Förderung von Professionalisierung, Spezialisierung, Charakterisierung und Innovation

„Made in Germany" steht für hohe Produktionsstandards. Das liegt an den vielen „Hidden Champions": Unternehmen aus deutschen Städten und Dörfern, die in ihrer Branche einzigartig sind und weltweit führend in ihren Nischenbereichen agieren. Für den normalen Verbraucher sind sie jedoch unbekannt. Professionalität, Spezialisierung, Charakter und Innovation – abgekürzt PSCI – sind wichtige Strategien von China, die auf den Erfahrungen deutscher Unternehmen im Bereich der qualitativen Entwicklung beruhen. Diese vier Themen charakterisieren „Hidden Champions" in Deutschland, welche sich durch ihre Professionalität auf ihre Spezialisierung konzentrieren und so die Großindustrie unterstützen. Schließlich erobern sie die Märkte durch Innovationen. Die schnelle Entwicklung von dynamischen, professionellen, spezialisierten, charakteristischen und innovativen PSCI-Unternehmen sowie die Entwicklung eines Systems zur Förderung dieser Art von Unternehmen auf verschiedenen Ebenen sind wichtige Garanten für die Widerstandsfähigkeit der Wirtschaft Chinas. Dadurch entsteht eine vielfältige und diversifizierte Wirtschaftsökologie.

Kleine und mittlere Unternehmen – abgekürzt KMU – müssen in Zukunft Teil der Weltwirtschaftsgemeinschaft werden und einen großen Anteil am globalen Markt erringen, um erfolgreich zu sein. Innerhalb dieser KMU sollen PSCI-Unternehmen eine führende Stellung einnehmen. Parteichef *Jinping Xi* betonte in seinem Glückwunschschreiben zur Nationalen Konferenz über die Entwicklung von PSCI-Unternehmen die Notwendigkeit, sich auf die Förderung von Unternehmensinnovationen zu konzentrieren und das Entstehen von PSCI-Unternehmen zu stimulieren. Viele angewandte Hochschulen arbeiten derzeit mit einer großen Anzahl von KMU zusammen, um Wirtschaft und Hochschulbildung zu integrieren. Es ist ratsam, dass angewandte Hochschulen das Konzept der PSCI übernehmen. Folgende Fragen sollten sie dabei berücksichtigen: Wie können wir uns richtig ausrichten, um uns zu profilieren und in welchem spezialisierten Bereich können wir unsere Alleinstellungsmerkmale hervorheben? Durch eine verstärkte Zusammenarbeit der angewandten Hochschulen mit PSCI-Unternehmen und ihre Unterstützung bei der Entwicklung kann eine qualitativ

hochwertige Entwicklung im Sinne von PSCI erzielt werden. Durch die Verbesserung der Zusammenarbeit zwischen Wirtschaft und Hochschulen wird die
Qualität der Ausbildung gesteigert. Diese Qualitätssteigerung hat großen Einfluss
auf die Anzahl an PSCI-Unternehmen und somit auch darauf, ob „made in China"
global erfolgreich sein wird.

2.3 Allgemeine Verbesserung der Zusammenarbeit von Hochschulen und Unternehmen bei Bildung und Innovation durch Integration von Wirtschaft und Hochschulbildung

Talente sind wichtig für die Entwicklung, denn „Innovationsantrieb ist im
Wesentlichen Talentantrieb". Um die strukturelle Reform der Angebotsseite
von Talenten und Humanressourcen zu fördern, ist es eine dringende Aufgabe, die Integration von Wirtschaft und Hochschulbildung zu vertiefen. Dies
ist eine strategische Initiative des Staates, um die Bildung, die talentorientierte
Entwicklung und industrielle Innovationen voranzutreiben. Um eine gute Entwicklung der angewandten Bachelorausbildung zu fördern, müssen Wirtschaft
und Hochschulbildung systematisch integriert werden. Die Vorteile der Wirtschaft und Unternehmen sollten dabei bestmöglich genutzt werden, um eine
geschlossene „Angebot-Nachfrage-Angebot"-Rückkopplung zu schaffen und die
Nachfrageseite der Unternehmen mit der Angebotsseite der Hochschulen präzise
zu verknüpfen. Zusätzlich ist es wichtig, alle wichtigen Elemente ganzheitlich zu
integrieren. Es ist wichtig, dass die Forschungsfähigkeiten von Hochschulen und
Unternehmen gebündelt werden, um einen neuen Mechanismus zur Förderung
gemeinsamer Innovationen zu schaffen. Damit können allgemeine technische
Schlüsselprobleme der Industrieunternehmen schneller gelöst und eine qualitativ
hochwertige Entwicklung relevanter Industrien gefördert werden. Die Stärkung
der Verbindung zwischen Wirtschaft und Hochschulbildung sowie die Verbesserung der Evaluationsreform sind essenziell für eine umfassende Aufwertung
der Hochschulbildung. Dadurch ergeben sich erweiterte Beschäftigungsmöglichkeiten und Unternehmertumsmöglichkeiten für Studierende, verstärkte Förderung
des wirtschaftlichen und industriellen Wandels sowie Schaffung neuer Anreize
für eine wirtschaftliche Entwicklung in der aktuellen Situation.

Die Entwicklung von Menschen im Zusammenhang mit der Verbindung von
Wirtschaft und Hochschulbildung ist ein umfassendes Projekt, das die Aufgabe ansprechender und vielfältiger macht. Eine gute Bildung erfordert, dass

Unternehmen, Hochschulen, Staat, Industrie und Gesellschaft zusammenarbeiten, um die Fähigkeit der Studierenden zur Wissensproduktion zu verbessern. Dazu müssen Bedürfnisse, Organisationen, Ressourcen und Kulturen integriert werden, damit die Studierenden in der Lage sind, ihre Fähigkeiten durch eine kontinuierliche „Symbiose" zwischen Wirtschaft und Bildung sowie zwischen Unternehmen und Hochschule weiterzuentwickeln. Der Sportunterricht basiert auf dem Konzept „Gesundheit an erster Stelle". Die Qualität des Sportunterrichts hängt von Faktoren wie den Sportlehrern, den Sportstätten, den angebotenen Kursen und den Übungszeiten ab. Studierende sollen durch den Sportunterricht ihre körperliche Gesundheit und Fitness verbessern, ihre Persönlichkeit entwickeln und ihren Willen stärken. Die ästhetische Erziehung kann die Bedeutung allgemeiner ästhetischer Erkenntnisse bezüglich der Verbindung von Wirtschaft und Hochschulbildung, der Schönheitsorientierung im Leben und dem Erhalt der traditionellen Kultur abdecken. Möglicherweise geht es dabei um den Aufbau von Teams, die Entwicklung passender Lehrpläne, die Förderung der ästhetischen und künstlerischen Fähigkeiten der Studierenden sowie die Vermittlung von interkultureller Kommunikation und einer internationalen Perspektive. Insbesondere die Beteiligung der Studierenden an der täglichen Arbeit, der produktionsbezogenen Arbeit und der Dienstleistungsarbeit sollte bei der Förderung der Arbeitsmoral berücksichtigt werden. Die Förderung von Arbeitsethik, Vermittlung beruflicher Fähigkeiten und die Entwicklung des Handwerkergeistes müssen in die wirtschaftliche und akademische Ausbildung integriert werden (Chen und Liu 2019).

3 Wege zu einer durch Integration von Wirtschaft und Hochschulbildung geleiteten, qualitativ hochwertigen Entwicklung der angewandten Hochschulen im Sinne von PSCI

Eine wichtige Aufgabe bei der Entwicklung eines modernen sozialistischen Landes auf allen Ebenen ist die Erreichung einer hohen Qualität in allen Bereichen. Bildung, Wissenschaft sowie Technologie und Talent sind dabei grundlegend und strategisch bedeutsam. Die angewandten Hochschulen haben innerhalb der nächsten fünf Jahre zum Ziel, die Integration von Wirtschaft und Hochschulbildung zu vertiefen. Die Kernbotschaften des 20. Nationalkongresses der KPCh sowie die wichtigen Entscheidungen des Zentralkomitees der KPCh und des Staatsrats bezüglich der Förderung der Entwicklung kleiner und mittlerer Unternehmen, Vertiefung der Wirtschafts-Hochschulbildungs-Integration und Reform der beruflichen Bildung sollten ernsthaft umgesetzt werden. Es ist wichtig, den Entwicklungsansatz im Sinne von PSCI zu verfolgen und mit staatlichen und privatwirtschaftlichen Kräften bei der Förderung von PSCI-Unternehmen zusammenzuarbeiten. Diese Aspekte sollten bei der Bewertung von Hochschulen in Bezug auf eine qualitativ hochwertige Entwicklung berücksichtigt werden. Angewandte Hochschulen sollten neue Wege der Verknüpfung von Wirtschaft und Bildung finden, um eine positive Interaktion zwischen beiden Bereichen zu fördern. So kann ein stabiles und gesundes Gleichgewicht entstehen, welches die Qualität der Bildung, Wirtschaft, Talent- und Innovationsentwicklung verbessert. Dadurch kann eine wichtige Rolle bei der Förderung der wirtschaftlichen und sozialen Entwicklung gespielt werden.

3.1 Optimierung der Integration von Wirtschaft und Hochschulbildung

Einhaltung der Grundsätze der Systematik, Ganzheitlichkeit und Synergie

Dies bedeutet: Die Bildungspolitik der Partei umfassend umsetzen; ein gutes Bildungssystem schaffen und gute Bildungsarbeit leisten, um das Volk zufrieden zu stellen; den Hochschulbetrieb regulieren und die Qualität von Bildung und Unterricht verbessern; die grundlegendste Aufgabe, nämlich die Moral zu pflegen und Menschen zu kultivieren, umsetzen und diese Aufgabe in alle Bereiche der Bildungsreform einbeziehen; ein gut funktionierendes Organisationssystem und institutionelles System aufbauen; einen ganzheitlichen Evaluationsrahmen für die kooperative Ausbildung schaffen. Bei alldem ist immer eine systematische Planung, eine evidenzbasierte Vorgehensweise und eine gezielte Bewältigung von Herausforderungen erforderlich. Durch kluge Systeme und Mechanismen sollen der größtmögliche Synergieeffekt erzielt sowie die Schwächen in der Struktur der Ausbildung behoben werden, um eine sinnvolle Steuerung der Integration von Wirtschaft und Hochschulbildung zu gewährleisten und die Stärke der Industrieunternehmen optimal zu nutzen. So kann eine neue synergetische Entwicklungslandschaft entstehen, in der Staat, Unternehmen, Hochschulen, Wirtschaft und Gesellschaft jeweils Verantwortung für die Ausbildung von Talenten übernehmen und gleichzeitig zusammenarbeiten. Insbesondere entsteht zwischen den Hochschulen und Unternehmen eine Gemeinschaft, in der sie gemeinsam aufbauen, teilen, nutzen und profitieren. Die Bildungsreform soll auf ganzheitliche, vernetzte Weise umgesetzt werden. Besonders wichtig ist dabei die Entwicklung eines Bildungsbewertungssystems, das der Realität Chinas entspricht und internationalen Standards genügt. Zudem müssen wir uns von kurzfristigem Denken und utilitaristischen Tendenzen distanzieren. Wir müssen dafür sorgen, dass die Gesellschaft eine vernünftige Vorstellung von Bildung, Erfolg und Personalauswahl hat. Wir sollten uns auf die Entwicklung der Studierenden konzentrieren und das Bildungssystem erneuern, indem wir an seinen Wurzeln festhalten und der Logik folgen.

Entwicklung einer umfassenden Evaluation, Erneuerung der Evaluationsinstrumente und verbesserte Nutzung der Evaluationsergebnisse

China benötigt hauptsächlich drei Arten von Spitzenkräften, nämlich grundlagenforschungsorientierte, managementorientierte und anwendungsorientierte. Erstere entwickeln revolutionäre, Schlüssel-, Spitzen- und strategisch wichtige Technologien. Bei der zweiten Art von Talenten ist es wichtig, dass sie eine internationale Perspektive und Fähigkeiten haben. Die letzte Art von Talenten soll einen Beitrag im Bereich neuer strategischer Industrien, fortgeschrittener Fertigung, moderner Dienstleistungen und Kultur- und Kreativindustrien leisten. Diese Talente könnten herausragende und spezialisierte Handwerker sein. Angewandte Hochschulen sollten die Bewertung der praktischen Hochschulbildung und Fähigkeit zur Übertragung in den Vordergrund stellen. Es sollte ein Mechanismus etabliert werden, der sicherstellt, dass das Einstellen von Fachkräften an ihrer Moral und Kompetenz ausgerichtet ist. Die von den Hochschulen ausgebildeten Fachkräfte sollten eine korrekte Lebensphilosophie und Wertvorstellungen haben sowie patriotisch sein. Es muss ein Evaluierungssystem eingerichtet werden, das von Staat, Hochschulen, Unternehmen, Wirtschaft und Gesellschaft breit unterstützt wird. Auch ein Monitoringsystem für die Bildungsevaluierung sollte vorhanden sein. Es ist wichtig, vom geschlossenen Entwicklungsmodell und von der Selbstevaluierung umzukehren. Berufsverbände und externe Institutionen sollten ihre Rolle nutzen, um die Auswahl und Beschäftigung von Talenten sinnvoll zu gestalten. Auf der anderen Seite ist es wichtig, das Niveau von wissenschaftlicher und technologischer Innovation zu erhöhen und das Bewusstsein für die Förderung und Anwendung von Forschungsergebnissen zu schärfen. Dabei sollte der Fokus auf der Umsetzung der Ergebnisse in echte Produktivität liegen, um die hochwertige qualitative Entwicklung der regionalen Wirtschaft und Gesellschaft zu fördern. Es ist wichtig, eine positive und umsichtige Herangehensweise zu wählen und die Bewertung des Ergebnisses mit der Bewertung des Prozesses und einer umfassenden Bewertung zu verknüpfen. Die Bewertungsinstrumente müssen erneuert

werden. Dazu sollen Informationstechnologien der neuesten Generation eingesetzt werden, um Datensteuerungsökosysteme aufzubauen und die gemeinsame
Nutzung von Datenressourcen zu fördern. Es ist auch wichtig, ein geeignetes
Datensteuerungsplattformsystem einzurichten, Datennutzungsnormen zu formulieren und die Eigentumsverhältnisse von Datenbeständen zu klären. Um den Wert
von Big Data in Industrie und Bildung zu maximieren, müssen Datensilos effektiv beseitigt und Vernetzung und Interoperabilität zur Qualitätsverbesserung und
Effizienzsteigerung genutzt werden (Han und Liu 2021). Staat, Wirtschaft, Unternehmen, Hochschulen, Gesellschaft und andere wichtige Beteiligte sollten alle am
Bewertungsprozess beteiligt sein. Dabei sollten die Bewertungen aller Elemente
horizontal und vertikal miteinander verbunden werden. Es soll die Umsetzung
der Forschungsergebnisse gefördert werden. Die Bewertung der Ergebnisse soll
eine bedeutende Grundlage für die Leistungsbeurteilung, die Auswahl von Pilotprojekten sowie die Auszeichnung und Belohnung sein. Auf diese Weise kann sie
eine große Rolle bei der Orientierung, Beurteilung, Diagnose, Regulierung und
Verbesserung spielen.

Einführung eines Bewertungsmechanismus, der sich auf Leistung, Entwicklung und Ergebnisse konzentriert

Die Provinz Guangdong hat erklärt, dass die Integration von Wirtschaft und
Hochschulbildung in das Leistungsbewertungssystem der Hochschulen einbezogen wird. Es wird ein statistisches Bewertungssystem für die Integration von
Wirtschaft und Hochschulbildung aufgebaut und eine marktorientierte Bewertung
soll aktiv entwickelt werden. Es ist wichtig, allgemein verständliche Maßnahmen einzuführen, um die Rolle des Marktes bei der Verteilung von Ressourcen
zu fördern. Hierbei sollten alle Marktakteure gehört werden. Auch sollten
Unternehmen, Hochschulen und Industrieverbände bei der Erstellung von Stan-
dardvorgaben zur Verknüpfung von Wirtschaft und Hochschulbildung gemeinsam
handeln. Externe Fachinstitutionen sollen beauftragt werden, um einen Rahmen für Bewertungsschwerpunkte und ein Indikatorensystem wissenschaftlich
zu erforschen und zu entwickeln. Dadurch wird die Präzision und Genauigkeit
der Instrumente verbessert, zudem können die Glaubwürdigkeit sowie Effizienz der Skalen geprüft werden. Durch Untersuchung von ausgewählten Proben
und durch Beobachtung soll eine umfassende und objektive Sammlung von
Informationen erreicht werden, damit die Anzeichen gemessen und die Daten
verglichen werden können. Zusätzlich werden durch Vor-Ort-Untersuchungen
relevante Anzeichen überprüft und bestätigt, um die Genauigkeit, Relevanz und
Fairness der Bewertung weiter zu erhöhen.

3.2 Lehrerentwicklung zur Förderung der Integration von Wirtschaft und Hochschulbildung

Einbeziehung der Lehrerethik in den Prozess der Integration von Wirtschaft und Hochschulbildung

Lehrer sind wichtig für die Bildung; sie müssen Menschen unterrichten und erziehen. Angewandte Hochschulen müssen sich auf Forschung und Erziehung konzentrieren, nicht nur auf Wissensvermittlung. Die Verbesserung der Moral und Ethik von Lehrern ist wichtig und sollte regelmäßig erfolgen, um langfristige Ergebnisse zu erzielen. Die Verwaltung der Lehrer sollte sinnvoll organisiert werden und stringenten Anforderungen standhalten. Es ist wichtig, dass die Institutionen Einfluss nehmen können, um den Berufskodex für Hochschullehrer in der neuen Zeit umzusetzen. Eine sorgfältige Erfüllung der Erziehungs- und Lehrpflichten ist dabei Voraussetzung für eine angemessene Bewertung der Lehrkräfte. Es ist Pflicht der Lehrenden, jede Stunde des Unterrichts ernst zu nehmen und sich um jeden Schüler zu kümmern. Es soll ein System eingerichtet werden, um Fehlverhalten von Lehrern zu melden. Dadurch soll die Ausrichtung an Werten und Qualität gestärkt werden. Außerdem soll das Potenzial der Lehrer, sich der kulturellen Bildung der Schüler zu widmen, ausgeschöpft werden. Die Förderung der Lehrerethik soll auch die Entwicklung der Lehrer insgesamt vorantreiben (Liu 2021). Dies wird Lehrenden eine gute Basis bieten, um Doppelqualifikationen zu erwerben und sich in die Integration von Wirtschaft und Hochschulbildung einzufügen.

Verbesserung der Kriterien für die Anerkennung von Lehrern mit Doppelqualifikation

Die Kriterien und Methoden zur Anerkennung von Lehrkräften mit doppelter Qualifikation, die sowohl eine pädagogische und didaktische Ausbildung als auch praktische Kompetenz besitzen, um für die praktische Anwendung des Unterrichts geeignet zu sein, müssen überarbeitet werden. Die Berücksichtigung der Doppelqualifikation sollte auch in die Bewertung der Lehrkräfte einbezogen werden. Es ist wichtig, dass Lehrkräfte ihre Fähigkeiten verbessern. Dies kann durch die Eröffnung von Schulungseinrichtungen und die Förderung von projekt- und themenbezogener Fortbildung durchgeführt werden. Die Beteiligung der Hochschule, der Wirtschaft und von Unternehmen ist dabei unerlässlich. Zudem sollten angewandte Hochschulen erfahrene Lehrkräfte mit praktischer Erfahrung in der Industrie und Wirtschaft anwerben, um die Lehrerstruktur zu optimieren. Es ist wichtig, einen zweigleisigen Austausch von Personal zwischen Hochschulen und Unternehmen zu fördern. Dabei spielt ein flexibles „Drehtür"-Personalsystem eine große Rolle, um den Wechsel zwischen Unternehmen und Hochschule zu ermöglichen und Nebentätigkeiten zu unterstützen.

Ausbau des Kreises von Gastprofessoren aus der Wirtschaft und Industrie

Zur Vertiefung der Integration von Wirtschaft und Hochschulbildung sollen vermehrt Gastprofessoren aus der Wirtschaft und Industrie beschäftigen werden, damit diese u. a. in die Forschung und Entwicklung, in die Lehre, in die Studiengangentwicklung, in die Entwicklung des Ausbildungskonzeptes, in die Hochschulreform und in die Entwicklung der Lehrmaterialien eingebunden werden. Der Einsatz der Gastprofessoren aus der Wirtschaft und Industrie wird insbesondere die angewandte Forschung und den Transfer sowie die Weiterentwicklung der angewandten Hochschulbildung fördern. Es empfiehlt sich, die Mechanismen zur Auswahl und Einstellung von qualifizierten Experten aus der Wirtschaft und Industrie zu erneuern und weiterzuentwickeln und die Lösung der technischen Schlüsselprobleme von Unternehmen in den Vordergrund der Integration von Wirtschaft und Hochschulbildung zu stellen.

3.3   Die Talentausbildung in den Mittelpunkt stellen

Kompetenzentwicklung von Lehrkräften und Studierenden

Die Entwicklung von unterschiedlichen Kompetenzen eines Menschen kann nicht getrennt und isoliert betrachtet werden, vielmehr ergänzen sich diese und können nur gemeinsam erreicht werden. Bildung sollte im Wesentlichen dazu dienen, das Land und die Gesellschaft mit echten Talenten zu versorgen, die unter den Aspekten von Moral, Intelligenz, körperlicher Fitness, Ästhetik und Arbeitsethik qualifiziert sind. Die Kernaufgabe der Bildung, Menschen zu kultivieren, und das Konzept der ganzheitlichen Bildung unter Beteiligung aller relevanten Akteure sind in die ideologische und politische Bildung, in die Vermittlung des Wissens und der Kultur und in die Praxisbildung zu integrieren. Die Entwicklung der intellektuellen und nicht-intellektuellen Elemente ist als gleichwertig zu betrachten. In der Bildung muss stets die moralische Erziehung vorangestellt und die Kompetenzentwicklung als Schwerpunkt betrachtet werden. Dabei ist auf die ganzheitliche Entwicklung der Studierenden und die Begabung jedes einzelnen Studierenden zu achten. Bildung soll sich an alle wenden und das Wort muss der Tat folgen. Vor diesem Hintergrund ist das System zur Bewertung umfassender Kompetenzen zu verbessern. Lehrende und Studierende sollen feste Ideale

und Überzeugungen haben, patriotische Gefühle besitzen, moralisch einwand-
frei sein, über breites Wissen, eine weite Perspektive und Kampfgeist verfügen.
Im digitalen Zeitalter ist es besonders wichtig, sich darauf zu konzentrieren, ein
gutes Umfeld für die Bildung zu schaffen, gebildete Menschen dazu anzuleiten,
sich dem Hauptkampffeld der Revitalisierung und Entwicklung des Landes anzu-
schließen und sich zu bemühen, die Hauptkraft für Innovation und Entwicklung
zu sein. Die Fähigkeit des lebenslangen Lernens, der Kreativität, des digitalen
Denkens und der praktischen Fähigkeiten sind besonders zu verstärken (Guan und
Huang 2021). Hochschulen sind in der Pflicht, die Versorgung von Wirtschaft und
Industrie mit angewandten, innovativen und interdisziplinär ausgebildeten Talenten zu stärken und Talente auszubilden, die Verantwortung für den nationalen
Aufstieg übernehmen werden.

Hervorhebung der ganzheitlichen Bildung

Zur Intensivierung der Integration von Wirtschaft und Hochschulbildung soll
durch die institutionelle Entwicklung das Bewährte übernommen und Neues entwickelt werden. Zuerst wird die punktuelle Umsetzung erprobt und die Best
Practice flächendeckend erweitert. Bei der curricularen Gestaltung ist auf eine
systemische und interdisziplinäre Entwicklung zu achten. Um eine ganzheitliche
Bildung zu verwirklichen, ist eine Wechselwirkung von drei „Hörsälen" anzustreben. Dabei ist mit dem ersten Hörsaal die Lehre im eigentlichen Hörsaal, mit dem
zweiten Hörsaal die außerhochschulische Bildung und mit dem dritten Hörsaal
die digitale und internetbasierende Bildung gemeint. Erst durch die Zusammen-
wirkung dieser drei „Hörsäle" kann eine alldimensionale Bildung – inner- und
außerhalb des Hörsaals, inner- und außerhalb der Hochschule sowie on- und
offline – verwirklicht werden, so dass die Bildung vertikal, horizontal und zusam-
menhängend stattfindet. Auf diese Weise wird ermöglicht, dass die Lehrinhalte im
Unterricht mit der beruflichen Praxis und der Lehrprozess mit dem Produktions-
prozess verknüpft werden. Gegenwärtig ist das „Zeugnis des zweiten Hörsaals" zu
einer wichtigen Grundlage für die Bewertung der Talentausbildung der Hochschulen, für die Beurteilung der umfassenden Kompetenzen der Studierenden und für
die Auswahl und Einstellung von Absolventen durch die Arbeitgeber geworden.
Die Bildung sollte wieder „lernendenzentriert" werden. Daran orientiert sind die
Aktivitäten hinsichtlich des zweiten „Hörsaals" zu gestalten und entsprechende
Bewertungsmechanismen und Durchführungsmodelle zu entwickeln.

Integration aller Ressourcen für eine kooperative Talentausbildung

Mit der Modernisierung von Wirtschaft und Industrie verändert sich auch die Nachfrage nach Talenten. Um die Talentversorgung der Hochschulen auf die Bedürfnisse von Wirtschaft und Industrie abzustimmen, spielt die kooperative Ausbildung eine immer größere Rolle. Der gesellschaftliche Nutzen der Talentausbildung rückt stärker in den Vordergrund. Das Konzept der kooperativen Talentausbildung erfordert die Integration von Ressourcen innerhalb und außerhalb der Hochschule. Maßnahmen wie der Aufbau von Forschungs- und Bildungsplattformen, die Schaffung eines zweigleisigen Lehrerentwicklungsmechanismus, der interdisziplinäre und interregionale Austausch sowie die Rekrutierung von externen Experten durch die Hochschule können die Zusammenarbeit zwischen Hochschule, Gesellschaft, Wirtschaft und Industrie fördern und die Ressourcen besser integrieren. Dies hat den Vorteil, dass die Talentausbildung der Hochschule in einem gesellschaftsnahen Umfeld stattfindet und die Hochschulen somit besser in der Lage sind, den Studierenden soziale Ethik und ein Bewusstsein zu vermitteln, ein Teil der Gesellschaft zu sein.

3.4   Wissens- und Forschungsergebnistransfer als Orientierung

Schaffung eines ökologischen Umfelds für Forschung, Transfer und Innovation

Die Menschheit ist in die vierte industrielle Revolution eingetreten, die durch das Internet, das Internet der Dinge, Big Data, Cloud Computing und künstliche Intelligenz repräsentiert wird. Das intelligente Zeitalter der Vernetzung der Dinge ist angebrochen (Guan und Huang 2021). Auf der Grundlage des externen Effekts der Vernetzung sind die Beherrschung des Nutzens für die Nutzer und der alternative Wettbewerb zu den grundlegenden Triebkräften für Veränderungen im Management von Organisationen geworden. Daher müssen die Hochschulen für angewandte Wissenschaften die gesamte Kette der wissenschaftlichen und technologischen Innovation – einschließlich wissenschaftlicher Entdeckungen, technologischer Erfindungen, industrieller Entwicklung, Talentförderung und ökologischer Optimierung – aufbauen und ein hocheffizientes und vollständiges System zur Umwandlung wissenschaftlicher und technologischer Errungenschaften im Einklang mit den Gesetzen der Entwicklung wissenschaftlicher und technologischer Innovationen schaffen. PSCI-Unternehmen sollten ihre Rolle bei der Förderung der optimalen Zuweisung von Bildungsressourcen spielen und sich für eine intensive Zusammenarbeit zwischen Hochschulen für angewandte Wissenschaften und Unternehmen, wissenschaftlichen Forschungsinstituten und anderen Organisationen einsetzen. Beispielsweise können gemeinsame Laboratorien, Forschungsinstitute von Unternehmen, Technologietransfer-Agenturen und Allianzen für technologische Innovation oder Allianzen für geistige Eigentumsrechte gegründet werden. Marktmechanismen können auch genutzt werden, um Spitzentechnologien und hochwertige Ressourcen zu integrieren, um Spitzentechnologien und hochwertige Ressourcen zu integrieren, um gemeinsam Forschung und Entwicklung durchzuführen, um die Anwendung von Forschungsergebnissen zu fördern und um Standards zu entwickeln.

Einrichtung und Entwicklung eines soliden Mechanismus für Transfer

Das Wissen und die Kräfte aller müssen gebündelt werden, damit die angewandten Hochschulen wirklich zu einer wichtigen Quelle für die Katalyse des industriellen und technologischen Wandels und für die Beschleunigung des Innovationsprozesses werden können. Zur Verbesserung der Mechanismen für die Umsetzung wissenschaftlicher Forschungsergebnisse werden folgende Maßnahmen empfohlen: Aufbau eines vernetzten Innovationssystems für wissenschaftliche Forschung, Technologie, Patente und Normen; Umsetzung einer marktorientierten, tiefgreifenden Integration von Wirtschaft, Hochschulbildung und Forschung; Berücksichtigung der wissenschaftlichen Verbundforschung und der Verbundforschung in Schlüsselbereichen der industriellen Kette und Berücksichtigung des tatsächlichen Beitrags zur lokalen wirtschaftlichen und sozialen Entwicklung und zu Industrieunternehmen als wichtige Überlegung; Umsetzung der Methode zur Klassifizierung wissenschaftlicher Forschung für Evaluierungszwecke; weitere Stärkung der Prozessevaluierung mit Schwerpunkt auf der Evaluierung des akademischen Beitrags, des Beitrags zur Gesellschaft und der Unterstützung der Talentförderung; Ermöglichung, dass Projekte zur Umsetzung wissenschaftlicher und technologischer Forschungsergebnisse bei der Evaluierung von Lehrkräften an die Stelle staatlich finanzierter Projekte treten; Schutz der Rechte an geistigem Eigentum im Prozess der Normung stärken und die Industrialisierung und Anwendung innovativer Forschungsergebnisse fördern; bei der Berechnung der Statistiken über wissenschaftliche Forschungsleistungen den Schwerpunkt auf die Beiträge zur Förderung von kleinen, mittleren und Kleinstunternehmen sowie zur regionalen wirtschaftlichen und sozialen Entwicklung legen.

Herausbildung einer Transferkette

Angewandte Hochschulen sollten Industrieunternehmen einladen, sich an der Entwicklung von Programmen für den Transfer von Forschungsergebnissen zu beteiligen. Die tatsächlichen Bedürfnisse der Unternehmen an vorderster Front von Produktion, Betrieb und Management sollten als wichtige Quelle für Forschungsthemen genutzt werden. Darüber hinaus sollten angewandte Hochschulen die Einführung eines Leistungspunktesystems prüfen, das die Anerkennung, Akkumulierung und Umwandlung verschiedener Formen von Lernleistungen fördert, die Verbindung und Interoperabilität zwischen der Ausbildung auf dem Campus und außerhalb des Campus sowie zwischen akademischer und nicht-akademischer Ausbildung herstellt und das lebenslange Lernen und die Entwicklung von Talenten auf verschiedenen Wegen fördert. Steuerungsfonds, wie z. B. industrielle Investitionsfonds und Fonds für Innovation und Unternehmertum, sollten effektiv genutzt werden, um die Vermarktung von Innovationserfolgen und Kerntechnologien der angewandten Hochschulen zu unterstützen, die Beteiligung kleiner und mittlerer Unternehmen an wissenschaftlichen und technologischen Inkubatoren zu fördern, Forschung und Entwicklung sowie Innovation und Erfindungen zu unterstützen und hochwertige geistige Eigentumsrechte zu fördern. Schließlich müssen die angewandten Hochschulen ein Bewertungssystem für die Nutzung der Forschungsergebnisse entwickeln; der Transfererfolg sollte ein wichtiger Bestandteil bei der Bewertung von Forschungsprojekten und Talenten sein.

3.5 Funktion von angewandten Hochschulen, Plattformen und Projekten

Funktion der angewandten Hochschulen für die Integration von Wirtschaft und Hochschulbildung

Um die Integration von Wirtschaft und Hochschulbildung zu intensivieren, sollten die Hochschulen für angewandte Wissenschaften eine neue Entwicklungsstufe erreichen, das neue Entwicklungskonzept umsetzen, ein neues Entwicklungsmodell aufbauen, die Transformation und Entwicklung beschleunigen und sich an die regionale Wirtschaftsentwicklung anpassen. Sie sollten die Initiative ergreifen, um eine engere Partnerschaft mit den lokalen Regierungen, der Wirtschaft und den Unternehmen aufzubauen und ein gut funktionierendes System für die Ausbildung anwendungsorientierter Talente zu schaffen. Die Hochschulen für angewandte Wissenschaften müssen sich auch an die Entwicklungserfordernisse neuer Technologien, neuer Industrien, neuer Geschäftsformen und neuer Modelle anpassen und die Integration von Wirtschaft und Hochschulbildung sowie die

Zusammenarbeit zwischen Hochschulen und Unternehmen auf allen Ebenen und in allen Aspekten des Hochschulbetriebs und -managements umsetzen. Der Schlüssel liegt in der Verwirklichung von „echter Integration" und „echter Zusammenarbeit" und in der tatsächlichen Etablierung eines Modells der integrierten und positiven Interaktion zwischen Wirtschaft und Hochschulbildung, in der Nähe der Hochschulen zu den Bedürfnissen der Region und Industrien und in ihrer Fähigkeit, echte Probleme zu lösen und einen echten Beitrag zur wirtschaftlichen und sozialen Entwicklung der Regionen und zur Verbesserung des Wohlergehens der Menschen zu leisten.

Funktion der Plattformen für die Integration von Wirtschaft und Hochschulbildung

Die Integration von Wirtschaft und Hochschulbildung ist untrennbar mit der Schaffung von Unterstützungsplattformen verbunden. Die angewandten Hochschulen sollten die Einrichtung von wirtschaftsnahen Fakultäten sowie von Praktikums- und Ausbildungszentren in Unternehmen fördern. Der Aufbau moderner wirtschaftsnaher Fakultäten ist eine wichtige Unterstützung für die Förderung der Entwicklung neuer ingenieurwissenschaftlicher Disziplinen, neuer landwirtschaftlicher Disziplinen, neuer medizinischer Disziplinen und neuer geisteswissenschaftlicher Disziplinen. Basierend auf den Prinzipien der Bildungszentrierung, der Förderung der wirtschaftlichen Entwicklung, des gemeinsamen Aufbaus und des gemeinsamen Managements kann die wirtschaftsnahe Fakultät als eine physische Bildungsplattform mit gegenseitigem Nutzen, Interaktion und einer Win-Win-Situation für viele Parteien aufgebaut werden, um die Verbindung und innovative Entwicklung von regionaler Bildung und Industrie zu realisieren. Auf der anderen Seite können angewandte Hochschulen mit Unternehmen in Industrieparks Weiterbildungszentren einrichten, mit Unternehmen bei der Ausbildung ihrer Mitarbeiter zusammenarbeiten und gemeinsam ein System des lebenslangen Lernens und der Weiterbildung der Mitarbeiter aufbauen. Darüber hinaus können Hochschulen, Industrieunternehmen und Forschungseinrichtungen soziale Organisationen gründen, die sich an der Integration von Industrie und Bildung beteiligen und ihr dienen, ihre Rolle als Brücke und Bindeglied in vollem Umfang wahrnehmen, Prognosen zum Talentbedarf erstellen und die Zusammenarbeit und Kooperation zwischen Regierung, Hochschulen, Unternehmen und Industrie fördern. Durch die Integration von Wirtschaft und Hochschulbildung wird eine umfassende Plattform für Informationsdienste geschaffen, die Informationen über Angebot und Nachfrage von Talenten, über die Zusammenarbeit zwischen Hochschulen und Unternehmen, über technologische Forschung und Entwicklung sowie über Projektdienste sammelt und den Beteiligten Dienste für die Verbreitung von Informationen, die Suche nach Ressourcen, die Empfehlung von Talenten und die Erweiterung ihrer Aktivitäten bietet.

Schaffung von Projekten für die Integration von Wirtschaft und Hochschulbildung

Mit Blick auf den technologischen Wandel und die Optimierung und Modernisierung der Industrie können die angewandten Hochschulen die Initiative ergreifen und die Industrie und die Unternehmen einladen, sich an der Ausarbeitung von Plänen für die Studiengangsentwicklung, an Programmen für die Ausbildung von Talenten und an der Entwicklung von Standardsystemen für die Kompetenzbewertung zu beteiligen und die Zusammenarbeit zwischen Hochschulen und Unternehmen in allen Facetten zu fördern. Weitere Projekte im Sinne der engen Zusammenarbeit zwischen Hochschulen und Unternehmen könnten z. B. der gemeinsame Aufbau von intelligenten Lernwerkstätten, Technologiezentren, technologischen Innovationsplattformen, Schlüssellaboren, Post-Doc-Forschungsstationen sowie Praktikums- und Praxistrainingszentren sein. Durch die Förderung und Entwicklung der beispielhaft genannten Projekte werden wirksame Verbindungen zwischen Studierenden, Hochschulen, Arbeitgebern und der Gesellschaft geschaffen, um die Integration von Wirtschaft und Hochschulbildung zu fördern und zu vertiefen.

Literatur

Carraquico T, Matos F (2019) Science-with-business: Improving innovation and competitiveness in SMEs. In Proceedings of the 20th European conference on knowledge management (ECKM 2019), academic conferences and publishing international limited, S 1173–1181

Chen J, Liu X (2019) Erforschung der politischen Bildung an Hochschulen aus der Perspektive der Integration von Wirtschaft und Hochschulbildung. Res Polit Educ (sixiang zhengzhi jiaoyu yanjiu) 3:102–105

Fischer BB, Schaeffer PR, Onortas NS (2018) Quality comes first: university-industry collaboration as a source of academic entrepreneurship in a developing country. J Technol Transf 43(2):263–284

Guan C, Huang R (2021) Im Zeitalter der Künstlichen Intelligenz: Bildung. Bildungswissenschaftlicher Verlag (kexue jiaoyu chubanshe), Technologie und soziale Entwicklung

Han X, Liu Z (2021) Die Rolle und Mechanismen des Aufbaus eines internen Antriebs für das System der politischen Bildungsarbeit. Stud Ideol Educ (sixiang jiaoyu yanjiu) 12:139–144

Li Z (2018) Integration von Wirtschaft und Hochschulbildung in der beruflichen Bildung: Hindernisse und ihre Lösung. Chin High Educ Res (Zhongguo gaojiao yanjiu) 9:87–92

Liu Z (2021) Die Reform der Bewertung der Hochschulbildung zielt darauf ab, die Belastung zu reduzieren und die Effizienz zu steigern. China High Educ (Zhongguo gaodeng jiaoyu) 22:28–29

Das neue Bayerische Hochschulinnovationsgesetz – eine Blaupause für eine moderne anwendungs- und transferorientierte Hochschulgesetzgebung?

Hendrik Lackner

1   Einleitung

Bayern zählt seit Jahrzehnten zu den besonders leistungsstarken Bundesländern in Deutschland. Das gilt nicht nur für die Wirtschaft – zahlreiche international agierende Industrie- und Technologiekonzerne wie Audi, BMW und Siemens haben ihren Sitz in Bayern –, und den Fußball – der Münchener Bundesliga-Verein FC Bayern München hat seit dem Jahr 2012 ununterbrochen die Deutsche Meisterschaft gewonnen –, sondern auch und vor allem für den Bildungs- und Wissenschaftsbereich. Die bayerische Hochschul- und Wissenschaftslandschaft gehört zu den dynamischsten und forschungsstärksten Wissenschafts-Ökosystemen der Welt. Im aktuellen Times Higher Education World University Ranking 2023 stehen die Technische Universität München (TUM) und die Ludwig-Maximilians-Universität München (LMU) mit den Rangplätzen 30 bzw. 33 mit deutlichem Abstand an der Spitze aller deutschen Universitäten.[1] Auch im Academic Ranking of World Universities 2022 der Shanghai Jiao Tong University führen die TUM (Platz 56) und die LMU (Platz 57) mit großem Abstand vor der deutschen Konkurrenz – erst auf Platz 70 folgt die Universität Heidelberg.[2] TUM und LMU

H. Lackner (✉)
Hochschule OsnabrückFakultät WiSo, Osnabrück, Deutschland
E-Mail: h.lackner@hs-osnabrueck.de

[1] www.timeshighereducation.com/world-university-rankings/2023/world-ranking. Zugegriffen: 8. Februar 2023.

[2] www.shanghairanking.com/rankings/arwu/2022. Zugegriffen: 8. Februar 2023.

© Der/die Autor(en), exklusiv lizenziert an Springer Fachmedien Wiesbaden GmbH, ein Teil von Springer Nature 2024
J. Cai et al. (Hrsg.), *Jahrbuch Angewandte Hochschulbildung 2022*,
https://doi.org/10.1007/978-3-658-43417-5_10

gehören zudem zu den im Rahmen der deutschen Exzellenzstrategie geförderten Exzellenzuniversitäten.[3]

Bereits mit der – in Deutschland außerordentlich selten gewordenen – Neugründung einer staatlichen Hochschule (Lackner 2020a), nämlich der Technischen Universität Nürnberg (TUN)[4] hat das Bundesland Bayern im Dezember 2020 für einen wissenschaftspolitischen Paukenschlag und neidische Blicke gesorgt. Befreit vom Ballast komplexer, über Jahrzehnte gewachsener Hochschulstrukturen mit all ihrem bürokratischen Beharrungsvermögen, soll die TUN von einem innovativen Neustartmodell profitieren. Der Wissenschaftsrat hat die konzeptionelle Ausrichtung und Zielsetzung der TUN, sich zu einer regional verankerten, international ausgerichteten, transfer- und forschungsstarken Technologie- und Netzwerkuniversität mit überwiegend englischsprachigen Studiengängen zu entwickeln, ausdrücklich als „modellhaft" bezeichnet (Wissenschaftsrat 2020, S. 13). Modellhaft erscheint insbesondere das pointiert anwendungsorientierte, auf gesellschaftlichen Nutzen zielende Profil der TUN, nämlich ihr Kernauftrag, substanzielle Beiträge zur Lösung großer gesellschaftlicher Herausforderungen zu entwickeln. Grundlage hierfür ist eine vom klassischen universitären Organisationsmodell der Fakultät losgelöste Departmentstruktur mit insgesamt sechs Departments – Mechatronic Engineering, Quantum Engineering, Biological Engineering, Computer Science & Engineering, Humanities & Social Sciences sowie Natural Sciences & Mathematics –, die sich im Sinne einer Matrixstruktur mit den sieben überlagernden Aktivitätsfeldern Biosystems, Autonomous Systems, Advanced Computing Technologies, Future Labor & Value Creation, Urban Infrastructure & Living, Health Care sowie Civil Security befassen.

Während das Modell der anwendungsorientierten Hochschulbildung für den Fachhochschulsektor in Deutschland allgemein konsentiert und als zukunftsweisendes Konzept gepriesen wird (Lackner 2019a), wird für den Universitätssektor teilweise noch idealtypisch am Modell zweckfreier Wissenschaften festgehalten – universitäre Forschung sei danach ganz selbstverständlich (nur) zweckfreie Grundlagenforschung. Kritisiert wird die stärkere Ausrichtung von Studiengängen an den Bedürfnissen des Arbeitsmarktes (employability) sowie eine angeblich übermäßig starke Ökonomisierung und Kommerzialisierung der Hochschulbildung, die neben der Grundlagenforschung auch den konkreten Nutzen, den Transfer, die Entwicklung neuer Produkte sowie innovativer bzw. disruptiver

---

[3] www.bmbf.de/bmbf/de/forschung/das-wissenschaftssystem/die-exzellenzstrategie/die-exzellenzstrategie.html. Zugegriffen: 8. Februar 2023.

[4] Gesetz zur Errichtung der Technischen Universität Nürnberg (TU Nürnberg-Gesetz – TNG) vom 9. Dezember 2020, GVBl. S. 638.

Geschäftsmodelle im Blick habe (siehe mit weiteren Nachweisen Lackner 2019b) bzw. stärker in den Mittelpunkt stelle (Kirchner 2021; Gimmel 2021). Es überrascht deshalb nicht, dass die Neugründung der TUN politisch außerordentlich umstritten war. Mit dem Gründungskonzept der TUN wurden nämlich anwendungs- und transferbezogene Lehre sowie angewandte, konkreten Nutzen stiftende Forschung in einer Deutlichkeit zur zentralen DNA einer staatlichen Universität erklärt, wie man es vorher nur von den Fachhochschulen kannte (Lackner 2019c). Mit dem Gründungskonzept der TUN hat das Bundesland Bayern mit der schon lange nicht mehr zeitgemäßen Annahme gebrochen, wonach das Modell der anwendungsorientierten Hochschulbildung für Universitäten keine Relevanz beanspruche, sondern quasi ein Monopol der Fachhochschulen sei (Lackner 2022a). Bayern hat mit der Neugründung der TUN und den an diese gerichteten gesellschaftlichen Relevanzerwartungen ein wissenschaftspolitisches Bekenntnis zum Ausdruck gebracht, das im wissenschaftspolitischen Diskurs in Deutschland zum Teil noch immer vehemente Abwehrreflexe auslöst, die gelegentlich an hochschulpolitische Diskussionen der 1960er Jahre erinnern. Dieses moderne und entwicklungsoffene Bekenntnis des bayerischen Hochschulgesetzgebers wird vom Wissenschaftsrat ausdrücklich geteilt. Der Wissenschaftsrat hat eine nachhaltige Stärkung der Anwendungsorientierung in der Forschung in einem Positionspapier aus dem Jahr 2020 dringend angemahnt und einem binären, dichotomatischen Begriffsverständnis von Forschung dergestalt, dass sich Universitäten mit Grundlagenforschung, Fachhochschulen dagegen mit angewandter Forschung befassen, eine klare Absage erteilt. Die Forschungswirklichkeit zeichne sich, so der Wissenschaftsrat, vielmehr durch wechselseitige Überlagerungen, Wechselwirkungen und Schnittmengen von Grundlagen- und angewandter Forschung aus. Beide Forschungspole bildeten ein aufeinander bezogenes, sich wechselseitig befruchtendes Kontinuum (Wissenschaftsrat 2020). In Zeiten einer veränderten wissenschaftspolitischen Weltkarte sei es sogar dringend geboten, gesellschaftliche Relevanzerwartungen, gesellschaftlichen Impact, Nützlichkeit und Verwertbarkeit von mit Steuern finanzierter Forschung viel stärker zu adressieren.

Der „Bayerische Weg" unterscheidet sich in seiner programmatischen und strategischen Ausrichtung und Prägnanz sowie der damit verbundenen Ressourcenausstattung deutlich von den Ansätzen aller anderen deutschen Bundesländer. Die „Einzigartigkeit" des bayerischen Weges in der Wissenschaftspolitik, von welcher der Bayerische Staatsminister für Wissenschaft und Kunst *Markus Blume*

im Rahmen der Gesetzesberatungen zum BayHIG am 11. Mai 2022 selbstbe-
wusst im Bayerischen Landtag sprach,[5] war durch die Neugründung der TUN
bereits – pars pro toto – vorgezeichnet. Diesen mit der Neugründung der Technischen Universität Nürnberg eingeschlagenen Weg einer Stärkung und Aufwertung
der Anwendungs-, Praxis-, Technologie- und Transferorientierung verbunden mit
einem durch Agilität, Autonomie und Freiheitlichkeit geprägten Hochschulver-
ständnis hat Bayern mit dem neuen Bayerischen Hochschulinnovationsgesetz
nun konsequent fortgesetzt und für das gesamte bayerische Hochschulsystem
fruchtbar gemacht.

Aus dieser besonderen Perspektive der Anwendungs-, Praxis-, Technologie-
und Transferorientierung wird das BayHIG nachfolgend näher beleuchtet.
Zunächst wird mit der Hightech Agenda Bayern, deren Grundzüge Ministerpräsident *Markus Söder* am 10. Oktober 2019 in einer Regierungserklärung
im Bayerischen Landtag vorgestellt hat,[6] der strategische Entwicklungsrahmen
für die Novellierung des Hochschulrechts skizziert (nachfolgend 2.). Sodann
werden in der gebotenen Kürze wesentliche Stationen des Gesetzgebungsverfahrens rekapituliert (nachfolgend 3.). Im Mittelpunkt des Beitrages stehen die
inhaltlichen Reformschwerpunkte des BayHIG, soweit sie aus dem Blickwinkel der Anwendungs-, Praxis-, Technologie- und Transferorientierung relevant
sind (nachfolgend 4.). Der Beitrag schließt mit einer kritischen Würdigung
(nachfolgend 5.).

2   Hightech Agenda Bayern

Die Hightech Agenda Bayern, die als übergreifende politische Strategie zu den
zentralen Regierungsvorhaben der Bayerischen Landesregierung gehören dürfte,
beinhaltet eine umfassende Technologie- und Forschungsoffensive für das bayerische Hochschul- und Wissenschaftssystem. Sie ist mit einem Investitionsvolumen
von mittlerweile 3,5 Mrd. EUR ausgestattet und sieht 1000 neue Professo-
renstellen sowie mittlerweile rund 13.000 neue Studienplätze an bayerischen
Hochschulen vor.[7] Ein besonderer Schwerpunkt der Hightech Agenda Bayern
ist – neben einem Bauinvestitionsprogramm für Wissenschafts- und Forschungseinrichtungen sowie einer umfassenden Hochschulrechtsreform – die Förderung

---

[5] Bayerischer Landtag, Plenarprotokoll 18/114 vom 11. Mai 2022, S. 15.673.

[6] Bayerischer Landtag, Plenarprotokoll 18/28 vom 10. Oktober 2019, S. 3317.

[7] Bayerisches Staatsministerium für Wissenschaft und Kunst, www.stmwk.bayern.de/wissen
schaftler/hightech-agenda-bayern.html. Zugegriffen: 8. Februar 2023.

von Künstlicher Intelligenz und SuperTech. Ministerpräsident *Söder* nahm in diesem Kontext gleich zu Beginn seiner mit „Forschung und Innovation" betitelten Regierungserklärung vom 10. Oktober 2019 ausdrücklich auf China Bezug. China habe sich – wie auch viele andere Staaten – zu einer massiven finanziellen Förderung der Künstlichen Intelligenz entschieden. Deutschland müsse sich im Wettbewerb um die klügsten Köpfe und um technologische Dominanz deshalb viel stärker engagieren, wenn es nicht den Anschluss verlieren wolle.[8]

Die Novellierung des bayerischen Hochschulrechts war also von Anfang an als elementarer Grundpfeiler und zentrales Gesetzesvorhaben in die Hightech Agenda Bayern eingebettet; sie bildet ihren gesetzlichen Rahmen.[9]

3   Gesetzgebungsverfahren

Das Bayerische Hochschulinnovationsgesetz ist die erste umfassende Hochschulrechtsreform in Bayern seit dem Jahr 2006. Als „längst überfällige Hochschulreform" und „Herzstück" der Hightech Agenda Bayern wurde die umfassende Modernisierung des bayerischen Hochschulrechts durch Ministerpräsident *Söder* in seiner Regierungserklärung vom 10. Oktober 2019 im Landtag angekündigt.[10] Konkret angestoßen wurde das – weitgehend durch die Corona-Pandemie überlagerte – Gesetzgebungsverfahren durch eine erste Expertenanhörung im Bayerischen Landtag 14. Oktober 2020 sowie die Veröffentlichung eines Eckpunktepapiers zur geplanten Hochschulrechtsreform am 20. Oktober 2020 durch das Ministerium für Wissenschaft und Kunst – damals noch unter Staatsminister *Bernd Sibler.* Am 18. Mai 2021 billigte der Ministerrat – das bayerische Kabinett – den Gesetzentwurf vorläufig gemäß § 15 Abs. 7 Satz 1 der Geschäftsordnung der Bayerischen Staatsregierung. Kurz darauf fanden am 11./12. Juni 2021 eine zweite Expertenanhörung im Landtag sowie am 29. Juni 2021 die Verbandsanhörung statt.

Der gegenüber der Entwurfsfassung vom 18. Mai 2021 auf Geheiß des neuen Staatsministers *Markus Blume* grundlegend überarbeitete und mit Blick auf den politisch hoch umstrittenen Bereich der Hochschulgovernance entschärfte Gesetzentwurf der Staatsregierung[11] vom 4. Mai 2022 wurde am 11. Mai 2002 (erste

---

[8] Bayerischer Landtag, Plenarprotokoll 18/28 vom 10. Oktober 2019, S. 3317.
[9] *Blume,* Bayerischer Landtag, Plenarprotokoll 18/114 vom 11. Mai 2022, S. 15.673.
[10] Bayerischer Landtag, Plenarprotokoll 18/28 vom 10. Oktober 2019, S. 3324.
[11] LT-Drs. 18/22504 vom 4. Mai 2022.

Lesung)[12] sowie am 21. Juli 2022 (zweite und dritte Lesung)[13] im Plenum des Bayerischen Landtags beraten und mit den Stimmen der Faktionen der CSU und der FREIEN WÄHLER beschlossen. Gegen den Gesetzentwurf stimmten die Fraktionen BÜNDNIS 90/DIE GRÜNEN, SPD und AfD. Die FDP-Fraktion enthielt sich der Stimme.

4 Inhaltliche Reformschwerpunkte

Das 132 Artikel umfassende Bayerische Hochschulinnovationsgesetz, das am 1. Januar 2023 in Kraft getreten ist, führt mit dem Bayerischen Hochschulgesetz und dem Bayerischen Hochschulpersonalgesetz zwei bislang separat nebeneinanderstehende Vorschriften in einem konsolidierten Gesetzeswerk zusammen. Nachfolgend sollen diejenigen inhaltlichen Reformschwerpunkte, die aus dem Blickwinkel der Anwendungs-, Praxis-, Technologie- und Transferorientierung von besonderem Interesse sind, näher beleuchtet werden:

4.1 Programmatische Leitplanken des BayHIG

Ordnungspolitisch verfolgt das neue Bayerische Hochschulinnovationsgesetz einen freiheitlichen, liberalen Steuerungsansatz und bekräftigt sein Grundvertrauen in die Hochschulautonomie. Ministerpräsident *Söder* brachte das auf die Kurzformel: „Mehr Freiheit an der Hochschule wagen".[14] Demgemäß beschränkt sich der Staat auf staatliche Makro- statt Mikrosteuerung und konzentriert sich statt ministeriellem Feintuning auf die großen strategischen Linien und Leitplanken, innerhalb derer sich die Hochschulen je nach Ausgestaltung ihres Hochschulprofils entwickeln können: Betont und eingefordert werden mehr Agilität, mehr Exzellenz und mehr Innovationen. Das gilt insbesondere für den Bereich der Spitzentechnologie.[15]

---

[12] Bayerischer Landtag, Plenarprotokoll 18/114 vom 11. Mai 2022, S. 15.672 ff.

[13] Bayerischer Landtag, Plenarprotokoll 18/122 vom 21. Juli 2022, S. 16.811 ff.

[14] Bayerischer Landtag, Plenarprotokoll 18/28 vom 10. Oktober 2019, S. 3324.

[15] LT-Drs. 18/22504 vom 4. Mai 2022, S. 1.

4.2 Hochschultypenübergreifende Stärkung der anwendungsbezogenen Forschung

Vor allem die anwendungsbezogene Forschung hat durch das Bayerische Hochschulinnovationsgesetz hochschultypenübergreifend an Relevanz gewonnen. Während die angewandte Forschung – mancherorts als eine Art „Forschung zweiter Klasse" betrachtet – bislang nur für die Fachhochschulen vorgesehen war, heißt es in der Aufgabenbeschreibung der Universitäten in Art. 3 Abs. 1 Satz 1 BayHIG nun ausdrücklich, dass den Universitäten die Pflege und Weiterentwicklung der Wissenschaften „durch Grundlagenforschung und anwendungsbezogene Forschung" obliegt. Damit wird erstmals in einem deutschen Landeshochschulgesetz die angewandte Forschung expressis verbis als Pflichtaufgabe der Universitäten verankert – eine kleine Revolution. Auch der Forschungsauftrag der Hochschulen für angewandte Wissenschaften wurde weiter geschärft. So heißt es Art. 3 Abs. 2 Satz 2 BayHIG, dass die Hochschulen für angewandte Wissenschaften anwendungsbezogene Forschung und Entwicklung betreiben. Diese kann als eigenständige Hochschulaufgabe nunmehr auch losgelöst von der Lehre durchgeführt werden, was nach alter Rechtslage nicht möglich war. Diese formale Aufwertung des Forschungsauftrages der Fachhochschulen geht allerdings nicht – was konsequent gewesen wäre – mit einer Verringerung des hohen Lehrdeputats der Fachhochschulprofessoren einher (Lackner 2018). Im Gegenteil stellt Art. 59 Abs. 1 Satz 3 BayHIG ausdrücklich klar, dass Forschung an Fachhochschulen erst nach vollständiger Erfüllung der individuellen Lehrverpflichtung Dienstaufgabe ist. Die anwendungsbezogene Lehre bildet nach Art. 59 Abs. 1 S. 2 BayHIG gegenüber der anwendungsbezogenen Forschung den Aufgabenschwerpunkt.[16] Damit bleibt es auch in Bayern beim Leitbild des überwiegend lehrenden Fachhochschulprofessors (Lackner 2019d, 2020b).

4.3 Stärkung des Technologietransfers und Ausbau der Gründerförderung

Die Bedeutung des Technologietransfers an bayerischen Hochschulen wird durch das neue BayHIG deutlich steigen. So verpflichtet die allgemeine Aufgabenbeschreibung in Art. 2 Abs. 2 Satz 3 BayHIG nunmehr sämtliche Hochschulen zur aktiven Förderung des Wissens- und Technologietransfers. Hierzu zählt

---

[16] LT-Drs. 18/22504 vom 4. Mai 2022, S. 95.

ausdrücklich die Förderung von Unternehmensgründungen. Eine gesetzliche Konkretisierung findet sich in Art. 17 BayHIG. Danach fördern die Hochschulen den Wissens- und Technologietransfer, insbesondere die Gründung innovativer Unternehmen durch geeignete Maßnahmen und Einrichtungen – hierzu zählen ausweislich der Gesetzesbegründung ausdrücklich hochschuleigene Inkubatoren und Gründerzentren. Angestrebt werden eine neue Gründerzeit an den Hochschulen und ein „inkubatorischer Geist".[17] Für die Förderung von Unternehmensgründungen von Studierenden, Personal, Absolventen oder ehemaligen Beschäftigten sollen die Hochschulen im Rahmen der Ressourcen Räume, Labore, Geräte sowie weitere für das Gründungsvorhaben geeignete Infrastruktur für einen angemessenen Zeitraum kostenfrei oder vergünstigt bereitstellen.

4.4   Gründungsfreisemester für Professoren

Schon bislang bestand die Möglichkeit für Professoren, ein klassisches Forschungssemester zu beantragen oder – speziell für Fachhochschulprofessoren – für ein Semester für eine praxisbezogene Tätigkeit – etwa in einem Unternehmen – von der Lehre befreit zu werden, Art. 11 Bayerisches Hochschulpersonalgesetz. Außerordentlich innovativ und in dieser Ausgestaltung bundesweit einzigartig ist die neue Regelung zum „Gründungsfreisemester" für Professoren in Art. 61 Abs. 2 BayHIG. Danach kann einem Professor eine Freistellung unter Belassung der Dienstbezüge im Umfang von in der Regel zwei Semestern auch für wirtschaftliche Tätigkeiten einschließlich Unternehmensgründungen gewährt werden, die mit Aufgaben der jeweiligen Hochschule in den Bereichen Forschung sowie Wissens- und Technologietransfer zusammenhängen (Gründungsfreisemester). Damit wird ein massiver Anreiz für Professoren geschaffen, sich als Unternehmensgründer zu engagieren.

4.5   Promotionsrecht für Hochschulen für angewandte Wissenschaften

Über ein Promotionsrecht für Hochschulen für angewandte Wissenschaften wird in Deutschland seit vielen Jahren heftig gestritten (Pautsch 2019). Es kann nicht überraschen, dass die deutschen Universitäten ihr über mehrere Jahrhunderte bestehendes Promotionsmonopol mit besonderer Inbrunst verteidigen und in

---

[17] LT-Drs. 18/22504 vom 4. Mai 2022, S. 106.

der Verleihung eines eigenständigen Promotionsrechts an Fachhochschulen eine Abwertung der Promotion sowie eine Schwächung des Wissenschaftsstandorts Deutschlands sehen. Gleichwohl ist das Promotionsrecht für Fachhochschulen wissenschaftspolitisch nach einer wegweisenden Entscheidung des Bundesverfassungsgerichts aus dem Jahr 2010, in welcher das Gericht den Fachhochschulen ausdrücklich den Charakter wissenschaftlicher Hochschulen zubilligte sowie Fachhochschulprofessoren unter den Schutz der Wissenschaftsfreiheit (Art. 5 Abs. 3 Grundgesetz) stellte, nicht mehr aufzuhalten. Zwischenzeitlich haben zahlreiche Bundesländer gesetzliche Regelungen geschaffen, die es Fachhochschulen unter bestimmten Voraussetzungen ermöglichen, selbst oder in einem Hochschulverbund den Doktorgrad zu verleihen (Speiser 2021).

Auch Bayern hat nunmehr eine solche Rechtsgrundlage in Art. 96 Abs. 7 BayHIG verankert. Danach kann das Staatsministerium für Wissenschaft und Kunst Hochschulen für angewandte Wissenschaften ein befristetes, fachlich begrenztes Promotionsrecht für solche wissenschaftlichen Einrichtungen verleihen, die eine angemessene Forschungsstärke sowie die Einbettung der wissenschaftlichen Qualifizierung in eine grundständige akademische Lehre in einem Begutachtungsverfahren nachgewiesen haben. Für die Bewertung der angemessenen Forschungsstärke sollen insbesondere die Kriterien „Qualifikation der Professoren" – dazu zählen die Qualität der Promotion sowie nicht länger als fünf Jahre zurückliegende herausragende Leistungen in der anwendungsbezogenen Forschung wie z. B. Publikationen, Drittmittel, Patente, aktive Beteiligung an Fachtagungen, Forschungspreise, wissenschaftliche Ehrungen, Forschungsstipendien, etc. – sowie „Anzahl der Professoren" berücksichtigt werden.[18] Die Neuregelung wird die bayerischen Fachhochschulen in die Lage versetzen, künftig ihren eigenen wissenschaftlichen Nachwuchs auszubilden.

4.6   Modernisierung des Berufungsrechts und Tenure-Track Professuren

Ein nachhaltiger Modernisierungsschub für die bayerischen Hochschulen wird von der Beschleunigung und Entbürokratisierung des Berufungsrechts sowie der Einführung von Tenure-Track Professuren ausgehen. Gemäß Art. 66 BayHIG ist die Hochschulleitung künftig verpflichtet, eine Entscheidung darüber zu treffen, ob zu besetzende Professuren mit Tenure-Track ausgeschrieben werden sollen. Darin liegt eine Aufwertung des Modells der Tenure-Track Professur. Die

---

[18] LT-Drs. 18/22504 vom 4. Mai 2022, S. 136.

Neuregelung wird dazu beitragen, die Chancen von Nachwuchswissenschaftlern auf eine unbefristete Stelle zu verbessern. Hervorzuheben ist zudem die neue Möglichkeit von Exzellenzberufungen nach Art. 66 Abs. 8 BayHIG, die ohne ein vorgeschaltetes Berufungsverfahren möglich sind. Danach kann der Hochschulpräsident gemeinsam mit dem jeweils zuständigen Dekan allein und ohne Berufungsverfahren über eine Berufung entscheiden. Eine solche Exzellenberufung kommt nur in Ausnahmefällen und nur dann in Betracht, wenn mehrere externe Gutachten dem zu Berufenden exzellente Leistungen in Forschung und Lehre bescheinigen. Exzellente Forschungsleistungen können ausdrücklich auch durch international renommierte Wissenschaftspreise nachgewiesen werden.

4.7   Einführung von Nachwuchsprofessuren an Hochschulen für angewandte Wissenschaften

Hochschulen für angewandte Wissenschaften klagen schon seit mehreren Jahren darüber, dass es immer schwieriger wird, in ausreichender Zahl geeigneten Professorennachwuchs zu gewinnen. Das hängt insbesondere mit den gesetzlichen Einstellungsvoraussetzungen für Fachhochschulprofessoren zusammen. Diese sehen eine sogenannte Dreifachqualifikation vor, nämlich – neben einem abgeschlossenen Hochschulstudium – eine überdurchschnittliche Promotion, eine mindestens fünfjährige Berufspraxis sowie die pädagogische Eignung (Lackner 2016). Unterstützt mit Mitteln des Bund-Länder-Programms „FH-Personal" konnten viele Hochschulen bereits erste Personalgewinnungskonzepte mit innovativen Lösungsansätzen entwickeln, etwa im Bereich Talentscouting, etc. (Lackner 2021). Mit der gesetzlichen Verankerung von Nachwuchsprofessuren als einer neuen Personalkategorie, die nur an Hochschulen für angewandte Wissenschaften als W1-Stellen eingerichtet werden können, ist Bayern nun den nächsten Schritt gegangen. Damit wird erstmals ein strukturierter Weg zur HAW-Professur etabliert.[19]

Nach Art. 64 BayHIG können geeignete Bewerber im Rahmen einer Nachwuchsprofessur an Hochschulen für angewandte Wissenschaften die ihnen noch fehlenden Einstellungsvoraussetzungen für eine Professur an einer Hochschule für angewandte Wissenschaften – entweder Promotion oder Berufspraxis – erwerben. Nachwuchsprofessoren können für eine Dauer von mindestens drei und höchstens sechs Jahren im Beamtenverhältnis auf Zeit oder im privatrechtlichen Arbeitsverhältnis beschäftigt werden. Art. 64 Abs. 4 BayHIG sieht

---

[19] LT-Drs. 18/22504 vom 4. Mai 2022, S. 120.

ausdrücklich die Möglichkeit vor, eine Nachwuchsprofessur auch als Tenure-Track-Nachwuchsprofessur nach W2 auszuschreiben. Das bedeutet, dass eine spätere Übernahme auf eine W2-Professur ohne Ausschreibung erfolgen kann, wenn die vereinbarten Qualifizierungskriterien nachgewiesen werden.

4.8 Einführung von Schwerpunkt- und Forschungsprofessuren

Bereits zuvor (siehe oben unter Abschn. 4.2) wurde darauf hingewiesen, dass das Bayerische Hochschulinnovationsgesetz für Professoren an Hochschulen für angewandte Wissenschaften am Leitbild des vorrangig lehrenden, d. h. lediglich nachrangig forschenden Professors festhält (Art. 59 Abs. 1 Satz 2 und 3 BayHIG). Eine erste Ausnahme von dieser Regel bilden die sogenannten Forschungsprofessuren (Art. 59 Abs. 1 Satz 7 BayHIG), die nach Art. 59 Abs. 1 Satz 2 BayHIG auch an Hochschulen für angewandte Wissenschaften eingerichtet werden können. Im Rahmen einer Forschungsprofessur kann einem Professor als Dienstaufgabe eine überwiegende oder sogar ausschließliche Tätigkeit in der Forschung befristet übertragen werden. Eine zweite Ausnahme bilden die sogenannten Schwerpunktprofessuren, die ausschließlich an Hochschulen für angewandte Wissenschaften eingerichtet werden können (Art. 59 Abs. 1 Satz 8 BayHIG). Die Schwerpunktprofessur ermöglicht einen – ebenfalls befristeten – Aufgabenschwerpunkt in der anwendungsbezogenen Forschung und Entwicklung, zur Entwicklung von Lehrinnovationen, Kooperationen oder Transfer.

4.9 Stärkung der Internationalisierung

Hochschulen für angewandte Wissenschaften sind traditionell stark regional vernetzt. Regionalität und Internationalität schließen sich allerdings nicht aus, sondern sind zwei Seiten derselben Medaille. Gerade FH-Absolventen werden häufig in Unternehmen tätig sein, die in internationale Wertschöpfungsketten eingebunden sind. Internationalisierung spielt deshalb gerade für Fachhochschulen eine zentrale Rolle und sollte im Curriculum prominent verankert sein (Lackner 2022b). Das neue Bayerische Hochschulinnovationsgesetz greift die gestiegene Bedeutung der Internationalisierung auf. In Art. 77 Abs. 6 BayHIG findet sich eine Rechtsgrundlage dafür, dass Hochschulen fremdsprachige Studiengänge anbieten können. Zudem können gemeinsam mit ausländischen Partnerhochschulen internationale Studiengänge entwickelt werden, in denen Studienabschnitte und Prüfungen an der ausländischen Hochschule erbracht werden. Mit dieser Regelung soll ein deutlicher Beitrag zur Stärkung der Internationalisierung bayerischer Hochschulen geleistet werden, um im Wettbewerb um die weltweit besten Köpfe ein attraktiveres Umfeld zu schaffen.[20]

4.10 Karrierezentren und Talentscouting

Art. 54 BayHIG sieht vor, dass die Hochschulen ihre Doktoranden mit Blick auf Karriereperspektiven proaktiv beraten und gemeinsam mit anderen Hochschulen sowie in enger Zusammenarbeit mit der Berufspraxis Karrierezentren aufbauen. Doktoranden, die Interesse an einer wissenschaftlichen Karriere haben, sollen zudem an ihrer Hochschule die Möglichkeit erhalten, Kenntnisse im Bereich des Wissenschaftsmanagements zu erwerben.

5 Kritische Würdigung

Das neue Bayerische Hochschulinnovationsgesetz wurde mit ungewöhnlich viel Häme, Spott und beißender, zum Teil ideologisch stark aufgeladener Kritik begleitet. Zum Teil mag dies den Gesetzmäßigkeiten parlamentarischer Gesetzgebungsverfahren geschuldet sein, wo sich die Opposition zu Recht kritisch mit Gesetzentwürfen der Landesregierung auseinanderzusetzen hat. Auch die ungewöhnlich lange Dauer des Gesetzgebungsverfahrens und lautstarke, zum Teil kampagnenartige Meinungsbildungsprozesse und Debattenbeiträge im außerparlamentarischen Raum mögen hierzu beigetragen haben. Die zum Teil sehr gereizte, nicht durchgängig von Sachkenntnis getragene Debatte lässt sich sicher auch darauf zurückführen, dass Hochschulen schon immer in besonderer Weise als Projektionsfläche für gesellschaftspolitische Veränderungen, ideologische Wunschträume und Utopien herhalten mussten. Für die Zukunft wünschenswert wäre gleichwohl, dass sich die demokratischen Kräfte im öffentlichen Meinungskampf mit einem Mindestmaß an Sachlichkeit, Aufrichtigkeit und Ideologiefreiheit begegnen.

Die im Titel dieses Beitrages aufgeworfene Frage, ob das neue Bayerische Hochschulinnovationsgesetz für andere Bundesländer als eine Art Blaupause fungieren könnte, kann im Ergebnis bejaht werden. Es dürfte nicht übertrieben sein, das neue Bayerische Hochschulinnovationsgesetz als einen großen Wurf,

---

[20] LT-Drs. 18/22504 vom 4. Mai 2022, S. 125.

als einen echten Meilenstein zu bezeichnen. Mit dem BayHIG verfügt Bayern über das modernste Hochschulgesetz aller deutschen Bundesländer, an dem sich ab sofort alle anderen Landesgesetzgeber messen lassen müssen, wenn sie ihre Landeshochschulgesetze novellieren. Das gilt in besonders vorbildlicher Weise für den Bereich der angewandten Hochschulbildung und die Aufwertung hochschulischer Transferaktivitäten. Hier hat Bayern wichtige Pionierarbeit geleistet. Nicht durchringen konnte man sich – von der Innovationsklausel in Art. 126 Abs. 1 BayHIG einmal abgesehen – zu der ursprünglich ebenfalls geplanten umfassenden Reform der Governancestrukturen an bayerischen Hochschulen mit der angedachten Stärkung der Hochschulleitungsorgane. Bei den Verfechtern der klassischen Gruppenuniversität musste ein solches Vorhaben als Provokation aufgefasst werden und entsprechenden Widerstand auslösen. Diesen Kulturkampf nicht auszufechten, sondern sich auf inhaltliche Reformschwerpunkte zu konzentrieren, mag am Ende Ausdruck politischer Klugheit gewesen sein, zumal bei der konkreten handwerklichen Umsetzung diverse juristische Fallstricke lauern (Geis 2021).

Literatur

Geis M-E (2021) Das neue bayerische Hochschulinnovationsgesetz. Ein symphonischer Werkstattbericht. Ordnung der Wissenschaft 4:211–216

Gimmel J (2021) Wissenschaft in der Manege. Vom Nutzen der Nutzenfreiheit, Wissenschaftsmanagement, 143–150

Kirchner A (2021) Der Nutzen als Götze. Forschung & Lehre 5:388–389

Lackner H (2016) Zur Dreifachqualifikation deutscher Fachhochschulprofessoren. Appl Orient High Educ Res (AOHER) 4:66–71

Lackner H (2018) Zur Lehrverpflichtung an deutschen Fachhochschulen – Ausgangslage und Reformbedarf. Appl Orient High Educ Res (AOHER) 2:67–72

Lackner H (2019a) 50 Jahre Fachhochschulen in Deutschland – Systembildung und Perspektiven eines deutschen Erfolgsmodells. Appl Orient High Educ Res (AOHER) 2:1–9

Lackner H (2019b) On the „Agency to Promote Breakthrough Innovations" as an Important Pillar of Germany´s Innovation Ecosystem. Appl Orient High Educ Res (AOHER) 4:1–6

Lackner H (2019c) Die Stellung der Fachhochschulen im deutschen Hochschulsystem. In: Cai J, Lackner H (Hrsg) Jahrbuch Angewandte Hochschulbildung 2016. Springer VS, Wiesbaden, S 133–157

Lackner H (2019d) Ist die Fachhochschulprofessur noch hinreichend attraktiv? In: Cai J, Lackner H (Hrsg) Jahrbuch Angewandte Hochschulbildung 2017. Springer VS, Wiesbaden, S 127–141

Lackner H (2020a) Die neue berufliche Hochschule Hamburg als ein innovatives Modell zur Verknüpfung von beruflicher und akademischer Bildung. Appl Orient High Educ Res (AOHER) 4:48–54

Lackner H (2020b) 50 Jahre Fachhochschulen in Deutschland – Systembildung und Perspektiven eines deutschen Erfolgsmodells. In: Cai J, Lackner H, Wang Q (Hrsg) Jahrbuch Angewandte Hochschulbildung 2018. Springer VS, Wiesbaden, S 149–168

Lackner H (2021) Stärkung von Professuren an Hochschulen für angewandte Wissenschaften – mit dem neuen Bund-Länder-Programm „FH-Personal"? Appl Orient High Educ Res (AOHER) 2:8–13

Lackner H (2022a) Zum Wesen und Zukunftspotenzial angewandter Forschung. In: Cai J, Lackner H, Wang Q (Hrsg) Jahrbuch Angewandte Hochschulbildung 2020. Springer VS, Wiesbaden, S 149–162

Lackner H (2022b) A case study of the nature of international strategic partnerships between universities of applied sciences. Appl Orient High Educ Res (AOHER) 2:71–80

Pautsch A (2019) Das Promotionsrecht. Ein Privileg der Universitäten? In: Cai J, Lackner H (Hrsg) Jahrbuch Angewandte Hochschulbildung 2016. Springer VS, Wiesbaden, S 175–185

Speiser G (2021) Das Promotionsrecht für Fachhochschulen. Ordnung der Wissenschaft 1:19–32

Wissenschaftsrat (2020) Stellungnahme zum Konzept zur Gründung der Technischen Universität Nürnberg. Drucksache 8254-20 vom 31.1.2020

Der Hochschulzugang in Deutschland

Cort-Denis Hachmeister

1 Einleitung

Die richtige Ausgestaltung des Hochschulzugangs ist in Deutschland spätestens seit den 1960er Jahren immer wieder ein viel diskutiertes Thema. Initiiert durch verschiedene Urteile des Bundesverfassungsgerichtes, aber auch durch eine im Jahr 2004 veröffentlichte Empfehlung des deutschen Wissenschaftsrates (Wissenschaftsrat 2004), hat es immer wieder grundlegende Änderungen gegeben. Der vorliegende Beitrag stellt den aktuellen Stand des Systems des Hochschulzugangs in Deutschland dar. Zunächst werden verschiedene Rahmenbedingungen beschrieben – das deutsche Hochschulsystem, die Anzahl der Studierenden und Studienberechtigten – sowie kurz auf das deutsche Schulsystem eingegangen. Anschließend wird vorgestellt, wie die Zulassung zum Studium in Deutschland geregelt ist. Für rund 40 % der in Deutschland angebotenen Studiengänge gibt es Zulassungsbeschränkungen und die Hochschulen müssen nach bestimmten Kriterien entscheiden, welche Bewerber den jeweiligen Studienplatz bekommen. Die dafür zulässigen Kriterien werden im Kapitel „Studierendenauswahl" vorgestellt. Der Beitrag schließt mit einer Bewertung des Hochschulzugangs in Deutschland und zeigt, dass es trotz vieler positiver Aspekte weiterhin Herausforderungen gibt, die angegangen werden müssen.

C.-D. Hachmeister (✉)
CHE Centrum für Hochschulentwicklung, Gütersloh, Deutschland
E-Mail: cort-denis.hachmeister@che.de

© Der/die Autor(en), exklusiv lizenziert an Springer Fachmedien Wiesbaden GmbH, ein Teil von Springer Nature 2024
J. Cai et al. (Hrsg.), *Jahrbuch Angewandte Hochschulbildung 2022*,
https://doi.org/10.1007/978-3-658-43417-5_11

2 Rahmenbedingungen

2.1 Das deutsche Hochschulsystem im Überblick

Zum Wintersemester 2020/21 umfasste das deutsche Hochschulsystem 422 Hochschulen, von denen 210 Hochschulen für angewandte Wissenschaften (HAW) waren. Die zweitgrößte Gruppe von Hochschulen sind Universitäten (108 Institutionen), weiterhin gibt es in Deutschland Kunsthochschulen, Verwaltungsfachhochschulen, Theologische Hochschulen und Pädagogische Hochschulen mit jeweils eingeschränktem Fächerspektrum (Statistisches Bundesamt 2021a).

Während bei den Universitäten die Forschung, insbesondere die Grundlagenforschung, stärker im Fokus steht, steht an den HAW die Lehre in anwendungsorientierten Studiengängen wie Betriebswirtschaftslehre, Ingenieurwissenschaften, Soziale Arbeit und in letzter Zeit zunehmend Gesundheitsberufen wie Pflege oder Hebammenkunde im Vordergrund. HAW führen jedoch zunehmend auch anwendungsorientierte Forschung durch. Weiterhin existieren Berufsakademien, an denen Bachelorabschlüsse im sogenannten Dualen Studium erworben werden können, die aber rechtlich gesehen keine Hochschulen sind. Die meisten deutschen Hochschulen befinden sich in staatlicher Trägerschaft, zum Wintersemester 2020/21 waren 89 HAW und 20 Universitäten in privater Trägerschaft (Statistisches Bundesamt 2021b).

Wie in ganz Europa ist in Deutschland das gestufte Studiensystem (Bologna-System) eingeführt worden. Dieses besteht aus einem drei- bis vierjährigen Bachelorstudium, gefolgt von einem ein- bis zweijährigen Masterstudium und gegebenenfalls noch gefolgt von einer Promotion, die mit wenigen Ausnahmen nur an einer Universität erfolgen kann. In einigen Ausnahmefällen, wie Medizin, Zahnmedizin, Tiermedizin, Pharmazie und Jura, gibt es Studiengänge mit Staatsexamen-Abschlüssen, die z. B. im Fach Medizin in der Regel nach elf Semestern erfolgen.

2.2 Studierende und Studienberechtigte

Im Wintersemester 2020/21 studierten in Deutschland knapp 3 Mio. Menschen, davon mehr als die Hälfte (1,75 Mio.) an einer Universität und rund 1,07 Mio. an einer HAW (Statistisches Bundesamt 2021f). Auf private Hochschulen entfielen davon rund 269.000 Studierende, davon 238.000 auf private HAW (Statistisches Bundesamt 2021e).

Im Studienjahr 2020/21 begannen rund 490.000 Studierende ein erstes Studium (erstes Hochschulsemester) (Statistisches Bundesamt 2021c). Rund 863.000 Personen schrieben sich neu in das erste Fachsemester eines grundständigen oder weiterführenden Studiengangs ein (Statistisches Bundesamt 2021d), während im Prüfungsjahr 2020 nur knapp 477.000 Abschlussprüfungen abgelegt wurden (Statistisches Bundesamt 2021g). Dies deutet bereits auf einen erheblichen Teil von Studienabbrüchen bzw. Fachwechseln hin, auf die weiter unten noch näher eingegangen wird.

Die Studienberechtigtenquote, der Anteil eines Altersjahrgangs also, der im Laufe seines Lebens die schulische Hochschulzugangsberechtigung erwirbt, lag in Deutschland im Jahr 2019 bei 50,6 % (Bundesministerium für Bildung und Forschung 2020). Die Studienanfängerquote, also der Anteil der Studienanfänger an der Bevölkerung des jeweiligen Geburtsjahres, lag 2020 bei 54,8 % (Statista 2020). Über die Hälfte eines Altersjahrgangs nimmt also im Laufe seines Lebens ein Studium auf. Die Akademiker, also der Anteil der Bevölkerung, der einen Hochschulabschluss besitzt, ist in Deutschland im OECD-Vergleich niedrig: Im Jahr 2019 lag er bei 33,3 % bei den 25–34-Jährigen, im OECD-Schnitt bei 44,9 %. In den Vereinigten Staaten, im UK oder in der Schweiz liegt er jeweils über 50 % (OECD 2021).

Anders als beispielsweise in den USA existiert in Deutschland allerdings ein System der dualen Berufsausbildung, in dem die tertiäre Bildung im Wechsel zwischen Betrieb und Berufsschule stattfindet. Der höchste Abschluss in diesem Berufsbildungssystem, der Meisterbrief, entspricht dem Niveau 6 des Europäischen Qualifikationsrahmens, dem auch der Bachelorgrad entspricht (Bundesministerium für Bildung und Forschung 2014).

2.3 Schulsystem

Zum Verständnis des Hochschulzugangs ist auch ein kurzer Überblick über das Schulsystem in Deutschland hilfreich. Die Schulen liegen in der Verantwortung der 16 deutschen Bundesländer, daher gibt es zwischen diesen leichte Unterschiede.

Nach einer vier- bis sechsjährigen Grundschule besuchen die Schülerinnen und Schüler entweder die Hauptschule, die Realschule, ein Gymnasium oder eine Gesamtschule. Nur auf dem Gymnasium und auf der Gesamtschule kann nach 12 oder 13 Jahren Schulzeit ein Schulabschluss (das sogenannte Abitur) erreicht werden, der direkt für den Besuch einer Hochschule qualifiziert. Es gibt aber eine gewisse Durchlässigkeit zwischen den verschiedenen Schulformen: Schüler der Hauptschule können bei guten Leistungen auf die Realschule wechseln und Schüler der Realschule mit einem guten Abschluss nach dem 10. Schuljahr auf das Gymnasium. Schülerinnen und Schüler, die das Abitur nicht erreichen oder trotz Abitur zunächst nicht studieren möchten, können eine duale Berufsausbildung machen. In verschiedenen Bundesländern ist es auch möglich, das Abitur an einem Berufskolleg zu erwerben.

3   Zulassungssystem

3.1   Rechtliche Grundlagen

Nach Artikel 12 des deutschen Grundgesetzes haben alle Deutschen das Recht, Beruf, Arbeitsplatz und Ausbildungsstätte frei zu wählen. Das Grundgesetz gilt für den deutschen Staat und staatliche Organisationen. Besonders in bestimmten Studiengängen, wie z. B. Medizin, hat der Staat ein Monopol als Anbieter von Studienplätzen und damit auch auf den Zugang beispielsweise zum Arztberuf. Das Bundesverfassungsgericht hat in verschiedenen Urteilen daraus abgeleitet, dass der Zugang zu hochschulischer Bildung so frei wie möglich sein muss. Die Freiheit der Wahl des Berufs und der Ausbildungsstätte, hier also der Hochschule, darf nur im begründeten Ausnahmefall und nur aufgrund eines Gesetzes eingeschränkt werden.

Eine Einschränkung ist, dass für ein Studium eine ausreichende Qualifikation nachgewiesen werden muss. Diese wird in der Regel mit dem erfolgreichen Abschluss des Gymnasiums bzw. einem gymnasialen Abschluss auf einer Gesamt- oder Berufsschule nachgewiesen. Mit dem Schulabschluss erwirbt man das „Abitur", die Allgemeine Hochschulreife, die die Zugangsberechtigung zu beinahe sämtlichen Studienfächern darstellt. Ausgenommen davon sind künstlerische Fächer (z. B. bildende Kunst oder Musik) oder auch das Fach Sport, für die man zusätzliche Aspekte der Eignung nachweisen muss, die über das Abitur hinaus gehen.

Mittlerweile ist es in Deutschland möglich, auch ohne Abitur zu studieren. In künstlerischen Fächern kann man sich beispielsweise durch den Nachweis einer „besonderen künstlerische Eignung" (z. B. im Fach Musik) für ein Studium qualifizieren. Personen mit einer abgeschlossenen dualen Berufsausbildung und Berufserfahrung können über eine Zulassungsprüfung oder ein Probestudium an einer bestimmten Hochschule in bestimmten Fächern zum Studium zugelassen werden. Durch eine sogenannte Begabtenprüfung, die das Abitur ersetzt, kann man eine uneingeschränkte Hochschulreife nachweisen. Ebenfalls uneingeschränkten Zugang zu allen Studienfächern bekommen Personen mit einer bestandenen Meisterprüfung oder einem vergleichbaren Abschluss einer Aufstiegsfortbildung nach der eigentlichen Berufsausbildung (CHE Centrum für Hochschulentwicklung 2021).

3.2   Numerus Clausus

Der deutsche Staat ist jedoch nicht verpflichtet, in jedem Studienfach und insbesondere nicht an jeder einzelnen Hochschule eine für alle Bewerber ausreichende Anzahl von Plätzen bereitzuhalten. In früheren Rechtsprechungen des Bundesverfassungsgerichtes wurde noch darauf Wert gelegt, dass jeder irgendwann in seinem Wunsch-Studienfach eine Zulassungschance haben sollte. Dies wurde dadurch sichergestellt, dass ein Teil der Plätze jeweils an die Bewerber*innen verteilt wurde, die am längsten auf eine Zulassung gewartet hatten. In der jüngsten Rechtsprechung wurde dies durch das Prinzip der „gleichberechtigten Teilhabe" und das Prinzip der Qualifikation als einziges Entscheidungskriterium ersetzt: Eine Wartezeitquote sei nicht notwendig, sondern die Plätze sollten diejenigen erhalten, die für das Studium bzw. den späteren Beruf am besten qualifiziert seien (Bundesverfassungsgericht 2017).

Die aus Kapazitäts- bzw. Kostengründen notwendige Einschränkung der Anzahl der Studienplätze im jeweiligen Fach an einzelnen Hochschulen bei einer gleichzeitig höheren Zahl von Bewerbungen führt zu einer Zulassungsbeschränkung, einem Numerus Clausus (NC). Staatliche Hochschulen können eine solche Zulassungsbeschränkung beim zuständigen Landesministerium beantragen, wenn die Anzahl der Bewerbungen bzw. Studierenden dauerhaft die Ausbildungskapazitäten übersteigt. Da der Staat, wie oben ausgeführt, verpflichtet ist, so viele Studienplätze wie möglich anzubieten, wird die Anzahl der Studienplätze auf den größtmöglichen Wert festgelegt.

Zum Wintersemester 2021/22 waren in Deutschland rund 40 % der Studiengänge zulassungsbeschränkt, an HAW knapp 42 % und an Universitäten 37,5 %. Bachelorstudiengänge (41,6 %) sind etwas häufiger zulassungsbeschränkt als Masterstudiengänge (38,7 %) (Hachmeister et al. 2021).

Es gibt jedoch große Unterschiede zwischen den Fächern. Die Fächer Medizin, Zahnmedizin, Pharmazie, Tiermedizin und auch Psychologie sind an allen staatlichen Hochschulen in Deutschland zulassungsbeschränkt. In allen anderen Fächern gibt es sowohl zulassungsbeschränkte als auch nicht beschränkte Angebote. Insgesamt gesehen sind in den Rechts-, Wirtschafts-, Gesellschafts- und

Sozialwissenschaften 49 % der Studienangebote zulassungsbeschränkt, in Mathematik und Naturwissenschaften 37 %, in den Ingenieurwissenschaften 34 % und in den Sprach- und Kulturwissenschaften 27 % (Tab. 1).

Darüber hinaus gibt es starke regionale Unterschiede: In den Großstädten Hamburg und Berlin sind 65 % der Studiengänge mit einem Numerus Clausus belegt. Im ländlich geprägten Bundesland Mecklenburg-Vorpommern dagegen nur 20 %. Auch in anderen Großstäten wie München und Köln sind über die Hälfte der Studienangebote zulassungsbeschränkt, während in anderen Hochschulstädten weniger als zehn Prozent der Studiengänge einen NC haben.

Studieninteressierte, die keines der deutschlandweit zulassungsbeschränkten Fächer studieren wollen, finden also durchaus Studienplätze im Wunsch-Fach, wenn auch nicht unbedingt in einer bei Studierenden besonders beliebten Großstadt.

Tab. 1 Anteil zulassungsbeschränkter Studienangebote in Deutschland im Wintersemester 2021/22 (Quelle: Hachmeister et al. 2021)

	Anteil zulassungsbeschränkter Studienangebote (in Prozent)		
	Universitäten	HAW	Insgesamt
Deutschland insgesamt	37,5	41,9	40,1
Bachelor			41,6
Master			38,7
ausgewählte Fächergruppen			
Ingenieurwissenschaften	28,4	36,8	33,7
Mathematik und Naturwissenschaften	38,2	36,1	37,3
Rechts-, Wirtschafts-, Gesellschafts- und Sozialwissenschaften	52,5	46,5	48,8
Sprach- und Kulturwissenschaften	23,7	nur wenige Angebote	27,0

4 Zulassungsverfahren

Das Zulassungsverfahren, also der Prozess, wie man einen Studienplatz erhält, unterscheidet sich zwischen zulassungsbeschränkten Studiengängen und Studiengängen ohne Zulassungsbeschränkung, sogenannten zulassungsfreien Studienangeboten. Ist ein Studienangebot an einer Hochschule zulassungsfrei, so kann man sich innerhalb einer bestimmten Frist direkt an der Hochschule für den Studiengang einschreiben, sofern man das Abitur oder eine andere Qualifikation für das Studium nachweisen kann.

Ist ein Studiengang zulassungsbeschränkt, muss man sich um einen Platz bewerben, in den meisten Fällen direkt bei der Hochschule. Die Hochschule wählt dann nach verschiedenen Kriterien die Personen, die zum Studium zugelassen werden aus und schickt ein Zulassungsangebot, mit dem sich die Bewerberin oder der Bewerber bei der Hochschule einschreiben kann. Wird das Angebot nicht angenommen, rücken weitere Bewerber nach und bekommen ebenfalls ein Angebot. Das Ziel ist, möglichst alle Studienplätze zu vergeben. Da sich die Studieninteressierten insbesondere in zulassungsbeschränkten Fächern häufig an mehreren Hochschulen bewerben, ist dieser Prozess aufwendig und nicht gut planbar. Es kann passieren, dass eine Hochschule trotz vieler Bewerbungen am Ende nicht alle Studienplätze belegen kann, ebenso kann es vorkommen, dass Bewerber erst kurz vor Studienbeginn eine Zusage für einen Studienplatz bekommen.

Für die in ganz Deutschland zulassungsbeschränkten Studienfächer Medizin, Zahnmedizin, Tiermedizin und Pharmazie wird daher ein anderes Verfahren angewendet. Die Studieninteressierten bewerben sich für diese Fächer auf der zentralen Internet-Plattform hochschulstart.de der Stiftung für Hochschulzulassung (Stiftung für Hochschulzulassung 2021). Dort werden die Bewerbungen gesammelt und geprüft und später auch die Zusagen (online) verschickt. Die Bewerber wählen und priorisieren ihre Hochschul- und Studienfachwünsche und erhalten Zulassungsangebote direkt über die Plattform. Sie können ihre Angebote sofort annehmen oder ablehnen, womit eine andere Person sofort ein Zulassungsangebot bekommt. Dieser Service zur Administration und Koordination der Bewerbungen kann von den Hochschulen auch für andere Fächer genutzt werden, allerdings werden derzeit (2021) von den über 20.000 Studienangeboten in Deutschland nur Plätze für rund 1.800 Studienangebote über hochschulstart.de vergeben.

Ausländische Studienbewerber aus EU-Staaten können sich ebenfalls über hochschulstart.de bewerben, für nicht-EU-Ausländer gibt es mit Uni-Assist eine eigene Plattform, welche die Bewerbungen internationaler Studienbewerber und unter anderem deren Schulzeugnisse prüft (uni-assist e. V. 2021).

5   Studierendenauswahl

Wie oben beschrieben kann und muss eine Hochschule nur in dem Fall, dass es eine Zulassungsbeschränkung gibt, zwischen den Bewerbern auswählen. Dafür, wie die Auswahl erfolgen darf und welche Kriterien dafür verwendet werden dürfen, gibt es gesetzliche Vorgaben.

5.1   Zulässige Auswahlkriterien

Im Folgenden werden die zentralen, an staatlichen Hochschulen zulässigen Auswahlkriterien vorgestellt. In künstlerischen Fächern können noch weitere Kriterien wie Vorspiele oder Mappen zur Auswahl herangezogen werden.

Ein zentrales Kriterium für die Vergabe von Studienplätzen – und lange Zeit neben der Wartezeit auf einen Studienplatz das einzige – ist die Durchschnittsnote des Abiturs, also des zum Studium qualifizierenden Schulabschlusses. Darüber hinaus dürfen Einzelfachnoten in relevanten Fächern für die Auswahl verwendet werden, z. B. die Mathematiknote für ein ingenieurwissenschaftliches Studium oder die Note in Englisch für ein Studium der Anglistik.

Besonders in den deutschlandweit zulassungsbeschränkten Fächern sind die Ergebnisse fachspezifischer Studierfähigkeitstests ein weiteres wichtiges Auswahlkriterium. Der in Deutschland prominenteste Test ist der Test für Medizinische Studiengänge (TMS), der verschiedene kognitive Fähigkeiten prüft, die für ein medizinisches Studium wichtig sind. Darunter sind z. B. medizinisch-naturwissenschaftliches Grundverständnis, das Lesen von Diagrammen und Tabellen und die Fähigkeit, sich Fakten und auch Figuren über einen bestimmten Zeitraum zu merken (Test für Medizinische Studiengänge 2021). Allgemeine Studierfähigkeitstests, wie z. B. der in den USA verwendete Scholastic Aptitude Test (SAT), sind an staatlichen Hochschulen in Deutschland dagegen nicht für die Auswahl von Studierenden zugelassen.

Auch eine Berufsausbildung bzw. das Ausmaß der Erfahrung in studienfachnahen Berufen kann für die Auswahlentscheidung herangezogen werden. Im Fach Maschinenbau könnte dies z. B. eine Berufsausbildung als Schlosser, im Fach Architektur als Tischler oder Technischer Zeichner sein. Auch gutes Abschneiden in bundesweiten Nachwuchs-Wettbewerben (z. B. „Jugend Forscht") kann von den Hochschulen als „Bonuspunkt" für die Studienbewerbung gezählt werden. Auch das Ergebnis eines Auswahlgesprächs kann für die Auswahlentscheidung herangezogen werden. Da die Gespräche aber mindestens eine halbe Stunde dauern, strukturiert sein, von mindestens zwei Personen durchgeführt und auch während des Sommers veranstaltet werden müssen, nutzen insbesondere staatliche Hochschulen diese Möglichkeit eher selten. An privaten Hochschulen werden Gespräche dagegen recht häufig eingesetzt – nicht zuletzt, um die Bewerber von der eigenen Hochschule zu überzeugen.

5.2   Kombination der Auswahlkriterien

In den allermeisten Fällen müssen staatliche Hochschulen mehrere der oben beschriebenen Kriterien bei der Auswahl miteinander kombinieren. Die Durchschnittsnote des Abiturs ist dabei praktisch immer zu berücksichtigen.

Für die deutschlandweit zulassungsbeschränkten Studienfächer (Medizin, Zahnmedizin, Tiermedizin, Pharmazie) gibt es sogar ein vorgegebenes Quotenmodell:

- Dreißig Prozent der Studienplätze werden an die Bewerber mit den besten Abiturnoten vergeben. Um die Bewerber aus den verschiedenen Bundesländern (mit leicht unterschiedlichen Schulsystemen) vergleichbar zu machen, werden die Listenpositionen innerhalb des jeweiligen Bundeslandes in Prozentränge umgewandelt und diese Prozentränge dann deutschlandweit miteinander verglichen. Wer in einem Bundesland beispielsweise zu den 10 % der Besten gehört, wird deutschlandweit dann ebenfalls unter den 10 % der Besten einsortiert.
- Im Rahmen der Zusätzlichen Eignungsquote (ZEQ) werden dagegen 10 % der Studienplätze nur nach notenunabhängigen Kriterien wie z. B. dem Ergebnis eines fachspezifischen Studieneignungstests, dem Ergebnis eines Auswahlgesprächs oder aufgrund vorheriger Berufstätigkeit vergeben. Die einzelnen Hochschulen dürfen dabei die Kriterien und deren Gewichtung selbst festlegen.
- Die restlichen 60 % der Plätze können wiederum von den Hochschulen nach selbst gewählten (zulässigen) Kriterien vergeben werden, hier muss aber zwingend die Durchschnittsnote des Abiturs und auch zwingend ein schulnotenunabhängiges Kriterium mit verwendet werden.

Der Hintergedanke dieses Modells ist, den Bewerbern auf möglichst vielfältige Weise Chancen auf einen Studienplatz einzuräumen und dabei verschiedene Arten und Wege der Qualifikation für ein Studium zu berücksichtigen.

5.3   Besonderheiten bei privaten Hochschulen und im dualen Studium

Für private Hochschulen gilt die Besonderheit, dass diese nicht an die oben genannten, gesetzlichen Vorgaben für die Auswahl von Studierenden gebunden sind. Sie können eigene Auswahlkriterien und Auswahlverfahren festlegen, zum Beispiel bewertete Gruppenarbeiten im Rahmen von Auswahltagen. Auch sind private Hochschulen nicht gezwungen, ihre Studienkapazitäten erschöpfend zu nutzen. Sie müssen also trotz freier Plätze nicht jeden nehmen, auch wenn sie natürlich ein finanzielles Interesse haben, die von ihnen angebotenen Studien-plätze auch zu vergeben. Besonders renommierte private Hochschulen haben jedoch auch ein Interesse daran, nur geeignete Bewerber aufzunehmen, um deren Studienerfolg auch sicherzustellen und die Qualität ihrer Absolventen auf einem hohen Niveau zu halten.

Auch das duale Studium, also eine vertraglich vereinbarte Kombination aus Studium und einer Ausbildung oder Berufstätigkeit in einem Unternehmen, stellt einen Sonderfall bei der Studierendenauswahl dar. Die Auswahl der Bewerber trifft im Wesentlichen das Unternehmen, denn nur wer einen entsprechenden Ausbildungs- oder Arbeitsvertrag mit einem Unternehmen schließt, kann dual studieren. In den meisten Fällen gibt es auf der Seite der Hochschulen dagegen keine zahlenmäßigen Zulassungsbeschränkungen.

5.4   Information, Selbst-Selektion, Self-Assessment, Studieneingangsphase

Damit Studieninteressierte die passenden Studienfächer bzw. die für sie passenden Hochschulen aussuchen, ist die Information und Selbst-Selektion der Studienin-teressierten ein wichtiger Faktor. Wie oben dargestellt, können Hochschulen nur in 40 % der Fälle überhaupt unter den Bewerbern auswählen und auf diesem Wege Einfluss auf die Passung von Studierendem und Studiengang nehmen.

Eine entsprechende Information über die Studienangebote seitens der Hoch-schulen ist daher unerlässlich. Dazu gehören zum Beispiel der Aufbau und die

Inhalte des Studiums, die späteren Berufsmöglichkeiten und Angaben zu notwendigen Fähigkeiten und Interessen, die man als Studieninteressierter mitbringen sollte. Die Webseiten der Hochschulen sind dabei die zentrale Informationsquelle für die Studieninteressierten. Viele Hochschulen stellen mittlerweile auch Image-Filme über die Hochschule oder zu einzelnen Studiengängen zur Verfügung und lassen darin z. B. Studierende oder auch Professoren zu Wort kommen. Damit wird die Selbst-Selektion der Studienbewerber angeregt, die Interessierten können auf Basis dieser Informationen selbst entscheiden, ob das Studienangebot und die Hochschule für sie passend sind oder nicht.

Eine andere Methode zur Selbstreflexion bzw. Selbst-Selektion sind sogenannte „Self-Assessments". Dabei handelt es sich um meist online angebotene Tests, die Vorwissen, bestimmte Fähigkeiten, aber auch Interessen und Einstellungen messen. Diese Tests können zum einen der allgemeinen Orientierung dienen und den Testteilnehmern eine Rückmeldung geben, für welche Studienfächer sie am ehesten geeignet sind. Zum anderen können Self-Assessments auch die Eignung für ein bestimmtes Fach, z. B. Psychologie, abschätzen und den Testteilnehmern dann eine Rückmeldung zum Grad der Eignung für das bestimmte Fach bzw. zu Stärken und Schwächen geben.

Das Besondere an Self-Assessments ist, dass sie nicht der Auswahl der Studierenden durch die Hochschule dienen – die Hochschule erfährt die Ergebnisse nicht – sondern einzig der Selbstreflexion. Gleichwohl können Hochschulen die Teilnahme an einem solchen Testverfahren obligatorisch machen, z. B. indem man für die Bewerbung die Teilnahme an einem solchen Verfahren nachweisen muss, oder das Verfahren gleich in den Online-Bewerbungsprozess mit einbaut.

Laut dem CHECK Hochschulzugang und Studieneingang in Deutschland des CHE von 2021 (Berghoff et al. 2021) setzen 40 % der Fachbereiche an deutschen Hochschulen ein hochschuleigenes, obligatorisches oder freiwilliges Self-Assessment ein. Fachbereiche an Universitäten (45 %) tun dies noch etwas häufiger als Fachbereiche an Hochschulen für angewandte Wissenschaften (35 %).

5.5 Eignung der Auswahlkriterien

Doch wie gut sind die bei der Vergabe verwendeten Kriterien geeignet, den Studienerfolg vorherzusagen? Inwieweit lässt sich Studienerfolg überhaupt vorhersagen? Dieser Frage wurde 2007 an der Universität Hohenheim in einer umfassenden internationalen Metaanalyse nachgegangen (Hell et al. 2008). In den meisten in die Analyse einbezogenen Studien waren Noten und nicht der erfolgreiche Studienabschluss das Kriterium, das vorhergesagt werden sollte. Berechnet wurden (korrigierte) Validitätskoeffizienten, also der statistische Zusammenhang zwischen den Ergebnissen beim Prädiktor (z. B. Schulnoten) und beim Kriterium (z. B. Noten im Studium). Der Koeffizient r kann dabei Werte zwischen r = 0 (kein Zusammenhang) und r = 1 (perfekter Zusammenhang) annehmen.

Schulnoten hatten die höchste Vorhersagevalidität (r = ,46), dicht gefolgt von fachspezifischen und allgemeinen Studierfähigkeitstests (jeweils r = ,43). Auch Sprachtests (r = ,28) und Essays (r = ,29) zeigten eine gewisse Validität, Interviews, selbst strukturierte, nur eine sehr geringe (r = ,17). Studienfachaffine Einzelnoten wiesen im Durchschnitt eine Validität von r = ,31 auf, speziell die Mathematiknote r = ,27 und die jeweilige Landessprache r = ,22. Das Quadrat der oben genannten Koeffizienten entspricht dem prozentualen Anteil der Unterschiede zwischen den Bewerbern im Kriterium (z. B. dem Studienerfolg), der mit dem Prädiktor erklärt bzw. vorhergesagt werden kann. Schulnoten (r = ,46) erklären demnach rund 21 % des Studienerfolgs, Interviews (r = ,17) nur knapp drei Prozent. Diese Ergebnisse stützen die in Deutschland geltende Vorgabe, bei der Studierendenauswahl die Abiturdurchschnittsnote als maßgebliches Kriterium zu verwenden. Ein weiterer Vorteil der Note ist deren allgemeine Verfügbarkeit.

Auch das Ergebnis eines fachspezifischen Studierfähigkeitstests, wie beispielsweise des in Deutschland und auch in der Schweiz verwendeten Tests für Medizinische Studiengänge (TMS), sollte nach Möglichkeit als weiteres Kriterium verwendet werden. Ein wesentlicher Nachteil solcher Tests ist jedoch der Aufwand der Erstellung, Weiterentwicklung und der Testabnahme. Dieser ist nur bei einem starken Bewerber*innenüberhang und der damit verbundenen starken Selektion gerechtfertigt.

In Bezug auf Auswahlgespräche, die insbesondere an privaten Hochschulen eine größere Rolle spielen, legen die Studienergebnisse eine niedrige Gewichtung dieses Auswahlkriteriums nahe und nicht die Erwartung, dass man damit die Leistungsfähigkeit der Bewerber vorhersagen kann. Sie dienen eher dem gegenseitigen Kennenlernen („Bindung") und der Klärung von Entscheidungsunsicherheiten. Gerade bei hohen Bewerberzahlen kann der Zeitaufwand leicht den Nutzen übersteigen, weshalb staatliche Hochschulen in Deutschland dieses Instrument nur sehr selten einsetzen.

Unter dem Aspekt von höherer Entscheidungssicherheit sollte auch einschlägige berufliche Vorerfahrung (z. B. als Rettungssanitäter oder Krankenpfleger für ein Medizinstudium) als Auswahlkriterium gewertet werden. Natürlich wurden im Rahmen der Berufsausbildung auch schon entsprechende fachliche Fähigkeiten erworben, aber ebenso wichtig ist, dass man dadurch Kenntnisse über das spätere Berufsfeld und seine eigene „Passung" für den Beruf abschätzen kann.

Trotz vergleichsweise hoher prognostischer Validität (r = ,43, also 18 % Varianzaufklärung) ist die Verwendung allgemeiner Studierfähigkeitstests, wie z. B. der in den USA seit fast 100 Jahren verwendete „Scholastic Assessment Test", für die Vergabe von Studienplätzen an staatlichen deutschen Hochschulen nicht zugelassen. Unter anderem, weil nur eine geringe sogenannte inkrementelle (zusätzliche) Validität gegenüber der Verwendung der Abiturnote zu erwarten wäre: Ein solcher Test würde möglicherweise nichts Weiteres messen als die Abiturnote (Allgemeinwissen) und damit in Kombination mit der Note die Vorhersage nicht verbessern. Dem stünde jedoch ein nicht unerheblicher zusätzlicher Aufwand für die Testerstellung und Durchführung gegenüber.

6   Bewertung, Herausforderungen und Perspektiven

Wie ist nun das System des Hochschulzugangs in Deutschland zu bewerten? Welche Herausforderungen gibt es? Zunächst einmal ist das System grundsätzlich sehr funktional. Eine in den letzten Jahren zunehmende Anzahl von Studieninteressierten nimmt in Deutschland jährlich ein Studium auf. Gleichzeitig steigt auch die Anzahl der Studienangebote kontinuierlich (Hachmeister 2021). Nur in wenigen Fächern (Medizin, Zahnmedizin, Tiermedizin, Pharmazie, Psychologie) gibt es deutschlandweit Zulassungsbeschränkungen, sodass in allen anderen Fächern allen grundsätzlich qualifizierten Studieninteressierten ein Studium offensteht.

Gleichzeitig ist das Zulassungssystem in Deutschland komplex. Es gelten von Fach zu Fach und von Hochschule zu Hochschule unterschiedliche Auswahlkriterien, es gibt verschiedene Studienplatz-Quoten, auf die man sich bewerben kann und je nach Studiengang muss man sich direkt an der Hochschule oder über die zentrale Plattform hochschulstart.de bewerben. Zumindest Letzteres soll in Deutschland seit Jahren anders werden und alle Bewerbungen über hochschulstart.de verwaltet werden. Dies ist bislang jedoch sowohl an technischen als auch an organisatorischen und politischen Aspekten gescheitert.

Ein Problem in Deutschland sind seit vielen Jahren hohe Studienabbruchquoten. Auch die veränderten Regeln für die Studierendenauswahl (stärkere Mitwirkung der Hochschulen) haben dieses Problem nicht lösen können, auch nicht die Umstellung auf gestufte Studiengänge (erst Bachelor, dann Master) im Zuge der europäischen Studienreform, der sogenannten Bologna-Reform.

So beziffert das DZHW in einer 2018 veröffentlichten Studie die Studienabbruchquote unter Bachelorstudierenden (ohne Lehramt) für Studienanfänger mit
deutscher Staatsangehörigkeit mit 27 %. An Universitäten brachen 32 % ihr
Studium ab, an Fachhochschulen 23 % (Heublein et al. 2017). An den Universitäten gab es die meisten Studienabbrüche in den Naturwissenschaften und in
Mathematik (43 %), Geisteswissenschaften und Sport (41 %) und in den Ingenieurwissenschaften (35 %). Immerhin konnte durch die Bologna-Reform, also
die Aufteilung der längeren Diplom- und Magisterstudiengänge in jeweils kürzere
Bachelor- und Masterstudiengänge, der Zeitpunkt des Studienabbruchs deutlich
nach vorn verlegt werden.

Ein weiteres Problem ist die hoch selektive Beteiligung an akademischer Bildung bezogen auf den Bildungshintergrund des Elternhauses. Diese Selektion,
auch als „Bildungstrichter" bekannt, findet auf sämtlichen Stufen des Bildungssystems statt: Von 100 Kindern von Akademikern besuchen 83 die gymnasiale
Oberstufe, die zum Abitur führt, von diesen wiederum nehmen 72 ein Studium
auf. Weitere sieben gelangen über die berufliche Qualifikation zum Hochschulzugang. Von 100 Kindern von Nicht-Akademikereltern besuchen nur 46 die
gymnasiale Oberstufe, von diesen nehmen dann 21 ein Studium auf, nur sechs
weitere gelangen über den zweiten Bildungsweg an die Hochschule (Kracke et al.
2018).

Auch der Studienerfolg hängt maßgeblich mit der sozialen Herkunft der Studierenden zusammen: Unter den Studienabbrechern ist der Anteil von Personen
aus Nicht-Akademikerhaushalten höher als unter den erfolgreichen Absolventen.
Ein aktuelles Papier des Stifterverbandes zeigt, dass sich der oben beschrie-
bene Bildungstrichter auch beim Studienerfolg fortsetzt: Von 100 Kindern in der
Grundschule erreichen demnach 64 Kinder von Akademikereltern einen Bachelorabschluss, aber nur 20 Kinder von Nicht-Akademikereltern (Stifterverband für
die Deutsche Wissenschaft 2021).

Weitere Anstrengungen, den Hochschulzugang einfacher und effizienter zu
machen, den Studienerfolg weiter zu steigern und das Bildungssystem insgesamt
sozial gerechter zu machen sind also notwendig. Der Autor hat dazu an anderer
Stelle mögliche Lösungswege aufgezeigt (Brinkmann und Hachmeister 2021).

Literatur

Berghoff S, Hachmeister C-D, Hüsch M, Thiemann J (2021) CHECK – Hochschulzugang
und Studieneingang in Deutschland. https://www.che.de/download/check-hochschulzug
ang-2021/. Zugegriffen: 25. Okt. 2021

Brinkmann B, Hachmeister C-D (2021) DUZ Spotlight: Hochschulzugang – zwischen Bildungsbeteiligung, Studienerfolg und Ressourcenknappheit. Deutsche Universitätszeitung (DUZ) 9:43–62

Bundesministerium für Bildung und Forschung (2020) Anteil der Studienberechtigten an der altersspezifischen Bevölkerung (Studienberechtigtenquote) nach Art der Hochschulreife. https://www.datenportal.bmbf.de/portal/de/Tabelle-2.5.85.html. Zugegriffen: 25. Okt. 2021

Bundesministerium für Bildung und Forschung (2014) Berufliche und akademische Bildung sind gleichwertig. Pressemitteilung vom 21.02.2014. https://www.bmbf.de/bmbf/shareddocs/pressemitteilungen/de/berufliche-und-akademische-bildung-sind-gleichwertig. Zugegriffen: 25. Okt. 2021

Bundesverfassungsgericht (2017) Bundes- und landesgesetzliche Vorschriften über die Studienplatzvergabe für das Fach Humanmedizin teilweise mit dem Grundgesetz unvereinbar. Pressemitteilung vom 19.12.2017. https://www.bundesverfassungsgericht.de/SharedDocs/Pressemitteilungen/DE/2017/bvg17-112.html. Zugegriffen: 25. Okt. 2021

CHE Centrum für Hochschulentwicklung (2021). Studieren ohne Abitur. http://www.studieren-ohne-abitur.de. Zugegriffen: 25. Okt. 2021

Hachmeister C-D (2021) Die Vielfalt der Studiengänge 2021. https://www.che.de/download/studiengaenge-2021/. Zugegriffen: 16. Nov. 2021

Hachmeister C-D, Himbert E, Gehlke A, Seitter V (2021) CHECK – Numerus Clausus an deutschen Hochschulen 2021/22. https://www.che.de/download/check-numerus-clausus-2021/. Zugegriffen: 25. Okt. 2021

Hell B, Trapman S, Schuler H (2008) Synopse der Hohenheimer Metaanalysen zur Prognostizierbarkeit des Studienerfolgs und Implikationen für die Auswahl- und Beratungspraxis. In: Schuler H, Hell B (Hrsg) Studierendenauswahl und Studienentscheidung. Hogrefe, Göttingen, S 43–54

Heublein U, Ebert J, Hutzsch C, Isleib S, König R, Richter J, Woisch A (2017) Zwischen Studienerwartung und Studienwirklichkeit: Ursachen des Studienabbruchs, beruflicher Verbleib der Studienabbrecherinnen und Studienabbrecher und Entwicklung der Studienabbruchquote an deutschen Hochschulen. DZHW Forum Hochschule 1/2017. https://www.dzhw.eu/pdf/pub_fh/fh-201701. Zugegriffen: 25. Okt. 2021

Kracke N, Buck D, Middendorff E (2018) Beteiligung an Hochschulbildung: Chancen(un)gleichheit in Deutschland. DZHW Brief 3/2018. https://www.dzhw.eu/pdf/pub_brief/dzhw_brief_03_2018.pdf. Zugegriffen: 25. Okt. 2021

OECD (2021) Population with tertiary education. https://data.oecd.org/eduatt/population-with-tertiary-education.htm#indicator-chart. Zugegriffen: 25. Okt. 2021

Statista (2020) Entwicklung der Studienanfängerquote in Deutschland von 2000 bis 2020. https://de.statista.com/statistik/daten/studie/72005/umfrage/entwicklung-der-studienanfaengerquote/. Zugegriffen: 25. Okt. 2021

Statistisches Bundesamt (2021a) Hochschulen nach Hochschularten. https://www.destatis.de/DE/Themen/Gesellschaft-Umwelt/Bildung-Forschung-Kultur/Hochschulen/Tabellen/hochschulen-hochschularten.html. Zugegriffen: 25. Okt. 2021

Statistisches Bundesamt (2021b) Private Hochschulen. https://www.destatis.de/DE/Themen/Gesellschaft-Umwelt/Bildung-Forschung-Kultur/Hochschulen/Tabellen/privatehochschulen-hochschularten. Zugegriffen: 25. Okt. 2021

Statistisches Bundesamt (2021c) Studienanfänger/-innen im 1. Hochschulsemester nach Fächergruppen. https://www.destatis.de/DE/Themen/Gesellschaft-Umwelt/Bildung-Forschung-Kultur/Hochschulen/Tabellen/studierende-erstes-hs-faechergruppen.html. Zugegriffen: 25. Okt. 2021

Statistisches Bundesamt (2021d) Studienanfänger/-innen im ersten Fachsemester nach Fächergruppen. https://www.destatis.de/DE/Themen/Gesellschaft-Umwelt/Bildung-Forschung-Kultur/Hochschulen/Tabellen/studierende-erstes-fs-faechergruppen.html. Zugegriffen: 25. Okt. 2021

Statistisches Bundesamt (2021e) Studierende an privaten Hochschulen. https://www.destatis.de/DE/Themen/Gesellschaft-Umwelt/Bildung-Forschung-Kultur/Hochschulen/Tabellen/privatehochschulen-studierende-insgesamt-hochschulart.html. Zugegriffen: 25. Okt. 2021

Statistisches Bundesamt (2021f) Studierende nach Bundesländern. https://www.destatis.de/DE/Themen/Gesellschaft-Umwelt/Bildung-Forschung-Kultur/Hochschulen/Tabellen/studierende-insgesamt-bundeslaender.html. Zugegriffen: 25. Okt. 2021

Statistisches Bundesamt (2021g) Zusammengefasste Abschlussprüfungen nach Geschlecht, Nationalität und Durchschnittsalter. https://www.destatis.de/DE/Themen/Gesellschaft-Umwelt/Bildung-Forschung-Kultur/Hochschulen/Tabellen/bestandenepruefungen-gruppen.html. Zugegriffen: 25. Okt. 2021

Stifterverband für die Deutsche Wissenschaft (2021) Vom Arbeiterkind zum Doktor. Der Hürdenlauf auf dem Bildungsweg der Erststudierenden. https://www.stifterverband.org/medien/vom_arbeiterkind_zum_doktor. Zugegriffen: 25. Okt. 2021

Stiftung für Hochschulzulassung (2021) http://hochschulstart.de. Zugegriffen: 25. Okt. 2021

Test für Medizinische Studiengänge (2021) https://info.tms-info.org. Zugegriffen: 25. Okt. 2021

uni-assist e. V. (2021) https://www.uni-assist.de. Zugegriffen: 25. Okt. 2021

Wissenschaftsrat (2004) Empfehlungen zur Reform des Hochschulzugangs. https://www.wissenschaftsrat.de/download/archiv/5920-04.html. Zugegriffen: 25. Okt. 2021

Über das Prüfen in Lehrveranstaltungen mit dem Fokus auf der Entwicklung der Studierenden

Christoph Sprung

1 Einleitung – Warum Prüfen wir? Was ist das Ziel einer Prüfung?

Traditionsgemäß hat eine Lehrveranstaltung einen Teil, der sich der Wissensvermittlung der Lehrinhalte widmet, und am Ende einen Teil, der sich Prüfung nennt. Darin sollen die Studierenden dann zeigen, was (wie?) sie gelernt haben. Im schlimmsten Falle geht es bei der Prüfung um Bestehen oder Durchfallen und im besten Falle um das Erreichen einer guten Note.

Abstrakt betrachtet befinden sich die Studierenden beim Prüfen in einer Situation, in der festgestellt werden kann, auf welchem Niveau sie eigenständig (oder in Kleingruppen) Lernziele beherrschen. Es ist also ein Abgleich zwischen der Erwartung der Lehrenden und der beobachtbaren Leistung der Studierenden. Anhand einer Skala, sei sie imaginär oder transparent (z. B. ein Punktesystem), wird dann ein Mindeststandard festgelegt (nötig zum Bestehen) und von diesem ausgehend eine Aufgliederung in verschiedene Niveaustufen zur Ermittlung der finalen Note.

Die Prüfung stellt also formal eine Rückmeldung des erreichten Leistungsniveaus an die Studierenden dar. Weiterhin erfolgt dadurch eine Kategorisierung der Studierenden in deren (vermeintliches) Leistungsniveau zur Kommunikation an Dritte auf Zeugnissen, Urkunden und Zertifikaten. Aus diesen Bescheinigungen eröffnet sich eine Perspektive der gesellschaftlichen Erwartung, das darin

C. Sprung (✉)
Berlin, Deutschland
E-Mail: kinetics@active-sites.de

J. Cai et al. (Hrsg.), *Jahrbuch Angewandte Hochschulbildung 2022*,
https://doi.org/10.1007/978-3-658-43417-5_12

attestierte Leistungsniveau vorzufinden, wodurch (im Besonderen bei Zertifizierungen) bestimmte Verantwortlichkeiten übernommen werden können und dürfen. Wenn wir zunächst auf der gesellschaftlichen Perspektive verbleiben, werden Studierende mit einem (bescheinigt) höheren Leistungsniveau bevorzugt. So erhalten Prüfungen für Studierende eine besondere Relevanz, welche sich aus einer hohen gesellschaftlichen und sozialen Erwartungshaltung ergibt. Entscheidet doch das Bestehen, insbesondere mit welcher Gesamtnote bestanden wird, erheblich über den kommenden Werdegang der Studierenden, zumindest jedoch den initialen Einstieg in das Berufsleben und die damit, von eigener oder sozialer Seite, verbundenen Träume, Wünsche und Hoffnungen. Dadurch kann sich die Wichtigkeit vom Wissenserwerb in der Lehrveranstaltung hin zum Bestehen der Prüfung verschieben.

Aus Sicht der Studierenden sind die Prüfungen eine gewohnte Prozedur am Ende jedes Semesters, welcher gewöhnlich eine (im Vergleich zum Semester) kurze und intensive Lernphase vorausgeht. In den Prüfungen gilt es dann die abgefragten Dinge so abzuliefern, dass das Ergebnis der Prüfung den eigenen (und sozialen) Erwartungen entspricht. Die Art und Weise der Prüfung ist oft seit Studierendengenerationen bekannt und häufig existieren (von den Lehrenden gewollt oder ungewollt) ausreichend Beispielprüfungen von vorherigen Jahrgängen, sodass relativ klar ist, was in welcher Art und Weise abgeliefert werden muss.

Neben dem reinen Feststellen des Leistungsniveaus am Ende eines Semesters haben (Über)Prüfungen im weiteren Sinne auch eine Entwicklungsfunktion, welche in den folgenden Abschnitten einen prägnanten Fokus einnehmen wird.

2 Die Sicht der Lehrenden und Studierenden – Experimente

Widmen wir uns zunächst einem Gedankenexperiment in Abb. 1, welches in der ein oder anderen Weise ein Stück der Realität entspricht. Zentral ist hier die Ambivalenz der Rolle der Lehrenden, als die „Lehrenden" (im Sinne des Wortes), die Wissen aufbereitet zur Verfügung stellen, und in der Rolle als Prüfende, die über die Zukunft der Studierenden entscheiden. Die letzte Formulierung erscheint sicherlich sehr zugespitzt aus der Sicht der Studierenden dargestellt, jedoch kann sich eine solche Sichtweise aufgrund der oben beschriebenen sozialen und gesellschaftlichen Erwartungen einstellen. Besonders prägnant kann dies bei finalen Prüfungen (z. B. Abschlussprüfungen, Abschlussarbeiten, etc.) werden.

Abb. 1 Gedankenexperiment zur Visualisierung der verschiedenen Interpretationen desselben Sachverhalts von Studierenden und Lehrenden (Quelle: Sprung)

Aus der Ambivalenz der Lehrenden stellt sich eine zentrale Frage: Warum sollten die Studierenden in der Prüfung etwas anderes wiedergeben als das, was die Lehrenden während des Semesters „vorgelesen" und für „richtig" befunden haben, und wofür sie in der Prüfung Punkte erhalten? In den Köpfen der Lehrenden und Studierenden wird die beobachtbare Tatsache (Abb. 1 Ziffer 2) auf unterschiedliche Weise interpretiert. Während die Studierenden (verständlicherweise) das Ziel haben, eine gute Note zu bekommen, müssen die Lehrenden eine andere Interpretation dieser Situation vornehmen.

Widmen wir uns nun einem realen Experiment zweier Physiker von der Arizona State University, die sich die Frage stellten, wie sich ein Einführungskurs im Studiengang Physik ihrer Universität auf die Denkweise der daran teilnehmenden Studierenden auswirkte. In dieser Studie ging es um die Denkweise zur Bewegungslehre (das Thema kann beliebig ersetzt werden für andere Studiengänge). *Halloun* und *Hestenes* (1985a; b) untersuchten mit einem Test die Denkweise der Studierenden vor Beginn und nach Ende des Semesters. Mit Verweis auf deren Publikation für nähere Details war das ernüchternde Ergebnis, dass nur ein geringer Teil der Studierenden ihre Denkweise von der aristotelischen Sichtweise hin zur Newton'schen veränderte. Sogar Studierende mit Bestnoten verharrten in der Denkweise wie vor dem Semester. Weiterführende Untersuchungen der beiden Physiker brachten mehr überraschendes zu Tage. Selbst als die Studierenden mit experimentellen Beweisen für die Newton'sche Bewegungslehre konfrontiert wurden, hielten sie an ihrer bisherigen Denkweise fest und versuchten diese sogar noch zu begründen (Halloun und Hestenes 1985a; b). In Folge dessen wurden solche „Überraschungen" auch in anderen Fachgebieten zu Tage gebracht.

Diesen beiden Betrachtungen folgend stellen sich nun die Fragen: Was ist das Ziel der Lehre und der Sinn der Prüfungen? Und: Warum verbringen wir (Lehrende und Studierende) während des Semesters so viel Zeit miteinander im selben Raum, wenn doch am Ende „nur" die bestandene Prüfung und die gute Note zählt?

3   Die Einheit von Studierenden, Ziel (Prüfung), Lehrenden und Rahmenbedingungen – Constructive Alignment

Prüfungen haben aus obengenannten Gründen einen enormen Fokus in unserer Gesellschaft eingenommen. Der Ton macht die Musik, und die Perspektive, wie wir die Prüfung betrachten, zu der wird sie. Im Kontaktmodell der Lehre (Böss-Ostendorf und Senft 2010) und dem durch *Biggs* populär gewordenen Begriff des „Constructive Alignment" (Biggs und Tang 2011) wird die umfassende Betrachtung der Lehrveranstaltung dem gerecht, was Lehre sein sollte. Die zentrale Frage ist: Was soll am Ende herauskommen? Woran sich automatisch eine zweite Frage anschließt: Wie müsste der Weg dahin aussehen?

Das „was" am Ende herauskommen soll, ist die größtmögliche Übereinstimmung mit dem, was die Studierenden an Fähigkeiten und Fertigkeiten in ihrem späteren Berufsleben mit Bezug zu ihrem Fachgebiet benötigen werden und, wie sie als gesellschaftlicher Teil mit höherer Ausbildung sein sollten. Dieser Klarheit bedarf es, um die für die Lehre relevanten Lernziele definieren zu können. In Abb. 2 sind dazu einige Kontexte dargestellt, die ineinander eingebettet sind und aufgrund ihrer jeweiligen Perspektive die angesprochene Klarheit der Ziele anders definieren.

Für eine Lehrveranstaltung zählt die Vision der einzelnen Lehrenden. Eine größere und nachhaltigere Wirkung für die Entwicklung und Ausbildung der Studierenden (bzw. aller im Ausbildungskontext stehenden) wird erreicht, je mehr Übereinstimmung zu dem, „was sie sein könnten" in einem größeren Kontext, wie in Abb. 2 dargestellt, herrscht. Oft liegt diese Übereinstimmung in der Kommunikation zwischen den Zeilen, zum Teil aus althergebrachten Traditionen, die selten hinterfragt werden. In diesem Beitrag bleibt der Fokus auf der individuellen Lehrveranstaltung und den darin agierenden Studierenden und Lehrenden.

Die Aussage was gelernt werden soll, ist oft hinreichend ausgearbeitet, sei es in Modulbeschreibungen zur Lehrveranstaltung oder in Lehrbüchern, an denen

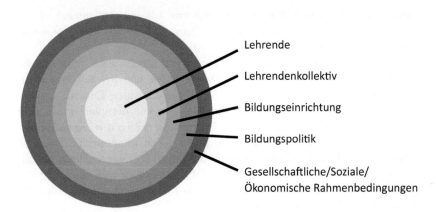

Lehrende

Lehrendenkollektiv

Bildungseinrichtung

Bildungspolitik

Gesellschaftliche/Soziale/
Ökonomische Rahmenbedingungen

Abb. 2 Verschiedene aufeinander aufbauende Perspektiven auf die Lehre. (Quelle: Sprung)

sich diese orientieren oder nach denen sie aufgebaut sind. Gelingt es zu definieren, wer die Studierenden am Ende ihres Studiums sein sollten, lassen sich in der Lehre durch das klare Verständnis für diese Ziele ungeahnte Potenzial aufseiten der Studierenden und der Lehrenden entfalten.

An dieser Stelle sei ein Zitat von *Johann Wolfgang von Goethe* genannt: „Behandle die Menschen so, als wären sie, was sie sein sollten, und du hilfst ihnen zu werden, was sie sein können." Es beginnt also mit der Vision der Lehrenden, deren Erfahrungen, Vermutungen und Wissen, zu dem, was die Studierenden werden sollten. Ist diese Klarheit entstanden, ergibt sich daraus (fast von selbst), wie der Weg dahin aussehen könnte, also welche Lehrkonzepte und Lernumgebungen die Studierenden benötigen, um dies erreichen zu können. Schlussendlich erscheint die Art und Weise, Inhalte und Ausgestaltung der Prüfung dann nur noch als eine logische Konsequenz.

Für eine explizite Definition, und damit genaue Vorstellung von dem, was aus den Studierenden werden soll, empfiehlt es sich die drei Dimensionen nach *Pestalozzi* (kognitiv, psychomotorisch, affektiv) und deren Aufgliederungen in die Taxonomien nach *Bloom* (Bloom et al. 1956) *Dave* (1968) und *Krathwohl* (Krathwohl et al. 1978) zur Definition der Lernziele zu nutzen. Es ist von der didaktischen Ausgestaltung des Lehrkonzepts vollkommen unterschiedlich, ob ein Lehrinhalt erinnert, imitierend und rezeptiv von den Studierenden mitgenommen werden soll, oder evaluierend, manipulierend und wertend. Die Qualität des Lehrinhalts mit Bezug zu den Stufen in den jeweiligen Taxonomien richtet sich alleinig nach der jeweiligen Notwendigkeit. Für einige Lehrinhalte ist es völlig ausreichend sich bei Bedarf an diese zu erinnern. Für andere Lehrinhalte ist es essenziell, diese auf dem Niveau des Anwendens, Analysierens oder Evaluierens beherrschen zu können.

Neben den fachlichen (vertikalen) Lernzielen können noch überfachliche (horizontale) Lernziele hinzukommen. Dies könnten zum Beispiel Projektmanagement, Teamwork, Kommunikation, forschendes Arbeiten, Empirie, ... sein. Die Idee, welche horizontalen und vertikalen Lernziele miteinander zu einem Lehrkonzept vereint werden, geht zum einen aus der Vision der Lehrenden hervor, zum anderen aus dem Thema, den Studierenden (Studiengang, Stand im Studium, Anzahl, etc.) und den Rahmenbedingungen (Prüfungsordnung, räumliche Möglichkeiten, Verbindung zu anderen Lehrveranstaltungen, etc.). Dies ist im Kontaktmodell der Lehre von *Böss-Ostendorf* und *Senft* beschrieben worden (Böss-Ostendorf und Senft 2010).

Aus diesen Ausführungen mag sich die Frage ergeben, ob eine derart explizite Definition von Lernzielen der Lehre hilft oder diese verkopft. Für die Beantwortung gilt es zunächst den aktuellen Stand der Lehre zu betrachten, auf welchem Niveau befinden sich die Definition der Lernziele und die Vision wohin sich die Studierenden entwickeln sollen? Kann es möglicherweise helfen, sich dieser grundlegenden und kleinteiligen Aufgabe (einmalig oder von Zeit zu Zeit, vielleicht sogar mit anderen Lehrenden) zu stellen, um diese im Verlaufe so zu verinnerlichen, dass sie nicht mehr explizit nötig ist?

Mit diesen Ideen, Visionen und Lernzielen stellt sich die Frage nach der Art und Weise, diese überprüfen zu können. Abstrakt betrachtet stehen dazu drei Betrachtungsweisen zur Verfügung, die als Bezugsnormen im folgenden Abschnitt kurz erläutert werden.

4   Bezugsnormen

Um etwas überprüfen zu können, braucht es zwei Bezugspunkte, aus denen sich ableiten lässt, was in welchem Umfang erreicht worden ist. Im Lehrkontext gibt es – wie in Abb. 3 dargestellt – drei sogenannte Bezugsnormen: sozial, sachlich und individuell (Schneider und Hasselhorn 2008).

Sachliche Bezugsnormen blicken auf den Vergleich zwischen dem Soll- und Ist-Zustand an einem bestimmten Zeitpunkt. Ein klassisches Beispiel ist die traditionelle Klausur oder eine Abschlussprüfung, in der ein bestimmtes Soll-Leistungsniveau mit dem Niedergeschriebenen bzw. Dargebotenen (Ist-Zustand) der Studierenden abgeglichen und daraus anhand einer Skala die Note gebildet wird. Wird eine Einschätzung anhand sachlicher Bezugsnormen an mehreren

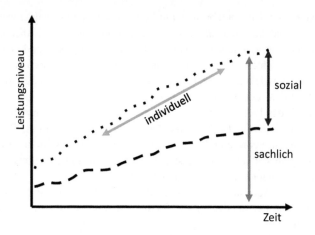

Abb. 3 Bezugsnormen: Dargestellt ist die Entwicklung von zwei Studierenden (gestrichelte bzw. gepunktete Linie) über die Zeit. Weiterhin sind die drei Bezugsnormen individuell, sachlich und sozial eingetragen (Schneider und Hasselhorn 2008)

Zeitpunkten vorgenommen, können die Studierenden daraus wertvolle Rückmeldungen zum eigenen Lernfortschritt erhalten und darauf reagieren. Weiterhin können Bewertungen nach sachlichen Bezugsnormen beispielsweise in formale und fachliche Kriterien unterteilt werden. Formale Bewertungskriterien können das Einhalten von Terminen, der Einbezug bestimmter Inhalte in Präsentationen oder Dokumenten, Struktur und Gliederung, eine bestimmte Art und Weise Inhalte aufzuarbeiten sein. Die fachlichen bzw. sachlichen Inhalte können z. B. feingliedrig für alle wichtigen Lernziele nach den gängigen Lerntaxonomien nach *Bloom* (kognitiv) (Bloom et al. 1956), *Dave* (psychomotorisch) (Dave 1968) und *Krathwohl* (affektiv) (Krathwohl et al. 1978) definiert und entsprechend zur Bewertung abgeglichen werden.

Die soziale Bezugsnorm ist unabhängig vom tatsächlich erreichten Leistungsniveau, es kommt lediglich auf den Vergleich zwischen zwei oder mehreren Leistungsniveaus (Studierenden oder Gruppen) an. Bewusst oder unbewusst vergleichen sich Menschen so oder so mit anderen. Studierende eines Jahrgangs haben eine sehr gute Ahnung davon, welches Leistungsniveau andere im Vergleich zum eigenen haben, zumindest in ihrer Vorstellung. Es kommt vor, dass diese Bezugsnorm als Grundlage für die tatsächliche Benotung herangezogen wird. Grundsätzlich ist dies eher hinderlich für die individuelle Leistungsfähigkeit von Studierenden (Schneider und Hasselhorn 2008). Soziale Bezugsnormen können jedoch durchaus nutzbringend in Lehrkonzepten angewendet werden, beispielsweise in didaktischen Elementen, wie dem Peer-Review. Dabei sorgen die Lehrenden mit einer passenden Anleitung für eine gewinnbringende Umsetzung. Für eine individuelle Bezugsnorm sind die zwei Faktoren Zeit und das, was sich in dieser entwickelt hat, von Interesse. Für die Lehrenden bedarf dies also einer Beobachtung der Studierenden/Gruppen über einen Zeitraum hinweg und dem Vergleich des Leistungsniveaus zu Beginn und am Ende. In dieser Bezugsnorm wird die individuelle Leistung der Studierenden honoriert. Studierende, welche auf einem niedrigeren Leistungsniveau starten und ein höheres erreichen, haben mehr geleistet, als Studierende, die auf einem mittleren Leistungsniveau starten und das gleiche höhere Niveau erreichen.

Der Einbezug verschiedener Bezugsnormen in das Lehr- und Prüfungskonzept erweitert die Perspektive auf die Studierenden und ergibt ein umfassenderes Bild ihrer Lernentwicklung. Diese Lernentwicklung hängt mit individuellen Motivationshintergründen und daraus resultierenden Herangehensweisen zum Lernen zusammen, ein Fokus im folgenden Abschnitt.

5   Lerntypen, Motivation und fachliche Denkweise

In einer Kategorisierung nach Motivationshintergründen können Lerntypen in Oberflächen-, strategische und Tiefenlerner unterschieden werden (Bain 2004). Diese drei Lerntypen unterscheiden sich grundlegend in ihrer Herangehensweise und Einstellung zum Lernen. Die Tiefenlerner sind stark intrinsisch motiviert, eine Problemstellung, einen Sachverhalt oder einen Lehrinhalt in all seiner Komplexität zu verstehen und zu meistern. Strategische Lerner werden eher von der Herausforderung, besser als andere zu sein, angezogen. Diese Lerner sind motiviert, die besten Noten zu bekommen und weniger daran interessiert, Dinge zu verstehen. Für sie ist es ausreichend, für die Prüfung zu lernen (und danach wieder zu vergessen). Bei Oberflächenlernern hemmt oft eine Angst vor Versagen die Bereitschaft, sich tiefer mit einer Sache zu beschäftigen. Die Motivation dieser Lerner ist es, einfach irgendwie durchzukommen (ohne größere Anstrengung).

Ergänzend dazu können vier Kategorien beobachtet werden, welche Studierende in ihrer Lernentwicklung durchlaufen, dargestellt in Abb. 4 (Perry und William 1970; Belenky et al. 1986). Es beginnt mit den „empfangenden Lernern", welches das unreflektierte Aufnehmen dessen ist, was vorgegeben wird. In der nächst höheren Stufe entwickelt sich ein Gefühl, nach dessen richtig oder falsch beurteilt wird. Diese werden „subjektive Lerner" genannt. Die in der folgenden

Stufe gezeigten „angepassten Lerner" haben viel mit den zuvor erwähnten „strategischen Lernern" gemeinsam, die gelernt haben, was getan werden muss, um eine gute Note zu erreichen (z. B. Einsetzen der richtigen Zahlen in die richtigen Formeln). Diese Studierende werden oft als die Besten wahrgenommen. Jedoch verändert ihr „Wissen" selten ihre Denkweise, wie in den Untersuchungen von *Halloun* und *Hestenes* (1985a; b) gezeigt wurde. Im höchsten Lernentwicklungsniveau finden sich „engagierte/begeisterte Lerner", die unabhängig, kritisch und kreativ denken und werten. Sie sind sich ihrer eigenen Denkweise bewusst. Aus Beobachtungen wurde diese Kategorie ihrer Ausprägung nach in zwei Gruppen geteilt: „separierende Lerner", die sich selbst von einer Idee trennen und objektiv und kritisch bleiben sowie „verbindende Lerner", welche nach den Verbindungen zu Ideen anderer suchen.

Diese Motivationshintergründe sind eine Tatsache, die in jedem Menschen individuell begründet sind. Vielmehr interessiert die Vision der Lehrenden, welche dieser Motivationshintergründe in der Lehrveranstaltung den meisten Nutzen bringen sollen. Dies kann durch das Lehrkonzept und damit auch dem Prüfungskonzept gesteuert werden.

Jede Fachrichtung lehrt ihre Studierenden, die Welt in einer bestimmten Weise zu sehen. Studierende aus verschiedenen Fachrichtungen werden ein und dieselbe Problemstellung in völlig unterschiedlicher Weise interpretieren und Lösungsansätze nutzen, die in Logik und Systematik ihrem Fachgebiet ähneln. Fachspezifische Denkweisen werden oft implizit durch die traditionelle Art und Weise der Vermittlung der jeweiligen Lehrinhalte oder durch diese selbst geprägt. Diese fachlichen Denk- und Sichtweisen lassen sich durch die Ausgestaltung der

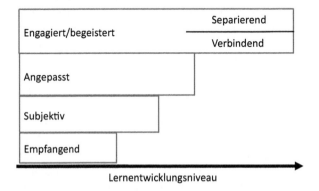

Abb. 4 Vier Kategorien der Lernentwicklung (Perry und William 1970)

Lernumgebung bewusst fördern. Da diese Denk- und Sichtweisen das Ergebnis sind, auf welches die Lehrveranstaltungen hinzielen, ergeben sich daraus einmal mehr die Art und Weise sowie die Inhalte der Prüfung.

Aus diesem Abschnitt ergeben sich nun mindestens zwei Fragen: (a) „Fordert diese Art der Prüfung die Studierenden in der fachspezifischen Denkweise?" und (b) „Ist diese Art der Prüfung in der Lage, die reine Wiedergabe von Wissen (strategisches Lernen) von der Fähigkeit, fachspezifisch zu denken, abzugrenzen"? Es wird immer deutlicher, dass das Lehrkonzept und die Prüfung sehr eng miteinander verknüpft sind – sie sind eins.

6   Qualität der Prüfungen

Prüfen ist eine komplexe Angelegenheit. Durch die Prüfungssituation und die Art und Weise der Prüfung muss zunächst sichergestellt werden, dass die Studierenden überhaupt in die Lage versetzt werden, ihr bestes Leistungsniveau abrufen zu können. Im zweiten Aspekt soll die Prüfung selektiv das erwartete Lernniveau feststellen können. Kann die Prüfung also auswendig vorgetragene Lerninhalte von verstandenen Lerninhalten trennen (falls das das Ziel der Prüfenden ist)?

Durch eine hoch strukturierte und vorgefertigte Art und Weise des Angebots von Wissen, durch Zwang zu Lernen und eine aus gesellschaftlichen Erwartungen gespeiste und standardisierte Art des (Ab)Prüfens bleiben enorme individuelle Potenziale der Studierenden ungenutzt bzw. verkümmern diese (Wagenhofer 2013; Robinson und Robinson 2022; Robinson 2013). Der menschliche natürliche Drang nach Neugier, Kreativität, Problemlösung und Sinnstiftung wird so unterdrückt. Genau darauf ist unser Gehirn jedoch ausgelegt (Hüther 2013). Bleiben diese Fähigkeiten auf der Strecke, stellt dies eine Unterforderung dar bzw. eine Überforderung auf einem niedrigeren Leistungsniveau zu agieren. In beiden Fällen kann daraus hoher psychischer Stress entstehen, der, in seiner milden Ausprägung, die Leistungsfähigkeit erheblich mindert (Höhn 2017). Etwas plastischer wird diese Aussage durch die Darstellung des Flow-Phänomens in Abb. 5, welches von *Csikszentmihalyi* (Csikszentmihalyi 2004, 2017) eingehend erforscht wurde. Hier sind Gefühle als Resultat der beiden Parameter Herausforderungen und Fähigkeiten dargestellt. Für unsere Prüfungen (im Zusammenhang mit der Lehre) bedeutet dies, dass die Studierenden gemäß ihren Fähigkeiten gefordert werden müssen, um ihnen die Chance zu ermöglichen, in einen optimalen Zustand der Leistungsfähigkeit gelangen zu können. Dann – und nur dann – lässt sich eine Aussage zur tatsächlichen Leistungsfähigkeit der Studierenden als Folge der beobachteten Leistung treffen.

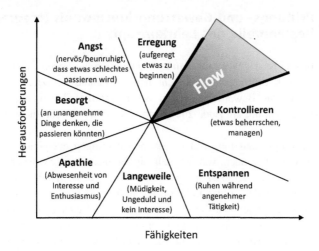

Abb. 5 Zusammenhang zwischen den Parametern Herausforderungen und Fähigkeiten und den daraus resultierenden Gefühlen (Csikszentmihalyi 2004)

Zurück zum ersten Aspekt: Die Prüfungsatmosphäre ist entscheidend für das Leistungsniveau, welches die Studierenden erbringen können. Kann den Studierenden hierbei aufgezeigt werden, was sie können, werden dadurch Zuversicht und Selbstvertrauen gestärkt, auf deren Basis bessere Leistungen vollbracht werden können (Stankov et al. 2012). Dies beginnt zunächst bei den Prüfenden selbst, deren Lehrphilosophie, inneren Einstellungen zu den Studierenden und sonstigen Gedanken und Gefühlen. Das Innere wirkt im Außen, verbal, para-verbal und non-verbal.

Mit dem Fokus auf Inhaltliches ist es von Vorteil, Herausforderungen gemäß den Fähigkeiten der Studierenden (zweiter Aspekt) zu kreieren und den Studierenden in einer positiven Atmosphäre sichtbar zu machen, was sie können, um das (Selbst-)Vertrauen zu stärken und sie von dort aus über sich hinauswachsen zu lassen (erster Aspekt). Das Prüfungsergebnis ist zu einen großen Teil Reflexion der Leistung der Lehrenden. Wie gut konnten die Lehrenden den Studierenden ermöglichen, sich in der Phase des Lernens weiterzuentwickeln und in (Über)Prüfungssituationen ihre wahre Leistungsfähigkeit zeigen zu können?

7 Prüfungs- und Bewertungskonzept als integrale Bestandteile des Lehrkonzepts

Ein Lehrkonzept ist der Weg, auf dem Lernziele erreicht werden sollen. Aus dem darin enthaltenen Prüfungskonzept geht hervor, welche Lernziele wie geprüft werden sollen. Das Bewertungskonzept beschreibt die Skalen, Maßstäbe und Punkteverteilungen, die am Ende zur Gesamtnote führen (wenn diese notwendig ist).

Lehr-, Prüfungs- und Bewertungskonzept entspringen der gleichen Vision – was aus den Studierenden werden soll. Je einfacher, nachvollziehbarer und transparenter ein Bewertungskonzept gestaltet ist, desto größer ist das Vertrauen der Studierenden in das Lehrkonzept und desto weniger Energie müssen die Studierenden aufwenden, dieses zu verstehen und eventuelle Vorteilsstrategien zu suchen. Alles, was hier an Energie gespart werden kann, steht dem Lernprozess zur Verfügung. Gleichzeitig schafft eine frühe Bekanntgabe der Bewertungskriterien (mit Beginn des Semesters) Sicherheit und Fokus bei Studierenden wie Lehrenden. Ein zusätzlicher Kontext für den Bedarf der genannten Bewertungskriterien schafft Transparenz und Akzeptanz.

Im Idealfall, und dies sei anzustreben, stellt jede Prüfung die logische Konsequenz der vorherigen Lernsituation dar. Dies gilt für Prüfungen am Ende der Lehrveranstaltung, wie für kontinuierliche (Über)Prüfungen während der Lehrveranstaltungen (z. B. Bewertungen von Lehrportfolios oder Zwischenergebnissen). Wenn dies auch von den Studierenden so empfunden wird, ist viel Vertrauen gewonnen und es besteht eine große Chance, dass die Studierenden ihr individuell höchstes Leistungsniveau erreichen.

Abstrakt betrachtet sollte sich das Prüfungskonzept primär nach den Lernzielen und der geeignetsten Art richten, diese zu prüfen. Wie kann dies nun so ins Lehrkonzept eingearbeitet werden, dass (wie zuvor erwähnt) die Prüfung eine logische Konsequenz der Lernsituation darstellt? Dies ist die gestalterisch-kreative Aufgabe der Lehrenden beim Design des Lehrkonzepts.

8 Lehre ist die Vorbereitung auf die Prüfung...

... und in der Verlängerung die Projektion auf das spätere Berufsleben. In Lernumgebungen und Prüfungssituationen empfiehlt es sich daher, einen Kontext zu schaffen, der das Fachgebiet in der Praxis widerspiegelt bzw. gemäß den Fähigkeiten der Studierenden die praktische Relevanz der Lehrinhalte darstellt. Bei der Ausgestaltung von Lernumgebungen, wie z. B. beim problembasierten oder projektbasierten Lernen, ist der Kontext ein essentieller Bestandteil. Unabhängig von speziellen Lehrmethoden ist es eine gängige Praxis von erfolgreichen Lehrenden, ihre Lehrinhalte in einen Kontext einzubetten und dadurch lebendiger werden zu lassen, so wie es *Ken Bain* in seinem Buch aus der Erfahrung vieler erfolgreicher Lehrender beschrieb (2004). Den Lehrinhalten wird damit Sinn und Nutzen gegeben. Studierende können dadurch die Relevanz des Wissens erkennen und auf diese Weise Interesse und Ideen generieren. Weiterhin lernen sie die Nützlichkeit ihres fachlichen Denkens zur Lösung realer Problemstellungen kennen, welches durch Verknüpfung gestärkt und ausgebaut wird.

Geleitet von der Vision des Ergebnisses agieren die Lehrenden im in Abb. 6 dargestellten Zyklus. Lehrende haben einen kontinuierlichen „Draht" zu ihren Studierenden, mit dem sie Lernfortschritte und Motivationshintergründe erkennen können. Sie beurteilen/analysieren, was sie von den Studierenden beobachten können, sei es schriftlich, in Diskussionen, hergestellte Objekte/Gegenstände, Präsentationen, etc. („zeigen"). Aus dem Beobachteten folgt der Abgleich zu den anvisierten Niveaus der verschiedenen Lernziele, aus denen die Lehrenden geeignete Stimulationen und Anregungen an die Studierenden geben. Diese sind von ihrer Wirkung her gedacht mit der Intention, dem, was aus den Studierenden werden sollte und sie selbst werden wollen, näher zu kommen. Wird den Studierenden in angemessenen Zeitintervallen eine Rückmeldung zu deren Lernentwicklung gegeben, können sie sich besser orientieren und ihre Kompetenzen ausbauen. Die Studierenden stärken damit ihr Gefühl für sich selbst und ihre Fähigkeiten.

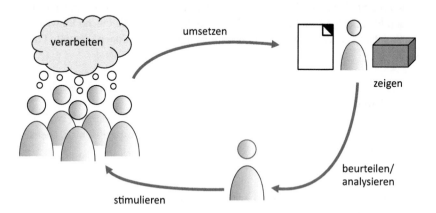

Abb. 6 Zyklus des kontinuierlichen Prüfens

Das letztmalige Durchlaufen dieses Zyklus stellt schließlich die finale Prüfung dar. Die Lehrenden entwerfen eine Prüfung, welche die Studierenden gemäß ihren Fähigkeiten fordert (siehe oben beschriebenes Flow-Phänomen) und in einem anwendungsorientierten Kontext mehrere Sinne anspricht (zumindest das Vorstellungsvermögen), zu dessen Lösung eine fachliche Denkweise nötig ist – Stimulation durch die Lehrenden. Die Studierenden verarbeiten und setzen um, sodass schließlich das gezeigte Ergebnis hinsichtlich der gesteckten Niveaus der jeweiligen Lernziele beurteilt und bewertet werden können.

9 Zusammenfassende Gedanken

In jeder Handlung der Lehrenden spiegelt sich deren Lehrphilosophie wider. Es beginnt in der Erstellung des Lehrkonzepts, setzt sich in der Lehre selbst fort und finalisiert sich im Prüfen. Das Prüfen ist eine Handlung, bei der es darum geht, den Studierenden wahrnehmbar zu machen, was sie bereits können und ihnen aufzuzeigen, wohin sie sich weiterentwickeln könnten.

Die Vision der Lehrenden, was aus den Studierenden werden sollte, ist das Fundament für die Lehre und dem daraus – als logische Konsequenz – folgenden Prüfen. Die Kunst besteht darin, die Studierenden gemäß ihren (individuellen) Fähigkeiten mit passenden Herausforderungen zu fordern. Nur dann kann das Beobachtete mit der Leistungsfähigkeit der Studierenden in Relation gebracht werden. Prüfungen wollen daher gut durchdacht und gestaltet sein. In Prüfungen sollen die Studierenden ihre Fähigkeiten unter Beweis stellen, Rückmeldungen zu diesen Fähigkeiten bekommen und daraus Richtungen für die eigene Entwicklung ziehen, damit sie eine optimale Berufsfähigkeit erreichen können. Zentrale Fragen sind:

a) Fordert diese Art der Prüfung die Studierenden in der fachspezifischen Denkweise?

b) Ist diese Art der Prüfung in der Lage, die reine Wiedergabe von Wissen (strategisches Lernen) von der Fähigkeit, fachspezifisch zu denken, abzugrenzen?

c) Kann diese Art und Weise der Prüfung die Studierenden in einen Zustand versetzen, in der sie ihre individuell optimale Leistungsfähigkeit erbringen können, sodass das „wahre" Leistungsniveau zu Tage kommt?

d) Wie kann die Prüfung eine logische Konsequenz der Lernsituation darstellen?

Es ist irrelevant, mit welcher Note Studierende einen Kurs oder ein Studium abschließen; es ist relevant, mit welchem Niveau diese in der Lage sind, im späteren (Berufs-) Leben eigenständig ihr erlerntes Wissen anwenden und erweitern zu können.

Literatur

Bain K (2004) What the best college teachers do. University Press, Harvard

Belenky MF, McVicker Clinchy B, Goldberger NR, Tarule JM (1986) Women's ways of knowing: the development of self, voice, and mind. Basic Books, New York

Biggs J, Tang C (2011) Teaching for quality learning at University. McGraw-Hill, Berkshire

Bloom BS, Engelhart MD, Furst EJ, Hill WH, Krathwohl DR (1956) Taxonomy of educational objectives, handbook I: the cognitive domain. David McKay Co Inc, New York

Böss-Ostendorf A, Senft H (2010) Einführung in die Hochschul-Lehre. Verlag Barbara Budrich GmbH, Leverkusen-Opladen

Csikszentmihalyi M (2004) TED talk: flow: the secret to happiness. https://www.ted.com/talks/mihaly_csikszentmihalyi_on_flow

Csikszentmihalyi M (2017) Flow. Klett-Cotta, Stuttgart

Dave R H (1968) Eine Taxonomie pädagogischer Ziele und ihre Beziehung zur Leistungsmessung. In: Ingenkamp K, Marsolek T (Hrsg.), Möglichkeiten und Grenzen der Testanwendung in der Schule. Beltz, Weinheim

Halloun IA, Hestenes D (1985a) The initial knowledge state of college physics students. Am J Phys 53:1043–1055

Halloun IA, Hestenes D (1985b) Common sense concepts about motion. Am J Phys 53:1056–1065

Höhn S (2017) Führung und Psyche. ManagerSeminare Verlags GmbH, Bonn

Hüther G (2013) Was wir sind und was wir sein könnten. Fischer Taschenbuch, Frankfurt

Krathwohl DR, Bloom BS, Masia B (1978) Taxonomie von Lernzielen im affektiven Bereich, 2. Aufl. Beltz, Weinheim

Perry J, William G (1970) Forms of intellectual and ethical development in the college years: a scheme. Holt, Rinehart and Winston, New York

Robinson K (2013) TED talk. https://www.ted.com/talks/sir_ken_robinson_how_to_escape_education_s_death_valley

Robinson K, Robinson K (2022) Imagine IF... Penguin Books Ltd, London

Schneider W, Hasselhorn M (2008) Handbuch der Pädagogischen Psychologie. Hogrefe Verlag GmbH & Co. KG, Göttingen

Stankov L, Lee J, Luo W, Hogan DJ (2012) Confidence: a better predictor of academic achievement than self-efficacy, self-concept and anxiety? Learn Individ Differ 22:747–758

Wagenhofer E (2013) Alphabet (österreichischer Dokumentarfilm)

Mentoring in der betrieblichen Personalarbeit – Rahmenbedingungen und Handlungsfelder

Ernst Deuer

1 Mentoring als Instrument der Personalentwicklung

Man lernt heute zunehmend übers Internet, aber auch Bücher spielen weiterhin eine Rolle – schon allein, weil gedruckte Quellen noch immer für eine gewisse Seriosität stehen. Daneben lernen wir aber nicht nur dank digitaler oder gedruckter Quellen, sondern nicht zuletzt auch von und mit anderen Menschen. Dieses Lernen erfolgt nicht nur in klassischen Lernsituationen, sondern auch im (Arbeits-) Alltag.

In Deutschland hat dieses umfassende Verständnis des Lernens voneinander und miteinander eine lange Tradition und geht im Handwerk bis ins Mittelalter zurück. Und so ist bis heute eine handwerkliche Ausbildung dadurch geprägt, dass ein Meister nicht nur Fachwissen weitergibt, sondern Räume schafft, damit eigene Erfahrungen gesammelt und reflektiert werden können. Dies alles geschah und geschieht durch die enge Begleitung durch den Meister, der in allen Bereichen Einblicke gewährt, Wissen teilt und im Lernprozess durch bewusstes und unbewusstes Handeln unterstützt.

Inzwischen ist dieser Ansatz längst auf viele andere Bereiche wie die Büroberufe übertragen worden und selbst bei klassischen Schulberufen spielen die Praktika eine wichtige Rolle, um ein Berufsbild unter realen Bedingungen und durch Interaktionen mit Kollegen, Kunden oder Patienten möglichst unter realen Bedingungen zu durchdringen.

E. Deuer (✉)
DHBW Ravensburg, Ravensburg, Deutschland
E-Mail: deuer@dhbw-ravensburg.de

© Der/die Autor(en), exklusiv lizenziert an Springer Fachmedien Wiesbaden GmbH, ein Teil von Springer Nature 2024
J. Cai et al. (Hrsg.), *Jahrbuch Angewandte Hochschulbildung 2022*,
https://doi.org/10.1007/978-3-658-43417-5_13

Aber auch über die Ausbildung hinaus kommt persönlichen Beziehungen im Kontext der Personalentwicklung eine wichtige Bedeutung zu, insbesondere wenn es nicht nur um die Weitergabe von Faktenwissen geht. Mentoring ist in diesem Sinne ein Ansatz, welcher auf der Interaktion zwischen erfahrenen Mentoren und Personen, die eine bestimmte Rolle erst noch finden möchten, beruht. Letztere Personen nennt man Zöglinge, Protegé oder Mentee. Hierbei kann es um Nachwuchskräfte (allgemein oder gezielt im Sinne von Führungsnachwuchs) ebenso gehen wie die gezielte Förderung bestimmter Personengruppen, also beispielsweise um Frauen in Führungspositionen zu bringen oder Menschen mit Migrationshintergrund in den Arbeitsmarkt und in den Arbeitsalltag zu integrieren.

Mentoring ist ein zeitgemäßes und vielseitiges Instrument der betrieblichen Personalarbeit, gleichzeitig blickt es auf eine lange Historie zurück und wird mitunter als „älteste Form der informellen Personalentwicklung" bezeichnet (Weber und Rademacher 2016). So gilt als Ursprung dieses Konzepts eine Begebenheit aus der Antike. Odysseus vertraute seinem Freund Mentor den eigenen Sohn an, wenn er selbst unterwegs war. Während seiner Abwesenheit sollte Mentor dem Sohn beratend zur Seite stehen und dessen Entwicklung begleiten und fördern. In diesem Sinne wird auch in neuerer Zeit „eine persönliche, dyadische, hierarchische Beziehung betont, die auf die Förderung des Lernens, der Entwicklung und das Vorankommen des Mentee durch den Mentor ausgerichtet ist" (Stöger und Ziegler 2012, S. 132). Hierbei ist Mentoring als Prozess anzusehen, welcher auf einer besonderen persönlichen Beziehung beruht und auf eine gewisse Dauer angelegt ist. In diesem Sinne ist Mentoring ein Instrument, welches der persönlichkeits- und berufsbezogenen Entwicklungsförderung des Mentee dient (Weibler 2016, S. 402).

Der vorliegende Beitrag stellt dar, welche Möglichkeiten Mentoring-Konzepte bieten und wie diese im Unternehmen oder auch an Hochschulen angewandt werden können. Daneben wird auch deutlich, dass bei einem guten Mentoring-Ansatz alle Akteure profitieren: die geförderten Mentee, die Mentoren und die gesamte Organisation.

2   Mentoring-Formen

Im Laufe der Zeit haben sich verschiedene Formen des Mentorings entwickelt. Dies zeigt einerseits die Flexibilität und Anpassungsfähigkeit dieses Ansatzes – andererseits erschwert dies jedoch Vergleiche oder wissenschaftliche Studien zur Wirksamkeit etc. Vor diesem Hitergrund soll in diesem Abschnitt wenigstens

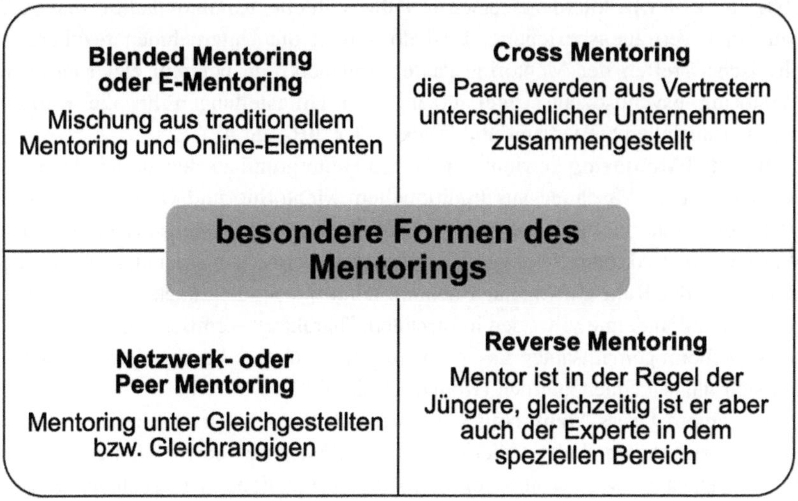

Blended Mentoring oder E-Mentoring	Cross Mentoring
Mischung aus traditionellem Mentoring und Online-Elementen	die Paare werden aus Vertretern unterschiedlicher Unternehmen zusammengestellt

besondere Formen des Mentorings

Netzwerk- oder Peer Mentoring	Reverse Mentoring
Mentoring unter Gleichgestellten bzw. Gleichrangigen	Mentor ist in der Regel der Jüngere, gleichzeitig ist er aber auch der Experte in dem speziellen Bereich

Abb. 1 Besondere Formen des Mentorings. (Quelle: Deuer)

ein kurzer Überblick über die Bandbreite der verschiedenen Mentoringformen gegeben werden (siehe auch Abb. 1).

E-Mentoring ist dadurch gekennzeichnet, dass die Mentoring-Beziehung online gepflegt wird. In einem Online-Portal kann der Austausch zwischen Mentor und Mentee stattfinden und es können Materialien durch die Organisation hinterlegt werden. Auf diese Weise können Personen kooperieren, die geographisch weit voneinander entfernt sind (Stock-Homburg und Groß 2019, S. 307). Aber auch jüngst in Zeiten der Corona-Pandemie zeigte diese Variante ihre Vorzüge. So gibt es an der Ruhr-Universität Bochum ein Mentoringprogramm für „Studentinnen der Ingenieurwissenschaften in der Masterabschlussphase", welches als Online-Format in weiten Teilen auch in Zeiten der Corona-Pandemie durchgeführt werden konnte. Dies betraf insbesondere „Online-Fortbildungen, aber auch Kamingespräche mit Ehrenamtlichen", die in Videokonferenzen durchgeführt wurden (Konkol et al. 2020, S. 202).

Ein weiterer Vorteil von E-Mentoring ist, dass Vorbehalte bezüglich Geschlecht, Herkunft oder Alter an Bedeutung verlieren: „E-mentoring has the potential to cross barriers of race, gender, geography, age, and hierarchy that are rarely crossed in traditional mentoring relationships" (Bierema und Merriam

2002, S. 219 f.). Allerdings erschwert die virtuelle Kommunikation den Aufbau einer Vertrauensbeziehung. Deshalb sollten die Unternehmen regelmäßige physische Treffen der Mentoring-Paare einplanen, „da bei rein elektronischem Mentoring psychosoziale Unterstützung und Hilfestellungen für die Karriere geringer ausfallen" (Biemann und Weckmüller 2014, S. 48).

Blended Mentoring gewinnt vor diesem Hintergrund an Bedeutung, denn dies bezeichnet eine Mischung aus traditionellem Mentoring und Online-Elementen. In diesem Sinne gibt es reale und virtuelle Treffen und dies entspricht auch dem Wunsch vieler Akteure. Dies zeigte sich auch in dem oben genannten Mentoringprojekt an der Ruhr-Universität Bochum, denn die Studentinnen haben während der Corona-Pandemie v. a. „den informellen Charakter" vermisst, „der in den Pausen oder beim gemeinsamen Essen im Anschluss an eine Veranstaltung entsteht", um sich näher kennenzulernen (Konkol et al. 2020, S. 202 f.).

Bei einem **Cross Mentoring** schließen sich mehrere Unternehmen zu einem Verbund zusammen. Jedes Unternehmen stellt Mentoren sowie Mentees und die Mentoring-Paare werden aus Vertretern unterschiedlicher Unternehmen zusammengestellt. Der fehlende gemeinsame Unternehmenskontext wird hierbei nicht als Mangel, sondern als Chance gesehen, weil er eine „größtmögliche Offenheit in den Gesprächen" bietet. „Besonders für kleine und mittelständische Unternehmen, die alleine nicht die Kapazitäten für ein eigenes, internes Mentoring haben, bietet sich mit dem Cross Mentoring für deren Nachwuchskräfte die Chance, auch an einem Mentoring-Programm teilnehmen zu können" (Domsch et al. 2017, S. 4 f.). Dabei ist Cross Mentoring keineswegs auf den Unternehmenssektor begrenzt – auch Hochschulen oder Behörden können sich an einem solchen Netzwerk beteiligen.

Exemplarisch kann an dieser Stelle auf mentoring[3] für Doktorandinnen und Postdoktorandinnen verwiesen werden, eine Initiative der Universitätsallianz Ruhr, zu der die Ruhr-Universität Bochum, die TU Dortmund und die Universität Duisburg-Essen gehören. In einem solchen Verbund ist die Auswahl an Mentoren größer „und deren Commitment höher, sodass die Chance, ein passendes Matching zu bilden, deutlich zunimmt" (Petersen et al. 2017, S. 494). Dank der räumlichen Nähe „bei gleichzeitiger Distanz zum eigenen Arbeitsumfeld" wird die interdisziplinäre Zusammenarbeit und der informelle Austausch gefördert. Wenn Fachhochschulen in solche Netzwerken integriert werden, sind die Potenziale sogar noch größer. Schließlich bringen Fachhochschulen ihre hohe Praxisorientierung und die entsprechenden Kontakte zur Arbeitswelt ein, während sie gleichzeitig davon profitieren, weil sie sich an Promotionsprogrammen der Universitäten beteiligen können.

Und an der Ostbayerischen Technischen Hochschule Regensburg gibt es das Mentoring-Programm „Professional Steps". Dieses richtet sich an alle Studierenden aus den technisch-naturwissenschaftlichen Studiengängen und den Studierenden (Mentees) stehen berufserfahrene Mentoren aus der beruflichen Praxis über zwei Semester hinweg begleitend zur Seite (siehe hierzu Ostbayerische Technische Hochschule Regensburg[1]). Daneben gibt es übergeordnet das „BayernMentoring" der Landeskonferenz der Frauen- und Gleichstellungsbeauftragten an bayerischen Hochschulen[2], „ein Förderprogramm speziell für Mädchen und junge Frauen vorrangig in MINT-Studien- und Berufsfeldern". Eine berufserfahrene Mentorin („Fachfrau aus einem Unternehmen oder einer Forschungseinrichtung") unterstützt die Studentinnen dabei, „Kontakte zu potenziellen Arbeitgebern zu knüpfen, ihre beruflichen Perspektiven zu diskutieren, an Ihrem persönlichen Profil zu arbeiten" und auf diese Weise gewinnen sie mehr Sicherheit für den Start ins Berufsleben – etwaige Promotionsmöglichkeiten eingeschlossen. Für Studentinnen und deren Mentorinnen an Hochschulen für Angewandte Wissenschaften bzw. Fachhochschulen wird neben der Mentoring-Partnerschaft ein Rahmenprogramm zur persönlichen wie beruflichen Weiterentwicklung angeboten.

Peer Mentoring (auch Team- der Netzwerkmentoring) beschreibt ein Mentoring unter Gleichgestellten bzw. Gleichrangigen. Im Fokus steht die gegenseitige Unterstützung möglichst statusgleicher Teilnehmer. „Peer Mentoring basiert auf den Prinzipien der Eigenverantwortlichkeit, der Selbstorganisation und der Notwendigkeit eigenen Engagements" (Weibler 2016, S. 403). Beim klassischen Mentoring besteht die Gefahr, dass dieses „als Top-down-Instrument wahrgenommen wird, welches die Autonomie des Mentee (…) einschränkt". Bei einem Mentoring auf der gleichen Ebene besteht diese Gefahr dagegen kaum. „Fraglich ist jedoch, ob die Vorteile, die ein erfahrener Mentor, beispielsweise durch sein Wissen über die Unternehmenskultur, bietet, bei einem Peer-Mentor ebenfalls gegeben sind" (Weber und Rademacher 2016, S. ff.).

Beim **Reverse Mentoring** ist der Mentor in der Regel der Jüngere, gleichzeitig ist er aber auch der Experte in dem speziellen Bereich – häufig handelt es sich um den Umgang mit Social Media oder um die Einsatzmöglichkeiten von moderner Informationstechnologie. So kommt es zu einem „Paradigmenwechsel" im Mentoring, wenn „z. B. technologieaffine Mitarbeiter*innen als Mentoren für

---

[1] https://www.oth-regensburg.de/studieren/im-studium/beratung-hilfe/mentoring/mentoring-professional-steps, Zugegriffen: 3. Juli 2023.

[2] www.lakof-bayern.de/foerderangebote/haw/bayernmentoring, Zugegriffen: 3. Juli 2023.

eine Führungskraft in höherer Hierarchie" zum Einsatz kommen (Domsch et al. 2017, S. 5).

Schließlich lassen sich noch formelle und informelle Mentoringprogramme unterscheiden. Informelles oder spontanes Mentoring erfolgt ohne vorgegebenen Rahmen, teilweise sogar unbewusst. So ist eben ein guter Meister oder Ausbilder auch häufig eine Art Mentor, der sich für seine Schützlinge einsetzt, auch über das vorgeschriebene Maß hinaus. Und im Rahmen des Abteilungsdurchlaufs ergeben sich viele persönliche Kontakte, woraus sich Beziehungen entwickeln können und potenzielle Laufbahnen deutlich werden.

Aus der Perspektive der Unternehmen ergibt sich hinsichtlich des informellen oder spontanen Mentorings kein Handlungsbedarf, da diese Mentoringbeziehungen in der Regel durch persönliche Beziehungen und Netzwerke entstehen. Diese spontanen Aktionen kann ein Unternehmen höchstens dahingehend begleiten, dass potenzielle Mentoren und Mentees auf die Möglichkeit, Mentoringpaare zu bilden, hingewiesen und hierzu ermuntert werden. Darüber hinaus könnten mögliche finanzielle Anreize für erfolgreiche Mentoringpaare in Aussicht gestellt werden. Es fehlt hierbei jedoch an jeglichen Strukturen, die festlegen, wer mit wem in welcher Form und mit welchem Ziel Mentoring praktiziert. Aus betrieblicher Perspektive kommt daher der Frage der Institutionalisierung die größere Bedeutung zu, sofern man dies nicht den Umständen oder dem Zufall überlassen möchte. Hierbei kommt dem Matching eine zentrale Bedeutung zu, damit die passenden Personen miteinander zusammenarbeiten. In diesem Sinne gilt es jeweils zu prüfen, welche Strukturen und Rahmenbedingungen den Mentoring-Prozess determinieren sollen. Bei der Bundesagentur für Arbeit ist dies sogar im Rahmen einer allgemeinen Weisung geregelt (Bundesagentur für Arbeit 2021).

3   Mentoring-Ziele

Mentoring kann allgemein als „Patenschaft zwischen einem unerfahrenen und einem erfahrenen Individuum" beschrieben werden (Weibler 2016, S. 403). Welche inhaltlichen Schwerpunkte und Ziele in der Mentoring-Beziehung gesetzt werden, hängt letztlich von der individuellen Ausgestaltung, von der Situation und vom Bedarf im Unternehmen ab (Abb. 2). So kann in der einen Beziehung eher der fachliche Wissenstransfer im Vordergrund stehen, in einer anderen die emotionale Unterstützung oder die gezielte Laufbahnplanung. Dabei sind Mentoringprogramme jedoch nicht zwingend auf eine mehr oder weniger allgemeine Nachwuchsförderung mit entsprechenden Streuverlusten ausgerichtet, vielmehr bieten gerade Mentoringprogramme die Chance für die zielgerichtete Förderung

Netzwerke innerhalb und außerhalb des Unternehmens nutzen und ausbauen

Sicherung der Wissensbasis sowie der Kontinuität in Leistung und Zusammenarbeit

Mentoringziele

formale und informale **Lernprozesse und Lerninhalte** unterstützen bzw. thematisieren

Karriereförderung und Entfaltung von Potenzialen

Abb. 2 Übersicht möglicher Mentoringziele (vgl. Becker 2013, S. 669; Stöger und Ziegler 2012, S. 137; Hurst und Eby 2012, S. 82)

bestimmter Personengruppen, wie beispielsweise Programme zur Förderung von Frauen, Menschen mit Behinderungen oder zur Integration von Geflüchteten oder von Menschen mit Behinderungen in den betrieblichen Arbeitsalltag. So zeigt auch eine aktuelle Studie, dass Mentoring-Programme „die zukünftigen Arbeitsmarktchancen stark benachteiligter Jugendlicher erheblich verbessern" können und dass sich der Aufwand lohnt – es wurde ein Nutzen-Kosten-Verhältnis von 15 zu 1 ermittelt (Resnjanskij et al. 2021, S. 38).

Ein zentrales Ziel von Mentoring-Programmen ist insbesondere die Karriereförderung, welche sich auf verschiedenste Zielgruppen beziehen kann. So kann Mentoring bereits im Rahmen der Nachwuchsförderung in der Phase der Berufsausbildung ansetzen. Die Auszubildenden haben ihr zuvor gewohntes Umfeld verlassen und befinden sich auf der Suche nach einer Orientierung in der für sie noch wenig vertrauten neuen Umgebung. Hinzu kommt, dass „nahezu alle Arbeitstätigkeiten (…) subjektive, schwer fassbare Wissens- und Handlungsqualitäten" umfassen und „Kreativität, Intuition und Initiative" erfordern. Es kann somit von „einem ‚schweigenden' Wissen, das nicht vollständig von außen einsehbar und erfassbar ist" gesprochen werden (Umbach et al. 2020, S. 18). Gerade zu Beginn einer Ausbildung ist es daher hilfreich, einen Ansprechpartner für alle Fragen zu haben. Dies erleichtert den Einstieg in den Beruf oder das Unternehmen und kann ein Gefühl von Sicherheit vermitteln.

Mentoren, die einerseits einen hinreichenden Erfahrungsvorsprung haben und andererseits noch nah genug an der Zielgruppe „dran" sind, können hierbei unschätzbare Vorteile bieten und auch dazu beitragen, Ausbildungsabbrüche zu vermeiden. Daneben kann aber auch ein sehr großer Alters- und Statusunterschied eine gute Lösung sein. So organisiert der Senior Experten Service in Kooperation mit den Industrie- und Handelskammern das Beratungs- und Unterstützungsangebot „VerA", nämlich „ein Angebot an alle, die in der Ausbildung auf Schwierigkeiten stoßen und mit dem Gedanken spielen, ihre Lehre abzubrechen". In diesen Fällen werden die Fach- und Führungskräfte, die sich bereits im Ruhestand befinden, ehrenamtlich tätig und sie „beantworten fachliche Fragen, begleiten Übungen für die Berufspraxis, unterstützen die Vorbereitung auf Prüfungen, kümmern sich um den Ausgleich sprachlicher Defizite, fördern die soziale Kompetenz und Lernmotivation und stärken das Vertrauensverhältnis zwischen Auszubildendem und Ausbilder".[3]

Genauso können Mentoringprogramme auch auf Neu- und Quereinsteiger im Unternehmen ausgerichtet sein, die ebenfalls Orientierung suchen und im Misserfolgsfall das Unternehmen oftmals noch während der Probezeit wieder verlassen. Um diese ungewünschten Formen der Fluktuation einzugrenzen, könnte sich ein Mentorenprogramm als hilfreich erweisen, da hierbei neue Mitarbeiter von erfahrenen Organisationsmitgliedern frühzeitig „an die Hand" genommen werden und eine frühzeitige Bindung an das Unternehmen aufbauen können. Diese Maßnahme wirkt vertrauensbildend und es wird gewährleistet, dass die neuen Mitarbeiter in einer Organisation recht schnell über ein informelles Netzwerk verfügen. Auf diese Weise lassen sich Beziehungen aufbauen, ggf. bis hin zum oberen Management. Ebenso leistet Mentoring in diesem Sinne einen Beitrag zum betrieblichen Wissensmanagement, was im folgenden Abschnitt vertieft wird.

Auch für Hochschulen ergeben sich im Rahmen von Mentoring umfassende Möglichkeiten der systematischen Talententwicklung bis hin zur Mitarbeiterbindung. So können weibliche Studierende in MINT-Studiengängen gezielt begleitet werden oder generell können akademische Karrieren von Frauen im Fokus stehen. Auch „Erstakademiker", also Studierende, deren eigene Eltern keinen Hochschulabschluss haben, sind eine interessante Zielgruppe. Ebenso können sich diese Förderangebote auch an Studierende oder Wissenschaftler aus dem Ausland richten, um deren Integration und ggf. auch Bleibeabsicht zu fördern. Alle

---

[3] Senior Experten Service (2023) www.ses-bonn.de/aktivitaeten/deutschland/vera-verhinderung-von-ausbildungsabbruechen, Zugegriffen: 3. Juli 2023.

aufgeführten Zielgruppen haben die Gemeinsamkeit, bislang im Hochschulsektor unterrepräsentiert zu sein. Mit Mentoringprogrammen kann ein Beitrag geleistet werden, diese Potenziale zu entdecken und zielgerichtet und individuell zu fördern.

Exemplarisch sei an dieser Stelle auf die Ostbayerische Technische Hochschule (OTH) Regensburg verwiesen. Diese Hochschule unterhält drei Mentoring-Programme und deckt hiermit die ganze Bandbreite der Talentförderung ab. „MINToring" steht für die Kooperation mit weiterführenden Schulen und hierbei begleiten Studentinnen der OTH solche Schülerinnen, die sich für MINT-Studiengänge interessieren. Im Rahmen des Programms „First Steps" unterstützen erfahrene Studierende aus den höheren Semestern die Studienanfänger und geben Orientierung im Studienalltag. Im Rahmen von „Professional Steps" werden schließlich Kontakte mit Praxisvertretern geknüpft. Mentoring-Konzepte kommen somit von der Rekrutierung von neuen Studierenden bis hin zum Übergang ins spätere Berufsleben zum Einsatz.

4 Institutionelle Perspektive: Mentoring und Wissensmanagement

Eine lernende Organisation zeichnet sich dadurch aus, dass sie institutionelle Bedingungen für die erfolgreiche Durchführung von Lernprozessen schafft (Seidenbiedel 2020, S. 392). Hierbei geht es darum, das Lern- und Wissenspotenzial sämtlicher Beschäftigten und somit auch der gesamten Organisation zu vergrößern, um die Leistungsfähigkeit des Unternehmens zu steigern.

Mentoring trägt auch dazu bei, dass die betriebliche Wissensbasis erhalten und ausgebaut wird. So kann Mentoring im Rahmen des betrieblichen Wissensmanagements einen wichtigen Beitrag leisten, weil auf diese Weise einerseits ganz allgemeines, allen zugängliches Wissen, aber anderseits auch Insider-Wissen an den Mentee weitergegeben werden kann.

„In Analogie zum Eisberg-Modell kann das implizite Wissen als das bei weitem überwiegende Wissen angesehen werden, das oftmals unsichtbar und ungenutzt bleibt" (Ziehmann 2008, S. 486). Dieses Wissen ist nicht offen zugänglich und wurde über jahrelange Erfahrung erworben. Diese Art von Wissen ist nur schwer explizierbar und deshalb auch schwer zu speichern. Durch Mentoring besteht die Möglichkeit, dass dieses Wissen von Mentoren schon lange vor dem altersbedingten Ausscheiden an Nachwuchskräfte weitergegeben wird. Dies setzt jedoch ein hinreichendes Vertrauensverhältnis voraus. Schließlich geben viele

Wissensträger Informationen und unternehmensrelevantes, erfolgskritisches Wissen oft nur in einem Umfeld des gegenseitigen Vertrauens weiter. Vor diesem Hintergrund bietet Mentoring einen guten Rahmen dafür, dass das Wissen und die wertvollen Erfahrungen auch nach dem Ausscheiden der älteren Arbeitnehmer im Unternehmen verbleiben und genutzt werden können.

Und schließlich unterstützt Mentoring auch die betrieblichen Lernprozesse auf verschiedenen Ebenen, wovon am Ende die gesamte Organisation profitiert. *Senge* (1990, S. 139) beschrieb dies bereits vor drei Jahrzehnten: „Organizations learn only through individuals who learn. Individual learning does not guarantee organizational learning. But without it no organizational learning occurs".

Im Rahmen von Mentoring können zudem verschiedene Lernansätze (im Sinne der Ambidextrie, also „Beidhändigkeit") zum Tragen kommen (Seidenbiedel 2020, S. 395). Einerseits lässt sich in diesem Rahmen neues Wissen erkunden durch das Experimentieren mit Ungewohntem und das Erproben von Alternativen (= Exploration). Andererseits kann der möglichst effiziente Einsatz bzw. die Umsetzung von bereits erworbenem Wissen optimiert und weiterverbreitet werden (= Exploitation). Mentoring bietet hierfür geeignete Experimentier-, Lern-, Übungs- und Schonräume.

Eine lernende Organisation zeichnet sich schließlich dadurch aus, dass die beteiligten Akteure „kontinuierlich die Fähigkeiten entfalten, ihre wahren Ziele zu verwirklichen, in denen neue Denkformen gefördert und gemeinsame Hoffnungen freigesetzt werden und in denen Menschen lernen, miteinander zu lernen" (Senge 2011, S. 13). Es geht also um „lernfähige soziale Systeme, die relativ offen und dynamisch sowie selbstorganisierend und strukturdeterminiert sind und sich adaptiv an die Umweltveränderungen anpassen können" (Czaja 2020). Mentoring kann diese Prozesse auslösen und unterstützen.

5   Individuelle Perspektive: Mentoring und Employability

Employability ist ein „Schlüsselbegriff" für das Suchen einer Anstellung („the ability to gain initial employment"), den Eintritt in ein Beschäftigungsverhältnis, seine Sicherung und erfolgreiche Weiterentwicklung („the ability to maintain employment") sowie den Wechsel auf eine andere bzw. bessere Stelle („the ability to obtain new employment") (Hillage und Pollard 1998, S. 2). Vor diesem Hintergrund geht es darum, Employability unter veränderten Bedingungen immer

wieder neu herzustellen. In diesem Sinne wird Employability auch als „lebenslange Arbeitsmarktfitness" oder „die Fähigkeit, fachliche, soziale und methodi-
sche Kompetenzen unter sich wandelnden Rahmenbedingungen zielgerichtet und
eigenverantwortlich anzupassen und einzusetzen, um eine Beschäftigung zu erlangen oder zu erhalten" bezeichnet (vgl. Domke 2007; Rump und Eilers 2017,
S. 605).

Mentoring-Programme können die individuelle Employability in jeder Phase
unterstützen, wie Abb. 3 zeigt. Gerade in der beruflichen Einstiegsphase kann
Mentoring helfen, indem es Orientierung und konkrete und Hilfestellungen gibt
und individuelle Begleitung leistet. Hierbei sind keineswegs nur Berufseinsteiger
im Fokus, vielmehr kann Mentoring die gesamten Onboarding-Aktivitäten im
Unternehmen unterstützen.

Ebenso können Mentoring-Programme auch die individuelle Weiterentwicklung im Kontext der aktuellen beruflichen Stellung fördern. So kann beispielsweise Cross Mentoring den Horizont erweitern, weil auf diese Weise
neue Einblicke und Erfahrungen möglich werden. Hierbei ist Cross Mentoring
nicht auf überbetriebliche Netzwerke beschränkt, sondern kann vielmehr den
Fokus beispielsweise auch auf Cross Gender Mentoring oder Cross Cultural

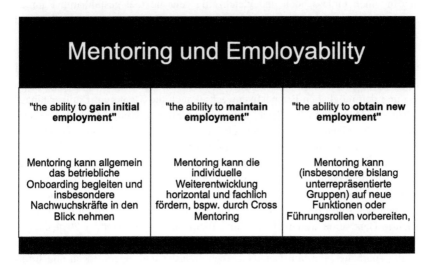

Abb. 3 Facetten der Employability und Potenziale von Mentoring (vgl. Hillage und Pollard
1998, S. 2)

Mentoring legen, um entsprechende Kompetenzen zu vermitteln und/oder eine Sensibilisierung für den Umgang mit Unterschieden und Vielfalt zu schaffen.

Eine wichtige Rolle kommt Mentoring auch bei der Vorbereitung auf neue Funktionen und Rollen zu. So wird häufig die fehlende Vielfalt in den Führungsetagen beklagt, weil „weiße alte Männer" gerne unter sich bleiben und entsprechend darauf achten, dass genau solche Typen (also möglichst ähnlich wie sie selbst) im Unternehmen gefördert und befördert werden (vgl. Passmann 2019). Als Argument für die fehlende Vielfalt kommt dann häufig, dass keine geeigneten Bewerberinnen oder Personen mit Migrationshintergrund zur Auswahl standen. Gerade hier kann Mentoring ansetzen und dazu beitragen, dass Angehörige von bislang unterrepräsentierten Gruppen gezielt vorbereitet werden, sich entwickeln können und sich im nächsten Schritt entsprechend bewerben können.

6 Fazit und Ausblick

Nachwuchskräfte zu rekrutieren, weiter zu entwickeln und zu halten wird in zunehmendem Maße zur zentralen unternehmerischen Aufgabe und Personalentwicklung nimmt vor diesem Hintergrund eine wichtige Rolle ein. Mentoring kann hierfür einen umfassenden und gleichzeitig sehr flexibel gestaltbaren Rahmen ermöglichen und dazu beitragen, Nachwuchskräfte zu finden, zu entwickeln und zu binden.

Auch wenn auf den ersten Blick vor allem die Mentees von der Förderung profitieren, so sollten die Vorteile für die Mentoren und für die gesamte Organisation nicht unterschätzt werden. Schließlich profitieren durch den Generationendialog und den möglichen Perspektivenwechsel auch die Mentoren. Darüber hinaus erhält der Mentor ein Feedback zum eigenen Führungsverhalten und die Gelegenheit, die eigene Position, den eigenen Werdegang und auch die eigenen Erfahrungsinhalte zu reflektieren (Weibler 2016, S. 403).

Zudem besteht die Möglichkeit, „wichtige und interessante Erfahrungen zu sammeln, die eigene Leistung zu verbessern, eine loyale Gruppe von Unterstützern im Unternehmen aufzubauen, Anerkennung von anderen zu erhalten und letztlich sich selbst dadurch zu verwirklichen, dass man seine Erfahrungen an die nächste Generation weitergeben kann" (Biemann und Weckmüller 2014, S. 48). Ein weiterer Vorteil kann darin gesehen werden, dass der Mentee dem Mentor häufig zuarbeitet, ihn von Detailaufgaben entlastet und eigene Ideen und Informationen einbringt. Ebenso zeigen Studien auch positive Auswirkungen auf den subjektiven und objektiven Berufserfolg der Mentoren, was deren Zufriedenheit fördern und ihren Ruf im Unternehmen verbessern kann (vgl. Kauffeld 2014).

Mentoring entspricht daher im Erfolgsfall einer klassischen Win-Win-Situation, bei der alle Beteiligten profitieren können und ihren jeweiligen Nutzen daraus ziehen können. Vor diesem Hintergrund ist es umso bedeutender, dass alle Beteiligten ihre persönlichen Chancen und Vorteile sehen und darüber hinaus erkennen, dass sich die jeweiligen Nutzenaspekte konstruktiv und positiv ergänzen und dass nicht der Vorteil des einen zu Lasten des anderen Mentoringpartners geht. Eine Übersicht der jeweiligen Vorteile für die Mentoring-Partner findet sich in Abb. 4.

Gleichwohl kann natürlich nicht übersehen werden, dass Mentoring (bei allen Vorzügen) kein unbedingter Selbstläufer ist. Schließlich zeigen sich bei genauerer Betrachtung auch Risiken (siehe Abb. 5). So können sowohl für Mentoren oder

Nutzen für Mentoren	Nutzen für Mentees
Kontakte auch zu anderen Mentoren aufbauen	eine Perspektive für die eigenen Karrierechancen entwickeln
eigenes Arbeiten reflektieren, soziale und kommunikative Kompetenzen trainieren	Einblicke in Unternehmensstrukturen und Netzwerke erhalten und Kontakte knüpfen
qualifizierte Nachfolge im Unternehmen sichern	Unterstützung bei der eigenen Tätigkeit erhalten
frische Ideen und Impulse, Einblicke in die aktuelle Forschung	eigene Fähigkeiten besser kennen und einschätzen lernen

Abb. 4 Nutzen und Vorteile für die Mentoringpartner. (Quelle: Deuer)

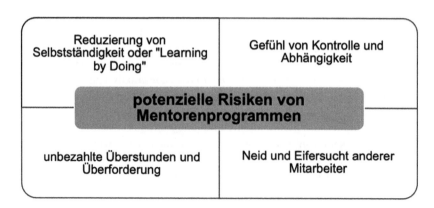

Abb. 5 Potenzielle Risiken von Mentoringprogrammen. (Quelle: Deuer)

Mentees (zusätzliche) Belastungen entstehen, bis hin zur individuellen Überforderung (Umbach et al. 2020, S. 196). Umgekehrt kann es auch Neid und Eifersucht von anderen Mitarbeitern geben, die (aus welchen Gründen auch immer) nicht am Mentoring-Programm beteiligt sind.

Und manchmal haben diese Stimmen sogar recht. Denn es ist keineswegs immer und automatisch gewährleistet, dass der Zugang zum Mentoring-Programm stets fair und nach objektiven Kriterien erfolgt. So ist einerseits häufig von einem „old boys network" oder explizit von Seilschaften die Rede und Mentoring erscheint in diesem Sinne als „reserved for those individuals who are more willing to conform to the established power structure in the organization" (Hurst und Eby 2012, S. 85). So wird nicht zwingend das individuelle Potenzial gesehen und gefördert, sondern andere Merkmale wie die (soziale) Herkunft, persönliche Beziehungen oder entsprechende Vorleistungen eröffnen den Zugang zur attraktiven Nachwuchsförderung (Blickle et al. 2003, S. 127).

Ein ernsthafter Kritikpunkt ist zudem gegeben, wenn Mentoring die Eigeninitiative und Selbstständigkeit des Mentee einschränkt statt fördert und eher ein Gefühl von Kontrolle und Abhängigkeit überwiegt. Die Gefahr besteht vor allem dann, wenn das Matching nur suboptimal gelingt und die betroffenen Mentoringakteure nicht die richtige Einstellung mitbringen.

Und schließlich ist Mentoring nur so gut, wie die Beteiligten es zulassen bzw. ermöglichen – „mentoring relationships are as fragile as any personal relationship" (Scandura 1998, S. 464). Wenn Mentoren oder Mentees ihrer Verantwortung nicht gerecht werden oder sie das ihnen entgegengebrachte Vertrauen missbrauchen, sind Schwierigkeiten (im Extremfall bis hin zur Sabotage), möglich oder sogar vorprogrammiert (Scandura 1998, S. 454 f.).

Aber diese Risiken sollen nicht davon abhalten, sich diesem Ansatz zu widmen. Schließlich gibt es nur wenige Studien, die negative Effekte aufzeigen (Stöger und Ziegler 2012, S. 141). Vielmehr gilt es daher, diese Risiken im Blick zu behalten, wenn es um die konkrete Umsetzung und Ausgestaltung geht. Dies ist mit Aufwand verbunden – aber die Mühe lohnt sich, für alle Beteiligten.

Literatur

Becker M (2013) Personalentwicklung. Schäffer-Poeschl, Stuttgart

Biemann T, Weckmüller H (2014) Mentoring: Wann nützt es und wem nützt es? Pers Q 2:46–49

Bierema LL, Merriam SB (2002) E-mentoring: using computer mediated communication to enhance the mentoring process. Innov High Educ 3:211–227

Blickle G, Kuhnert B, Rieck S (2003) Laufbahnförderung durch ein Unterstützungsnetzwerk. Ein neuer Mentoringansatz und seine empirische Überprüfung. Zeitschrift für Personalpsychologie 2:118–128

Bundesagentur für Arbeit (2021) Weisung 202107011 vom 20.07.2021 – Mentoring als Instrument der Personalentwicklung in der Bundesagentur für Arbeit (BA). https://www.arbeitsagentur.de/datei/weisung-202107011_ba147116.pdf. Zugegriffen: 3. Juli 2023

Czaja B (2020) Das Konzept der lernenden Organisation. www.praxisfeld.de/de/blog/articles/das-konzept-der-lernenden-organisation, Zugegriffen: 3. Juli 2023

Domsch ME, Ladwig DH, Weber FC (2017) Cross Mentoring im Spannungsfeld von Personalentwicklung und Organisationsentwicklung. In: Domsch ME, Ladwig DH, Weber FC (Hrsg) Cross mentoring. Springer, Wiesbaden, S 3–24

Domke B (2007) Was ist...Employability? Harvard Bus Manage 12:24

Hillage J, Pollard E (1998) Employability: developing a framework for policy analysis. www.researchgate.net/publication/225083565_Employability_Developing_a_framework_for_policy_analysis, Zugegriffen: 3. Juli 2023

Hurst CS, Eby LT (2012) Mentoring in organizations: mentor or tormentor? In: Reilly N, Nora P, Sirgy MJ, Gorman CA (Hrsg) Work and quality of life: ethical practices in organizations. Springer, Dordrecht, S 81–94

Kauffeld S (2014) Webexkurs Mentoring. https://lehrbuch-psychologie.springer.com/sites/default/files/atoms/files/kauffeld_a3_978-3-662-56012-9_webexkurs_7-10_mentoring_0.pdf, Zugegriffen: 3. Juli 2023

Konkol K, Schiffmann L-K, Berbuir U (2020) Orientierungsangebote zur aktiven Karrieregestaltung von Masterstudierenden. In: Isenhardt I, Petermann M, Schmohr M (Hrsg) Lehren und Lernen in den Ingenieurwissenschaften. Innovativ – digital – international. wbv, Bielefeld, S 193–204

Passmann S (2019) Alte weiße Männer. Kiebenheuer & Witsch, Köln

Petersen R, Rudack H, Kujawski A (2017) Cross Mentoring in der Wissenschaft – Das Beispiel mentoring[3] der Universitätsallianz Ruhr. In: Domsch ME, Ladwig DH, Weber FC (Hrsg), Cross mentoring. Springer, Wiesbaden, S 475–500

Resnjanskij S, Ruhose J, Wiederhold S, Wößmann L (2021) Mentoring verbessert die Arbeitsmarktchancen von stark benachteiligten Jugendlichen. In ifo Schnelldienst 74(02):31–38

Rump J, Eilers S (2017) Employability und employability management. In: Hildebrandt A, Landhäußer W (Hrsg) CSR und Digitalisierung. Springer, Wiesbaden, S 603–616

Scandura T A (1998) Dysfunctional mentoring relationships and outcomes. J Manage: 449–467

Seidenbiedel G (2020) Organisationale Gestaltung. Springer, Wiesbaden

Senge PM (1990) The fifth discipline: the art and practice of the learning organization. Random House, New York

Senge PM (2011) Die fünfte Disziplin. Schäffer-Poeschl, Stuttgart

Stock-Homburg R, Groß M (2019) Personalmanagement. Theorien – Konzepte – Instrumente. Springer, Wiesbaden

Stöger H, Ziegler A (2012) Wie effektiv ist Mentoring? Ergebnisse von Einzelfall- und Meta-Analysen. Diskurs Kindheits- und Jugendforschung 2:131–146

Umbach S, Haberzeth E, Böving H, Glaß E (2020) Kompetenzverschiebungen im Digitalisierungsprozess. Veränderungen für Arbeit und Weiterbildung aus Sicht der Beschäftigten. wbv, Bielefeld

Weber U, Rademacher U (2016) Angst vor Autonomieverlust. Personalwirtschaft 6:51–53

Weibler J (2016) Personalführung. Franz Vahlen, München

Ziemann KD (2008) Lernende Organisation. In: Woll A (Hrsg) Wirtschaftslexikon. Oldenbourg, München, S 486–487

Hartnäckige Lernhürden decodieren und Verständnis-Brücken für Studierende bauen

Britta Foltz und Christine Niebler

1 Einleitung

Kennen Sie auch das Phänomen, dass Studierende in Ihrer Veranstaltung immer wieder an den gleichen Aufgaben oder Fertigkeiten scheitern, obwohl Sie diese besonders ausführlich erklärt haben? Der Grund könnte Ihre Fachexpertise in Ihrer wissenschaftlichen Disziplin sein. Eine Lösung bietet der hochschuldidaktische Ansatz des „Decoding the Disciplines", der im Folgenden vorgestellt und mit Beispielen verdeutlicht wird.

Hochschullehrende zeichnet fachspezifische Expertise aus, die auch die Voraussetzung für ihre Dozententätigkeit ist. Gleichzeitig werden auf dem Weg zum Expertentum Wissen und Fähigkeiten verdichtet und internalisiert (Wyss 2012). Manche Schritte beim Lösen von Problemstellungen sind für Experten völlig selbstverständlich. Sie werden dann unbewusst ausgeführt oder zumindest in ihrer Bedeutung für den Problemlösungsprozess nicht mehr wahrgenommen. Doch was Lehrende nicht mehr bewusst wahrnehmen, unterrichten sie auch nicht mehr explizit. Auf diese Weise entstehen für die Studierenden Lernhürden, so genannte Bottlenecks, die häufig sehr charakteristisch für die entsprechende Fachdisziplin sind. Es sind Stellen, die wichtig sind für das weitere Fortschreiten des Lernprozesses im betroffenen Fach. Sie erfordern eine besondere Denkweise oder

B. Foltz (✉)
Fachhochschule Aachen, Aachen, Deutschland
E-Mail: foltz@fh-aachen.de

C. Niebler
Technische Hochschule Nürnberg, Nürnberg, Deutschland
E-Mail: christine.niebler@th-nuernberg.de

J. Cai et al. (Hrsg.), *Jahrbuch Angewandte Hochschulbildung 2022*,
https://doi.org/10.1007/978-3-658-43417-5_14

Methodik, die zunächst durchdrungen werden muss und an der viele Studierende scheitern. Solche Lernhürden erweisen sich oft als widerstandsfähig gegen didaktische Interventionen, wie z. B. Peer Instruction (Mazur et al. 2017).

Beispiele für solche blinden Flecken von Experten können Sie an einem Alltagsbeispiel ausprobieren: Versuchen Sie, das Ablesen einer analogen Uhr einer Person zu erklären, die noch nie eine Uhr gesehen hat. Der Ableseprozess ist so selbstverständlich, dass der Versuch, diesen auf Anhieb lückenlos zu beschreiben, schwerfällt.

Beispiele für fachspezifische Bottlenecks im Hochschulkontext sind vielfältig und finden sich in allen Disziplinen:

- BWL: Studierende können nicht nachvollziehen, dass eine Insolvenz nicht durch die Aufnahme eines Darlehens abzuwenden ist.
- Maschinenbau: Studierende verwechseln die messbare Basisgröße Temperatur mit der Energieform Wärme.
- Englisch: Studierende können Texte nicht interpretieren (Middendorf und Shopkow 2018, S. 20).

Wenn auch Sie Bottlenecks aus Ihren Veranstaltungen kennen, dann bietet der Ansatz des „Decoding the Disciplines" eine hochschuldidaktische Herangehensweise, um Ihren Studierenden eine Brücke über diese Lernhürden zu bauen (Riegler 2019, S. 3 ff.). Grundlegend ist hierbei die Klärung, mit welchen kognitiven Strategien Sie als Expert*in, entsprechende Bottleneck-Problemstellungen durchdringen.

2   Der Decoding Prozess

Decoding the Disciplines wurde maßgeblich von *David Pace* und *Joan Middendorf* an der Indiana University als siebenschrittiger Prozess vorangetrieben und veröffentlicht (Middendorf und Pace 2004; Pace 2017). Der Decoding Prozess wird im folgenden Abschnitt dargestellt. Einen Überblick über den Ablauf des Decodings sehen Sie in Abb. 1.

Die Prozessschritte 1 („Define a bottleneck") und 2 („Uncover the mental task") werden zumeist im Rahmen eines Decoding-Interviews durchgeführt. Teilnehmer des Interviews sind der Experte oder die Expertin, im folgenden interviewte Person genannt, und zwei Interviewer. Letztere sollten nicht zur gleichen Fachdisziplin gehören, allerding ist ein artverwandter Hintergrund bei mindestens einer der interviewführenden Personen hilfreich. Über das Decoding erhält

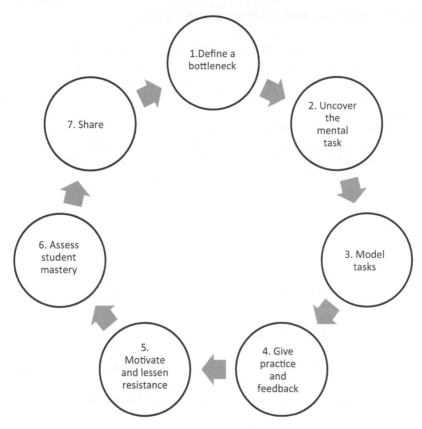

Abb. 1 Der Decoding Prozess nach https://decodingthedisciplines.org/

die interviewte Person Unterstützung bei der Klärung ihrer Expertenstrategie. Gerade die Unwissenheit der Fachfremden ermöglicht es, eine unvoreingenommene Perspektive einzunehmen und durch Fragen blinde Flecken und verborgene Gedankengänge schrittweise aufzuspüren.

Das Interview ist ein kollegiales Gespräch auf Augenhöhe, bei dem alle Parteien sich auf unbekanntes Terrain und Ideen einlassen müssen. Daher sind auftretende Unsicherheiten, Pausen des Nachdenkens und wiederholtes Nachfragen Teil eines gelungenen Interviews.

2.1   Prozessschritt: Define a bottleneck

Am Anfang des Decoding Prozesses geht es darum, aus einem beobachteten unerwünschten Verhalten bei Studierenden eine Lernhürde abzuleiten und diese als Bottleneck zu formulieren und schriftlich festzuhalten. Deshalb beginnt die Klärung jedes Bottlenecks mit der allgemeinen Frage nach dem Anliegen der interviewten Person.

Das beobachtete Verhalten, das der Lehrende bemängelt, setzt den Rahmen für die Suche nach dem passenden Bottleneck. Das Gespräch mit den Interviewführenden unterstützt die interviewte Person dabei, die für sie relevante Stelle präzise festzulegen, an der die Studierenden eine zusätzliche Fähigkeit oder Erkenntnis benötigen würden. Diese Stellen gilt es, schriftlich als Bottleneck in der Form

* „Viele meiner Studierenden scheitern regelmäßig, wenn…"
* „Meine Studierenden machen/sagen häufig… anstatt … zu machen/zu sagen."

zu fixieren. Häufig ist festzustellen, dass in einem Anliegen mehrere Lernhürden miteinander verknüpft sind. Dann entscheiden Sie sich zunächst für das Bottleneck, das Ihnen am wichtigsten erscheint und bearbeiten die übrigen zu einem anderen Zeitpunkt.

Hilfreiche Fragen zur Formulierung und Präzisierung von Bottlenecks sind:

* Wann/In welchem inhaltlichen Zusammenhang beobachten Sie diese Lernhürde?
* Woran erkennen Sie, dass Studierende das Bottleneck nicht überwunden haben?
* Gibt es typische Ergebnisse, Verhaltensweisen, Argumentationen, die Sie bei den Studierenden beobachten und die auf die Lernhürde hindeuten?

An die schriftliche Formulierung des Bottlenecks schließt sich die Ableitung eines zugehörigen Learning Outcomes an. Es beschreibt, welche Kompetenzen und Fähigkeiten Ihre Studierenden erlangt haben, wenn sie die Lernhürde überwunden haben.

Das Lernziel hilft in einem ersten Schritt, die Frage des „Wie mache ich das eigentlich" zu reflektieren und damit den Übergang zu Prozesschritt 2 (Uncover the mental task) zu vereinfachen.

Während der Klärung des Bottlenecks ist die interviewte Person in der Rolle des oder der Lehrenden. Sobald im nächsten Schritt die Expertenstrategie decodiert wird, muss sie die Expertenrolle einnehmen und darf nicht zurück in die Lehrsituation abrutschen.

2.2   Prozessschritt: Uncover the mental task

Im zweiten Prozessschritt ergründet die interviewte Person mit Hilfe ihrer Gesprächspartner die eigene Expertenstrategie. Ziel ist es, genau jene Punkte, die auf dem Weg zum Experten/zur Expertin zu Automatismen wurden, wieder sichtbar werden zu lassen. Dabei geht es um Details, wie:

• Voraussetzungen, die unbewusst mit auf den Weg genommen werden,
• Metaphern, innere Bilder oder vorgestellte „Filmschnipsel",
• unbewusst getroffene Entscheidungen und deren Kriterien.

Das Aufdecken solch impliziter Gedankenschritte unterstützen die Interviewführenden durch offene Fragen der Art:

• Was passiert genau in Deinem Kopf, wenn Du versuchst, dieses Problem zu lösen?
• Was ist Dein erster/nächster Schritt?
• Wie genau ...?
• Was passiert dann ...?
• Woher weißt Du, dass ...?
• Woran erkennst Du, dass ...?
• Was passiert, wenn Du das nicht tust?
• Gibt es dazu eine bestimmte Vorstellung, ein Bild?

Beim Durchführen obliegt es den Interviewführenden, darauf zu achten, dass die interviewte Person zunächst die bewussten Anteile ihrer Lösungsstrategie als Experte darlegt. Die Interviewführenden achten insbesondere auf Stellen, in denen Verallgemeinerungen, Selbstverständlichkeiten oder auffällige Sprünge auftreten. An solchen Stellen verbergen sich die unbewussten Aspekte der Expertenstrategie, die es durch freundliches, insistierendes Nachfragen aufzudecken gilt.

Die Haltung der Interviewenden sollte offen und „neugierig" auf die Welt des Experten sein. Ratschläge und starke inhaltliche Lenkung durch die Interviewführenden sind zu vermeiden. Sie verfälschen das Ergebnis des Interviews, da sie die kognitive Strategie des Experten unterbrechen und zudem zu Widerständen und einer gestörten Gesprächsatmosphäre führen können.

Die Prozessschritte 1 und 2 können alternativ auch mit Hilfe eines reflexiven Schreibprozesses nach *Kaduk* und *Lahm* (2016) durchgeführt werden. Nach einer intensiven, individuellen Auseinandersetzung mit der eigenen Expertenstrategie dient ein kollegiales Feedbackgespräch mit einem Fachfremden, Lücken und noch bestehende Auslassungen im Text aufzuspüren. Schreiben und Feedback werden iteriert, bis die möglichst vollständige Strategie dokumentiert werden konnte.

2.3 Prozessschritt: Model tasks

Hat die interviewte Person ihre persönliche Strategie neu entdeckt, so passt sie im dritten Schritt des Decoding Prozesses ihr Lehr-Lern-Konzept entsprechend an. Häufig sind nur kleine Änderungen oder Ergänzungen im Rahmen der Veranstaltung notwendig, um den Fokus auf die bisher im Dunkeln gelegenen Aspekte der Expertenstrategie zu lenken und diese zu vermitteln.

Joan Middendorf und *Leah Shopkow* postulieren hier zwei grundlegende Prinzipien des Modellierens:

Erstens die Verwendung von Analogien, die ihren Ursprung außerhalb der eigenen Disziplin haben. Zweitens das Vorführen der relevanten Schritte der Strategie an passenden Beispielen, begleitet von Erklärungen auf der Metaebene, die den Studierenden aufzeigen, worauf genau sie achten und welche Entscheidungen sie treffen müssen (Middendorf und Shopkow 2018).

Beispiele für Veranschaulichungen aus realen Interviews sind

- im Maschinenbau: die Veranschaulichung des Verhaltens von Körpern bei Belastung durch ein Gerüst aus Schwimmnudeln,
- in der Informationstechnik: das Visualisieren von Adresszugriffen auf Speicherplätze durch eine Metapher nummerierter Schubladen,
- in der Mathematik: die Analogie zwischen der Anwendung sprachlicher Grammatik und der Übersetzung und Nutzung mathematischer, logischer Operatoren,
- in der Chemie: das Hervorheben eines konstanten Wechsels zwischen Teilchen- und Molmengen bei chemischen Reaktionsgleichungen.

Studierende erhalten so die Möglichkeit, sich mit der vervollständigten, vorgeführten Expertenstrategie auseinanderzusetzen und Verständnis aufzubauen. Ziel dieses Prozessschrittes ist es, ihnen einen Weg durch das Bottleneck aufzuzeigen, so dass dieses im besten Falle nicht mehr auftritt. Da reines Erklären und Konsumieren allerdings meist zu kurz greifen, nimmt der vierte Prozessschritt die Erstellung von Anwendungsaufgaben und deren Einsatz in den Blick.

2.4   Prozessschritt: Give practice and feedback

Im vierten Schritt des Decoding Prozesses werden Aktivitäten konzipiert und eingesetzt, die den Lernenden die Möglichkeit geben, sich eigenständig mit den präzisierten Arbeitsschritten auseinanderzusetzten. Die Bearbeitung solcher Übungen sollte zeitnah zur Präsentation der modellierten Aspekte der Expertenstrategie stattfinden. Dabei ist es sinnvoll, den Bogen von Detail- bis hin zu Kontextaufgaben zu spannen. Hierbei eignet sich unter anderem der Einsatz von Lern-Management-Systemen und der darin eingebetteten Übungsstrukturen mit antwortsensitiven Feedbackmöglichkeiten. Auch Peer Instruction ermöglicht es den Studierenden, die zu lernenden Sachverhalte aktiv anzuwenden und Feedback in einem Austausch unter Kommilitonen zu erhalten.

2.5   Prozesschritt: Motivate and lessen resistance

Zusätzliche Motivation kann notwendig werden, da neue und ungewöhnliche Vorgehensweisen und Lehr-Lern-Szenarien bei Studierenden auf eine abwehrende Haltung stoßen können. Sowohl die Angst vor Neuem, als auch die Sorge vor einem Gesichtsverlust („zu einfach" oder „zu herausfordernd") können eine Rolle spielen. Der Einsatz fachfremder Veranschaulichungen kann dazu führen, dass Studierende das Gefühl beschleicht, einen unnützen Umweg gehen zu müssen. Und auch wenn der erhöhte Arbeitsaufwand aufgrund zusätzlicher Übungen von den Studierenden nicht unmittelbar akzeptiert wird, reagieren sie mitunter abwehrend. Es ist die Aufgabe des Lehrenden, dem entgegenzusteuern.

Erfolgserlebnisse beim Bearbeiten der gestellten Aufgaben fördern die Motivation der Studierenden. Dabei können Erfolgserlebnisse völlig verschiedener Natur sein: Vom gemeinsamen Überwinden einer Hürde in der Gruppe, über den persönlichen Erfolg in einem Wettbewerb bis hin zur Einzelarbeit mit unmittelbarer Ergebniskontrolle im Lernmanagementsystem. Hier gibt es für den Lehrenden einen großen Gestaltungsspielraum, den Lernenden Erfolgserlebnisse rund um das Bottleneck Thema zu ermöglichen.

Versucht der Lehrende über Methoden der extrinsischen Motivation die Studierenden zur Mitarbeit zu bewegen, sollte immer der Korrumpierungseffekt im Auge behalten werden: Eine eigene Motivation der Lernenden kann durch den Einsatz von Belohnungen gehemmt oder sogar zunichte gemacht werden.

2.6   Prozessschritt: Assess student mastery

Der Lehrende beurteilt im diesem Prozessschritt, ob die Maßnahmen den gewünschten Erfolg zur Überwindung des Bottlenecks leisten. Dazu sind eine Neu-Beobachtung und eine Beurteilung des Verhaltens und der Leistungen der Studierenden notwendig. Den Maßstab liefert dabei das festgelegte Lernziel. Eine Beprobung kann im Rahmen von Prüfungen, Interviews oder Befragungen erfolgen. Ideal ist ein anschließender Kohortenvergleich, in dem Prüfresultate aus früheren Jahrgängen herangezogen werden, die noch im alten Lehr-Lern-Szenario vermittelt wurden.

2.7   Prozessschritt: Share

Der siebte und letzte Schritt des Decoding Prozesses ermutigt zur Veröffentlichung der Ergebnisse und Erfahrungen der letzten sechs Schritte. Dies kann entweder informell im kollegialen Austausch oder in Form einer Veröffentlichung geschehen. Für andere Lehrende kann es von großem Interesse sein, dass Sie Ihre (Zwischen-)Ergebnisse bereits während des Prozesses teilen. Da Bottlenecks disziplintypisch sind, betreffen sie sehr selten nur einen Lehrenden und eine Veranstaltung. Kollegen und Kolleginnen werden von der Diskussion der Beobachtungen, der Darlegung der Expertenstrategie und der damit einhergehenden didaktischen Aufarbeitung profitieren.

Abschließend können Ihre Erkenntnisse über die Expertenstrategie oder das überarbeitete Konzept Ihrer Lehrveranstaltung in entsprechendem Rahmen veröffentlicht werden. Mögliche Gelegenheiten der Veröffentlichung sind Fach-Arbeitskreise, Konferenzen, hochschuldidaktische Veranstaltungen oder Zeitschriften, die das Thema „Scholarship of Teaching and Learning" aufgreifen.

3 Decoding the Disciplines – Ein Beispiel aus der Elektrotechnik

Im Folgenden werden die Ergebnisse eines Decoding Prozesses beschrieben. Das Beispiel wurde von *Christine Niebler* im Rahmen des Arbeitskreises Decoding the Disciplines am DIZ – Zentrum für Hochschuldidaktik begonnen und dann in persönlicher Initiative weitergetrieben. Der Arbeitskreis „Decoding the Disciplines" ist eine hochschulübergreifende, interdisziplinäre Gruppe engagierter Lehrender und Hochschuldidaktiker. Sie treffen sich mehrmals jährlich und bieten im Rahmen ihrer Treffen sowohl Interviews als auch Aus- und Weiterbildung für Decoding Interessierte an. Es besteht die Möglichkeit, eigene Bottlenecks zu beforschen, die in der Lehre erkannt wurden.

Die Diversität der Gruppe erlaubt es, unmittelbar Interviewpartner zu finden, die das Kriterium einer angemessenen inhaltlichen Distanz zum Thema erfüllen und durch sie ein Interview durchführen zu lassen (Niebler und Foltz 2021, S. 24 f.).

Das darzulegende Beispiel für ein Anliegen wurde in einer Veranstaltung der Elektrotechnik für Medizintechniker beobachtet. Es zeigte sich, dass hier mehrere Bottlenecks miteinander verzahnt waren. Diese wurden in mehreren Decoding Sitzungen separat bearbeitet. Danach wurden die gewonnen Erkenntnisse zur Optimierung der Lehrveranstaltung „Grundlagen der Elektrotechnik" genutzt.

Die nächsten Abschnitte beleuchten den thematischen Hintergrund, die Klärung des Bottleneck, die Expertenstrategie sowie deren Modellierung und Einsatz in der Lehre.

3.1 Thematischer Hintergrund des Anliegens

Abb. 2 zeigt einen Stromkreis, der die einfachste Variante eines Aufgabentyps zum Bestimmen von Strömen über Knotenpunktgleichungen repräsentiert. Die Studierenden erhalten von der Lehrenden ähnliche Aufgabenstellung höherer Komplexität. Der Stromkreis enthält eine Spannungsquelle, zwei Widerstände (R), zwei Knoten (K) sowie die für Spannung (U) und Strom (I) notwendigen Bezugspfeile. Die Knotenpunktgleichung besagt, dass die Summe aller zufließenden Ströme in einem Knoten gleich der Summe aller abfließenden Ströme ist (Hagmann 2013, S. 24). Die Aufgabe der Studierenden ist es, die Knotenpunktgleichung für jeden Knotenpunkt des Stromkreises aufzustellen, indem Sie die Bezugspfeile auswerten. Während dies für K_1 gelingt ($I_0 = I_1 + I_2$), ist die

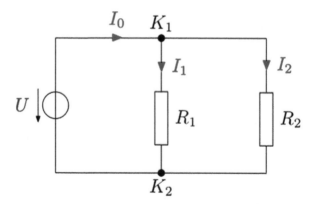

Abb. 2 Die Abbildung zeigt einen einfachen Stromkreis mit eingezeichneten Bezugspfeilen

Formel für K_2 häufig fehlerhaft. Dort wird die Formel $-I_0 = I_1 + I_2$ aufgestellt, obwohl die Formel identisch zu der Formel wie in K_1 lauten muss.

3.2 Klärung des Bottlenecks

Um den Weg vom Anliegen zum Bottleneck zu verdeutlichen, wird ein Einblick in den Beginn des Gesprächsverlaufs gegeben. Am Anfang äußerte die Lehrende ihre Verärgerung über ein in mehreren Semestern auftretendes Verhalten der Studierenden in ihrem Fach „Grundlagen der Elektrotechnik": Nach Erhalt einer Aufgabenstellung ergänzen die Studierenden Schaltkreise nicht mit zusätzlichen Bezugspfeilen, um korrekte Formeln aufzustellen. Dieses Verhalten bleibt gleich, obwohl die Lehrende schon mehrfach verdeutlicht hat, wie wichtig die Bezugspfeile für die Bearbeitung der Aufgabe sind. Die Dozentin vermutet, dass Verständnis- und Flüchtigkeitsfehler vermieden werden könnten, wenn die Zeichnung ergänzt wird.

Somit schien für die interviewte Person der Bottleneck das Abzeichnen und Ergänzen der Aufgabenstellung zu sein. Die Interviewer vermuteten an dieser Stelle verschiedene Bottlenecks, die für die Lehrende nicht offensichtlich waren. Sie hinterfragten, ob folgende Aspekte relevant für das zu formulierende Bottleneck seien:

- Dozent ärgert sich darüber, dass die Studierenden „nicht gehorchen" und möchte diesen Ärger loswerden,
- Studierende können nicht zeichnen (Handwerkszeug),
- Studierende erkennen den Mehrwert der Zeichnung nicht,
- Studierende verstehen die Bedeutung der Bezugspfeile nicht.

Die Interviewer versuchen nun zu ergründen, worin genau der Bottleneck besteht und stellen daher offene Fragen, wie z. B.:

- Was ist Dein Ziel? Was sollen die Studierenden lernen?
- Ist Dein Ziel, dass sie zeichnen lernen oder dass sie mit der Zeichnung etwas tun?

Der Weg vom Anliegen zu einem konkreten Bottleneck brauchte eine längere Interviewphase, in der immer wieder umformuliert, präzisiert und nachgefragt wurde. Durch dieses Nachfragen überlegte die interviewte Person, was genau das Zeichnen ihrer Meinung nach bewirken soll. Es stellte sich dabei heraus, dass eine fehlerhafte Interpretation des Schaltbildes hinsichtlich der Bezugspfeile zu fehlerhaften Ergebnissen für die Ströme bei Knotenpunktgleichungen führt. Letztendlich wurde folgendes Bottleneck zur Analyse festgehalten: Studierende scheitern regelmäßig daran, trotz vorab eingezeichneter Bezugspfeile diese so in Gedanken zu verschieben, dass sie die richtigen Gleichungen an den Knoten der gegebenen Schaltkreise aufstellen. Das Bottleneck tritt insbesondere auf, wenn die Bezugspfeile räumlich weit weg von den betrachteten Knoten eingezeichnet sind.

Als korrespondierendes Lernziel ergab sich: Studierende lesen Bezugspfeile an jedem Knoten ab, indem sie die Pfeile vorher korrekt auf den Leiterbahnen verschieben und einzeichnen, um auf dieser Grundlage die Knotenpunktgleichungen aufzustellen.

3.3   Die decodierte Expertenstrategie

Um die Knotenpunktgleichung an einem beliebigen Knoten aufzustellen, müssen die Pfeilrichtungen auf den Leiterbahnen am Knoten korrekt abgelesen werden.

Die Bezugspfeile sind häufig räumlich weit entfernt zum Knoten eingezeichnet. Deshalb bewegt die Expertin die Pfeile in Gedanken auf ihren Leiterbahnen, bis sie am relevanten Knoten angekommen sind. Das Verschieben der Pfeile erfolgt anhand folgender Metapher und Regeln:

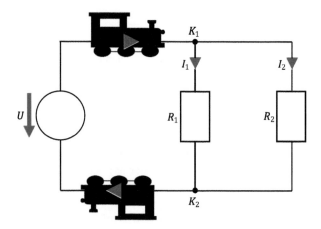

Abb. 3 Schematische Darstellung der Analogie Strombezugspfeil/Lokomotive

- Ein gesetzter Bezugspfeil auf den Leiterbahnen ist für sie wie eine Lokomotive auf Schienen (Abb. 3),
- auf den Dächern der Lokomotiven sind die Pfeilsymbole aufgemalt,
- Lokomotiven können nicht von den Gleisen angehoben und umgedreht werden,
- sie können dabei zwischen ihren zwei Knoten hin und her geschoben werden und durch Bauteile (Widerstände und Quellen) hindurch fahren,
- Lokomotiven können nicht über ihre Knoten hinweggeschoben werden,
- egal an welcher Stelle die Lokomotiven gestoppt werden: Die Pfeilspitzen geben die Bezugsrichtung des Stroms an diesem Ort wieder).

3.4   Modellieren der Expertenstrategie und Einsatz in der Lehre

Das Einbringen der Lokomotiven-Analogie in die Lehrveranstaltung kostet die Lehrperson nur wenige Minuten. Aufgrund der Bildhaftigkeit und leichten Begreifbarkeit bleibt sie den Studierenden aber gut im Gedächtnis.

Die veranschaulichende Analogie wird für die Studierenden in der Lehrveranstaltung sichtbar gemacht. Dazu wird ein Papiermodell der Lokomotive mit

Strombezugspfeils auf dem Dach sukzessive entlang gezeichneter Leiterbahnen verschoben. Die Zeichnung wird groß an der Tafel des Hörsaals dargestellt. Das Papiermodell wird von einem Magneten dort gehalten. Damit kann der Strompfeil an beliebigen Orten abgelesen und zum Aufstellen von Gleichungen verwendet werden.

Um den Studierenden Übungsmöglichkeiten zur Verfestigung dieser Strategie zu geben, wurden kleine Aufgaben erstellt, die nur das Verschieben der Bezugspfeile und Aufstellen der Gleichungen einüben. Somit wird dieser Aspekt, der bisher nur in großen Aufgaben vorkam, isoliert geübt und wird dann auch korrekt in großen, vernetzten Aufgaben angewendet.

Das isolierte Verschieben und Einzeichnen von Bezugspfeilen kann für Studierende zu trivial wirken, um bearbeitet zu werden. Um ihnen einen Anreiz zu schaffen, wird Peer Instruction in der Präsenzveranstaltung eingesetzt. In den Selbstlernmaterialien werden Fragestellungen zu diesem Bottleneck in Aufgabensammlungen ansteigender Komplexität untergebracht. Die Umsetzung in einem Lernmanagementsystem liefert den Studierenden ein direktes Feedback und Erfolgserlebnisse. Zusätzlich wird die Bearbeitung der Aufgaben mit Bonuspunkten als kleine extrinsische Motivation honoriert.

3.5 Share

Auch wenn „Share" als letzter Aspekt im Decoding Zyklus ausgewiesen wird, begleitet es den gesamten Prozess. Bereits unmittelbar nach dem Interview ist Gelegenheit zu einer reflektierenden Diskussion. Hier können die Interviewer ihre Anregungen und Ideen zum decodierten Bottleneck der interviewten Person mitteilen und in einen Meinungsaustausch treten. So schloss sich auch dem oben präsentierten Decoding Gespräch eine rege Diskussion an. In dieser wurden mögliche Ursachen des fehlerhaften Aufstellens der Kontenpunktgleichungen diskutiert. Ein Teilnehmer des Arbeitskreises berichtete von seinen Gesprächen mit Studierenden rund um dieses Bottleneck. Diese hatten die Vorstellung geäußert, Bezugspfeile wie Vektoren frei im Raum verschieben zu können. Solche Anregungen helfen, geeignete Übungsbeispiele und Veranschaulichungen zu wählen.

4 Fazit

Blinde Flecken des Expertentums werden mit der Methode des „Decoding the Disciplines" wieder erhellt und in die Lehre integriert. Wie im oben beschriebenen Beispiel ergeben sich aus dem Prozess oft kleine Änderungen in der Lehrveranstaltung, die jedoch eine große Wirkung auf die gesamte weitere Lehrveranstaltung haben. Durch das Decoding entsteht im Lehrenden/Experten ein Problembewusstsein, das die Komplexität des fachlichen Problems anerkennt. Durch die Klärung und Darlegung der Expertenstrategie können die Studierenden diese als kognitives Modell nutzen und einüben. So können hartnäckige Lernhürden leichter überwunden werden.

Literatur

Hagmann G (2013) Grundlagen der Elektrotechnik: das bewährte Lehrbuch für Studierende der Elektrotechnik und anderer technischer Studiengänge ab 1. Semester. 16. Aufl. AULA-Verlag GmbH

Kaduk S, Lahm S (2016) „Decoding the Disciplines": ein Ansatz für forschendes Lehren und Lernen. In: Mieg H A, Lehmann J (Hrsg) Forschendes Lernen. Ein Praxisbuch (Forschendes Lernen – Programmatik und Praxis). FHP-Verlag, Potsdam, S 83–95

Mazur E, Kurz G, Harten U (Hrsg) (2017) Peer Instruction: Interaktive Lehre praktisch umgesetzt. Springer, Berlin, Heidelberg

Middendorf J, Pace D (Hrsg.) (2004) Decoding the disciplines: helping students learn disciplinary ways of thinking. Buchreihe New Directions in Teaching and Learning, Bd 98. Wiley

Middendorf J, Shopkow L (2018) Overcoming Student Learning Bottlenecks – Decoding the Critical Thinking of Your Discipline. Stylus Publishing

Niebler C, Foltz B (2021) Blinde Flecken der Lehrenden entdecken und beheben mit Decoding the Disciplines. Die Neue Hochschule 2:24–25

Pace D (2017) The decoding the disciplines paradigm: seven steps to increased student learning. Indiana University Press (IPS)

Riegler P (2019) Decoding the Disciplines – vom Laien zum Experten und noch einmal zurück. Didaktische Nachrichten 11:3–7

Wyss M (2012) Von der Fachexpertise zur guten Lehre mit Portfolioarbeit? Eine kritische Auseinandersetzung mit dem Reforminstrument. In: Szczyrba B, Gotzen S (Hrsg) Das Lehrportfolio. Entwicklung, Dokumentation und Nachweis von Lehrkompetenz an Hochschulen. LIT, Berlin, S 185–205

Zur Dualen Hochschulbildung als Königsdisziplin der anwendungsorientierten Hochschulbildung

Hendrik Lackner

1 Einleitung

Deutschland und China arbeiten seit vielen Jahren im Bereich der angewandten Hochschulbildung als strategische Partner auf Augenhöhe eng und vertrauensvoll zusammen (Lackner 2019a). Mit dem seit dem Jahr 2016 im Springer Verlag erscheinenden „Jahrbuch Angewandte Hochschulbildung – Deutsch-chinesische Perspektiven und Diskurse"[1] sowie der von der Hefei University herausgegebenen Forschungszeitschrift „Application-Oriented Higher Education Research" gibt es zwei etablierte bilaterale Publikationsformate, die einen fruchtbaren und gewinnbringenden wissenschaftlichen Austausch zwischen beiden Ländern über Fragen der anwendungsorientierten Hochschulbildung ermöglichen. Die Integration von Hochschulbildung, Wirtschaft und Gesellschaft sowie die effektive Verzahnung von Theorie und Praxis bzw. von Hörsaal und Betrieb sind zentrale Fragestellungen, die in beiden Ländern mit großer Priorität diskutiert und von den zuständigen Ministerien und staatlichen Stellen vorangetrieben und weiterentwickelt werden. Der Bedarf an hochqualifizierten Talenten und praxisnah ausgebildeten Fachkräften ist in Deutschland und China gleichermaßen extrem

---

[1] Siehe hierzu www.hs-osnabrueck.de/prof-dr-hendrik-lackner/#c6478819.

Der Beitrag basiert auf einem Keynote-Vortrag, den der Verfasser am 19. September 2022 auf dem 15. Deutsch-Chinesischen Symposium zur anwendungsorientierten Hochschulbildung in Hefei gehalten hat.

H. Lackner (✉)
Hochschule Osnabrück, Fakultät WiSo, Osnabrück, Deutschland
E-Mail: h.lackner@hs-osnabrueck.de

J. Cai et al. (Hrsg.), *Jahrbuch Angewandte Hochschulbildung 2022*,
https://doi.org/10.1007/978-3-658-43417-5_15

groß. In vielen Branchen – gerade in hochdynamischen Technologie- und Industriesektoren – herrscht seit Jahren extremer Fachkräftemangel. Der Präsident des Bundesinstituts für Berufsbildung (BIBB) *Friedrich Hubert Esser* sprach im Mai 2022 sogar erstmals von einer „Fachkräftekatastrophe", vor der große Teile der deutschen Wirtschaft – insbesondere das deutsche Handwerk – stünden.[2] Gerade im Oktober 2022 hat die Bundesregierung eine neue Fachkräftestrategie veröffentlicht, die das Ziel einer ausreichenden Versorgung mit Fachkräften verfolgt.[3] Es sind gerade auch die Hochschulen für angewandte Wissenschaften, die ihrer gesellschaftlichen Verantwortung noch besser gerecht werden müssen: Ihre genuine Aufgabe liegt gerade darin, regionale Netzwerke und Ökosysteme zu schaffen sowie branchenspezifisch ausgerichtete Studiengangscluster zu entwickeln, um auf diese Weise einen substanziellen Beitrag zur Versorgung der regionalen Wirtschaft mit hochqualifizierten Spitzenfachkräften zu leisten.

Immer mehr Unternehmen sind heute auf hochqualifizierte Fachkräfte angewiesen, deren Qualifikationsprofile sich grundlegend gewandelt haben: Berufsanfänger müssen heute neben der eigentlichen Fachkompetenz insbesondere Anwendungs- und Praxiskompetenz, Methodenkompetenz sowie interdisziplinäre Problemlösungs- und Innovationskompetenzen mitbringen, um zur selbständigen, effizienten, nachhaltigen und ressourcenschonenden Lösung realer Probleme aus ihrem jeweiligen beruflichen und gesellschaftlichen Umfeld befähigt zu sein. Um Fachkräften die benötigten Qualifikationsprofile zu vermitteln, müssen berufspraktische Kompetenzen zunehmend mit kognitiv-akademischen Kompetenzen kombiniert und zueinander in Beziehung gesetzt werden. Zutreffend wird deshalb von einem Prozess der „Akademisierung der Berufswelt" bzw. der „Verberuflichung der Hochschulbildung" gesprochen, der zwischen dem oberen Rand der beruflichen Bildung und dem unteren Rand der akademischen Bildung curriculare Diffusionen mit sich bringt (Lackner 2021a). Schon dieses mehrdimensionale Kompetenzprofil zeigt, wie anspruchsvoll das Konzept der anwendungsorientierten Hochschulbildung ist (Lackner 2021b). Berufliche Bildung und Hochschulbildung sind längst keine unvereinbaren Welten mehr. Im Gegenteil: Das Duale Studium bietet die Chance, angewandte Fachkräfte und Talente hervorragend und praxisnah zu qualifizieren.

Dieses Anforderungsprofil der Unternehmen und Branchen an praxisnah ausgebildeten Fachkräften passt hervorragend zum spezifischen Profil der Hochschulen für angewandte Wissenschaften: Fachhochschulen zeichnen sich gerade

---

[2] https://merton-magazin.de/wir-stehen-vor-einer-fachkraeftekatastrophe (Durchfechter Podcast mit Friedrich Hubert Esser vom 12. Mai 2022).

[3] Fachkräftestrategie der Bundesregierung vom 12. Oktober 2022, im Internet abrufbar unter https://www.bmbf.de/SharedDocs/Downloads/de/2022/20221012-fachkraeftestrategie-der-bundesregierung.pdf.

durch ihre regionale Verankerung und ihre enge und langjährige Zusammenarbeit mit kleinen und mittelständischen Unternehmen aus ihrer jeweiligen Region aus (Lackner 2019b). Gerade diese regionale Vernetzung macht sie zu zentralen Akteuren, Motoren und Treibern regionaler Innovations-Ökosysteme (Warnecke 2017). Aufgrund dieser engen Verzahnung mit ihrem regionalen Umfeld konnten die Fachhochschulen in den letzten Jahren eine besondere Transferkompetenz herausbilden, nämlich die Fähigkeit, als Brückenbauer wissenschaftliche Erkenntnisse im wechselseitigen Dialog in die Gesellschaft, Wirtschaft, Politik und Kultur zu vermitteln und nutzenstiftende Innovationsprozesse in Gang zu setzen (Grünberg und Sonntag 2019). Die Fachhochschulen sind damit in besonderer Weise dafür prädestiniert, mit ihrer transferorientierten angewandten Lehre und Forschung einen unmittelbaren wirtschaftlichen Mehrwert für ihre Region zu generieren und als Schnittstelle zwischen Wissenschaft und regionaler Industrie zu fungieren (Grünberg 2020).

In diesem Kontext erweist sich die Duale Hochschulbildung in Form dualer Studiengänge als ein besonders geeigneter und innovativer Mechanismus. Der vorliegende Beitrag knüpft an einen früheren Beitrag des Verfassers an (Lackner 2020), der um aktuelle Entwicklungslinien und Trends rund um das Duale Studium in Deutschland ergänzt werden soll. Nachfolgend werden zunächst aktuelle Entwicklungen und Kennzahlen zum Dualen Studium in Deutschland präsentiert (siehe hierzu nachfolgend unter 2). Im Anschluss soll die These vertreten und begründet werden, dass sich Duale Studiengänge als ideale Profilierungschance für Hochschulen für angewandte Wissenschaften erweisen (siehe hierzu nachfolgend unter 3). Sodann ist der Frage nachzugehen, welches Kooperationsverständnis bzw. welche Rollenverteilung zwischen den an einem dualen Studium beteiligten Akteuren förderlich bzw. notwendig ist (siehe hierzu nachfolgend unter 4). Der Beitrag schließt mit einem kurzen Fazit (siehe hierzu nachfolgend unter 5).

2   Aktuelle Entwicklungen und Kennzahlen zum Dualen Studium in Deutschland

Duale Studiengänge werden in Deutschland seit Jahren immer beliebter. Sie werden überwiegend von Fachhochschulen angeboten. In der ausbildungsintegrierenden Variante werden die drei Lernorte Hochschule, Betrieb und Berufsschule eng miteinander verzahnt – curricular, organisatorisch, vertraglich, personell, etc. Die Absolventen erhalten zwei Abschlüsse, nämlich den von einer Industrie- und Handelskammer bzw. von einer Handwerkskammer verliehenen Berufsausbildungsabschluss einerseits sowie den Bachelorabschluss der Hochschule andererseits. Die Studierenden erhalten während des gesamten dualen Studiums von ihrem Ausbildungsbetrieb eine monatliche Ausbildungsvergütung. Die Absolventen werden in aller Regeln nach dem Studium von ihrem Ausbildungsunternehmen übernommen und haben exzellente Karrierechancen.

In der praxisintegrierenden Variante (siehe nachfolgend Abb. 1), die sich zuletzt als wichtigster Mechanismus durchgesetzt hat, werden nur zwei Lernorte miteinander verknüpft, nämlich die Lernorte Hochschule und Betrieb. Die Studierenden wechseln ständig in Blöcken zwischen Hochschule und Unternehmen. Eine Berufsausbildung nach dem Berufsbildungsgesetz absolvieren sie nicht. Dieses Modell ist deshalb in der Durchführung weniger komplex, bringt weniger Abstimmungsbedarf zwischen den beteiligten Akteuren mit sich und ist somit leichter umsetzbar.

Nachfolgend sollen anhand aktueller statistischer Kennzahlen (Nickel und Pfeiffer 2022) zentrale Eckpunkte zum Dualen Studium in Deutschland thesenartig präsentiert werden:

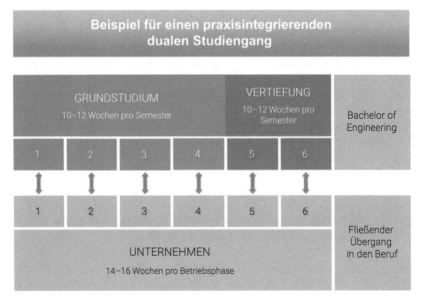

Abb. 1 Musteraufbau eines praxisintegrierenden dualen Studiengangs (Hochschule Osnabrück, Institut für duale Studiengänge)

2.1   Das Duale Studium als Wachstumsmarkt

Das Duale Studium ist ein hochdynamischer Wachstumsmarkt in Deutschland. Im Jahr 2021 waren 9,6 % aller Studiengänge in Deutschland duale Studiengänge. Im Bundesland Bayern, das für seine hervorragend ausgestatteten und sehr innovativen Hochschulen bekannt ist, sind sogar 19 % aller Studiengänge duale Studiengänge. Das Wachstumspotenzial in den anderen deutschen Bundesländern ist also noch außerordentlich groß.

Die Zahl der dual Studierenden ist in den vergangenen Jahren in Deutschland ebenfalls massiv gestiegen: Im Wintersemester 2019/2020 gab es in Deutschland insgesamt etwa 120.000 dual Studierende – das entspricht 4,2 % aller Studierenden. In absoluten Zahlen ist das duale Studium in Deutschland also immer noch ein „Nischenmarkt", der allerdings überproportional stark wächst. Die Zahl der dualen Studienanfänger hat sich in den letzten zehn Jahren mehr als verdoppelt. Es ist davon auszugehen, dass sich das starke Wachstum in den kommenden Jahren weiter fortsetzen wird. Perspektivisch wird sich das duale Studium von einem Nischenmarkt zu einer tragenden Säule des deutschen Bachelorstudiums entwickeln.

2.2   Das Duale Studium als Domäne der Fachhochschulen

Das duale Studium findet ganz überwiegend an Hochschulen für angewandte Wissenschaften statt. Der Anteil der dualen Studienangebote an Fachhochschulen liegt – bezogen auf das Gesamtstudienangebot an Fachhochschulen – bereits bei über 25 %. Die Fachhochschulen sind geradezu prädestiniert für duale Studienangebote, weil sie mit den Unternehmen in ihrem regionalen Umfeld seit Jahrzehnten eng vernetzt sind. Und gerade auf solche regionalen Ökosysteme kommt es an beim dualen Studium. An Universitäten spielt das duale Studium dagegen kaum eine relevante Rolle. Weniger als 1 % aller universitären Studiengänge sind duale Studiengänge.

2.3   Das Duale Studium als Bachelorstudium

Duale Studiengänge sind ganz überwiegend Bachelorstudiengänge, wie nach nachfolgende Abb. 2. zeigt.

Betrachtet man das duale Studienangebot in Deutschland, entfällt dieses zu knapp 85 % auf Bachelorstudiengänge. Nur 13,5 % der dualen Studiengänge sind

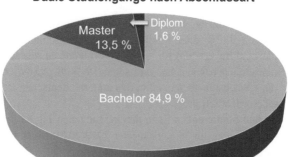

Duale Studiengänge nach Abschlussart

Abb. 2 Duale Studiengänge nach Abschlussart. (Eigene Darstellung, Stand: 2021)

Masterstudiengänge. Kaum noch eine Rolle spielen mit weniger als zwei Prozent die alten Diplomstudiengänge, die in Deutschland nach dem Bologna-Prozess Ende der 90ger Jahre weitgehend in die Bachelor-/Masterstruktur überführt worden sind.

2.4 Fachliche Schwerpunkte des Dualen Studiums: Ingenieurwissenschaften und Management

Duale Studiengänge konzentrieren sich im Wesentlichen auf fünf Fächergruppen (siehe nachfolgend Abb. 3). Dabei ragen besonders heraus die beiden Fächergruppen „Ingenieurwissenschaften" sowie „Wirtschafts- und Rechtswissenschaften". Das duale Studienangebot in der Fächergruppe „Wirtschafts- und Rechtswissenschaften" konzentriert sich im Wesentlichen auf die Bereiche Betriebswirtschaftslehre (BWL) und Management. Auf diese beiden Fächergruppen entfallen insgesamt mehr als 60 % des gesamten dualen Studienangebots in Deutschland. Es folgen – mit großem Abstand – die Fächergruppen Mathematik und Naturwissenschaften, die Gesundheitswissenschaften sowie die Gesellschafts- und Sozialwissenschaften.

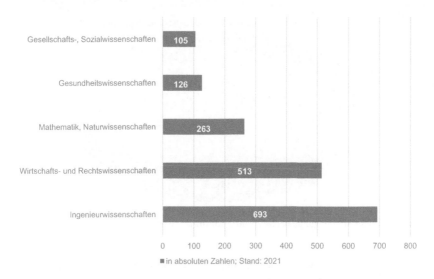

Abb. 3 Duale Bachelor- und Masterstudiengänge bundesweit nach Fächergruppen. (Eigene Darstellung, Stand: 2021)

2.5 Das Duale Studium ist primär praxisintegrierend statt ausbildungsintegrierend

Der Wissenschaftsrat hat in seinen „Empfehlungen zur Entwicklung des dualen Studiums" aus dem Jahr 2013 (Wissenschaftsrat 2013, S. 23) eine Systematik vorgeschlagen, um die Organisationsformen des dualen Studiums zu erfassen: Danach sind beim dualen Studium die ausbildungsintegrierende, die praxisintegrierende sowie – für den Bereich der Weiterbildung – die berufsintegrierende Variante voneinander zu unterscheiden. Die Angebote unterscheiden sich maßgeblich durch die Beziehung der Lernorte zueinander. Beim ausbildungsintegrierenden dualen Studium ist eine klassische Berufsausbildung integraler Bestandteil des Programms. Verzahnt werden hier drei Lernorte, nämlich Hochschule, Berufsschule und Unternehmen. Davon abzugrenzen ist das praxisintegrierende duale Studium. Hier sind Praxisanteile systematisch und in größerem Umfang als in regulären Studiengängen mit obligatorischen Praktika im Studium angelegt und strukturell-institutionell sowie organisatorisch mit dem Studium verzahnt. Es erfolgt zudem eine Anrechnung der Praxisanteile als Studienleistungen. In dieser

Duale Studiengänge nach Organisationsform (Stand: 2021)

Abb. 4 Duale Studiengänge nach Organisationsform. (Eigene Darstellung, Stand: 2021)

praxisintegrierenden Variante beschränkt sich die Verzahnung auf zwei Lernorte, nämlich die Hochschule und das Unternehmen.

Aus Abb. 4 geht klar hervor, dass sich das praxisintegrierende duale Studium als mit Abstand wichtigste Form des dualen Studiums in Deutschland durchsetzen konnte: Fast 60 % der dualen Studiengänge in Deutschland entfallen auf das praxisintegrierende duale Studium. Lediglich gut ein Drittel der dualen Studiengänge sind ausbildungsintegrierende Studiengänge. Das berufsintegrierende duale Studium spielt dagegen kaum noch eine relevante Rolle.

3 Duale Studiengänge als Profilierungsmöglichkeit gerade für Hochschulen für angewandte Wissenschaften

Studiengänge sind die wichtigsten Produkte von Hochschulen: Mit ihnen positionieren sie sich auf dem Bildungsmarkt und konkurrieren mit anderen Hochschulen um talentierte Studierende. Studiengänge sind Gegenstand von Evaluationen und Rankings und tragen damit in besonderer Weise zur Reputation einer Hochschule und zum Aufbau starker Disziplinen bei. Um langfristig erfolgreich zu sein, stehen Fachhochschulen vor der anspruchsvollen Aufgabe, ihre Studiengänge passgenau auf ihr spezifisch anwendungsorientiertes Profil zuzuschneiden. Das bedeutet, dass sie nicht nur innovative und qualitativ hochwertige Bildungsangebote unterbreiten müssen. Vor allem müssen sich ihre Studiengänge am gesellschaftlichen Bedarf orientieren und sich auf regionale Branchenschwerpunkte und Industrien fokussieren (Lackner 2021c). Vor diesem Hintergrund kann anwendungsorientierten Hochschulen mit besonderem Nachdruck empfohlen werden, ihr Angebot an dualen Studiengängen substanziell auszubauen. Eine solche strategische Positionierung wäre aus Sicht der Hochschulen mit einer Reihe vorteilhafter Effekte verbunden (siehe hierfür nachfolgend Abb. 5). Die Vorteile beschränken sich aber nicht auf die Hochschule, vielmehr profitieren davon auch Studienbewerber und Unternehmen aus der Region – auf beiden Seiten ist die Nachfrage an dualen Studienangeboten außerordentlich hoch. Der strategische Ausbau des dualen Studiums an Fachhochschulen führt also zu einer win-win-win-Situation.

Zwei aus Sicht der Hochschulen besonders vorteilhafte Aspekte sollen nachfolgend hervorgehoben werden:

Abb. 5 Duale Studiengänge als Profilierungschance für Fachhochschulen. (Eigene Darstellung)

3.1 Aufbau regionaler Unternehmensnetzwerke und branchenspezifischer Studiengangscluster

Auch Fachhochschulen, die bislang keine dualen Studiengänge anbieten, definieren sich selbst als anwendungs- und praxisorientiert. Die Kontakte in die Unternehmens- und Wirtschaftspraxis ergeben sich beispielsweise über gemeinsame Forschungsprojekte, über gemeinsam betreute Abschlussarbeiten und Praktika sowie über den Einsatz von Lehrbeauftragten aus der Unternehmenspraxis. Und vor allem die Fachhochschulprofessoren, die aufgrund hochschulgesetzlicher Vorgaben alle eine mindestens fünfjährige Berufspraxis nachweisen müssen, verfügen in aller Regel über ein außerordentlich wertvolles Netzwerk an Praxiskontakten (Lackner 2016).

Der strategische Ausbau dualer Studienangebote ermöglicht es Hochschulen dagegen, ihren regionalen Vernetzungsgrad auf eine ganz neue Stufe zu heben. Unternehmen, die sich an dualen Studiengängen als Partnerunternehmen beteiligen möchten, bringen in aller Regel eine besonders hohe Kooperationsbereitschaft und Offenheit mit. Um einen dualen Studiengang herum entsteht in aller Regel ein Unternehmensnetzwerk. Die Hochschule schließt mit jedem Partnerunternehmen standardisierte Kooperationsvereinbarungen, die alle Facetten der Zusammenarbeit vertraglich fixiert. Meistens erstreckt sich die Zusammenarbeit zwischen Hochschule und Partnerunternehmen keinesfalls auf ein duales Studienprogramm, sondern greift nach einiger Zeit auf weitere Handlungsfelder – Forschung, Transfer, Weiterbildung, etc. – über. Duale Studiengänge ermöglichen es damit einer Hochschule, strategische Partnerschaften mit den Partnerunternehmen aufzubauen. Die Zusammenarbeit ist hier also institutionalisiert, sie beruht nicht mehr auf Zufälligkeiten und ist weniger abhängig von einzelnen Personen.

3.2 Rekrutierung überdurchschnittlich leistungsstarker und motivierter Studierender

Ein duales Studium fordert Studierende viel stärker als ein normales Studium. Das zeigt sich schon daran, dass die Studierenden in einem dualen Programm nicht in den Genuss monatelanger Semesterferien kommen. Abgesehen von sechs Wochen Jahresurlaub sind die Studierenden permanent im Einsatz, nämlich – wie der Musteraufbau in Abb. 1 zeigt – im ständigen Wechsel zwischen Hörsaal und Betrieb. Es dürfte kaum übertrieben sein, wenn man den Workload für ein duales Studium etwa doppelt so hoch veranschlagt wie für ein normales Studium. Dual Studierende muten sich selbst also ein viel höheres Pensum zu als normal Studierende. Die Erfahrung zeigt, dass dual Studierende Eigenschaften und Persönlichkeitsmerkmale mitbringen, die für ein Studium und die spätere berufliche Laufbahn außerordentlich förderlich sind: Sie bringen eine sehr hohe Motivation und Leistungsbereitschaft mit. Sie sind bereit, auf Freizeit zu verzichten. Ihre Belastbarkeit und ihre Fähigkeit zum Verzicht sind weit überdurchschnittlich. Dazu kommt eine hervorragende Fähigkeit zur Selbstorganisation: Weil die dual Studierenden während ihres Studiums permanent einer sehr hohen Belastung unterliegen und sie sowohl die Herausforderungen des Studiums als auch der betrieblichen Praxis meistern müssen, entwickeln sie eine hohe Frustrationstoleranz und ein hohes Maß an Resilienz. Im Unterschied zu normalen Studierenden bringen sie als Absolventen eine echte Doppelqualifikation mit: Sie sind wissenschaftlich und zusätzlich berufspraktisch qualifiziert. Sie haben gelernt, theoretische Erkenntnisse und Methoden unmittelbar in der Praxis anzuwenden. Als Absolventen sind sie derart hoch begehrt, dass sie zu fast 100 % von ihrem jeweiligen Ausbildungsunternehmen sofort übernommen werden. Beschäftigungs- und Karriereaussichten dual Studierender sind also exzellent.

4 Rollenverständnis und Zusammenwirken der beteiligten Akteure

Der Aufbau eines erfolgreichen dualen Studienprogramms ist extrem harte Arbeit. Unverzichtbar ist eine permanente Abstimmung zwischen der Hochschule und den Kooperationspartnern, eine gegenseitige Offenheit und Neugierde sowie die Bereitschaft, Probleme auch aus der Perspektive des jeweiligen Partners zu betrachten.

Wer hat in einem dualen Studienprogramm eigentlich das Sagen? Wenn das duale Studienprogramm so konzipiert ist, dass alle duale Studierenden bei einem Kooperationsunternehmen beschäftigt sind, verschieben sich die Gleichgewichte möglicherweise zulasten der Hochschule. Denn naturgemäß steigen dann Einfluss und Gewicht des Unternehmens. In der Regel empfiehlt es sich deshalb, im Rahmen eines dualen Studienprogramms mit mehreren Partnerunternehmen derselben Branche zusammenzuarbeiten. Die Hochschulen haben in einem dualen Studienprogramm die wichtige Aufgabe, die Wissenschaftlichkeit der Ausbildung zu gewährleisten und ggf. auch zu verteidigen. Eine Hochschule darf sich in einem dualen Studienprogramm nicht in die Rolle einer Berufsschule oder Berufsakademie drängen lassen. Theorie und Praxis müssen in einem ausgewogenen Verhältnis stehen und vor allem aufeinander bezogen, also wirklich

miteinander verzahnt sein. Was das konkret für die Ausgestaltung und Weiterentwicklung des Curriculums bedeutet – vor allem für die Begleitung und
Integration der Praxisphasen – ist ein ständiger Aushandlungs-, Diskussions-
und Verbesserungsprozess, bei dem auch Reibung entsteht. Produktive Reibung,
wenn die Zusammenarbeit gelingt. Umso wichtiger ist der vertrauensvolle und
partnerschaftliche Umgang zwischen Hochschule und Kooperationspartnern.

5   Fazit

Was sind also im Ergebnis zentrale Gelingensvoraussetzungen für duale Stu-
dienprogramme? Eine zentrale Erfolgsvoraussetzung ist die regionale Passung.
Das duale Studienprogramm muss Branchen, Industrien bzw. Wirtschaftsclus-
ter ansprechen, die einen echten Bedarf an hochqualifizierten Talenten haben.
Das Studienprogramm muss also die wirtschaftsstrukturellen Rahmenbedingungen widerspiegeln. Wichtig erscheint auch die Bereitschaft der Hochschule zu
echter Kooperation zu sein. Das setzt die Bereitschaft voraus, aktiv auf Unternehmen und Partner zuzugehen, „Klinken zu putzen", wie es in Deutschland im
Vertrieb heißt. Auch die Bereitschaft zu unternehmerischem Denken und Handeln ist aufseiten der Hochschulen erforderlich. Für die wissenschaftliche Qualität
entscheidend ist die Verzahnung von Theorie und Praxis, also das wechselseitig
Aufeinanderbezogensein der Lernorte. Ein duales Studienprogramm ist eine Dau-
erherausforderung für das Qualitätsmanagement. Hier gibt es in Deutschland noch
erhebliches Verbesserungspotenzial.

Literatur

Grünberg, H-H, Sonntag C (2019) 50 Jahre Fachhochschule. Über das langsame Entstehen
    eines neuen Hochschultyps. Ordnung der Wissenschaft 3:157–168
Grünberg, H-H (2020) Zu den Unterschieden zwischen Grundlagenforschung und ange-
    wandter Forschung sowie zur Notwendigkeit einer „Deutschen Transfergemeinschaft".
    In: Cai J, Lackner H, Wang Q (Hrsg) Jahrbuch Angewandte Hochschulbildung 2018.
    Springer VS, Wiesbaden, S 183–194
Lackner H (2016) Zur Dreifachqualifikation deutscher Fachhochschulprofessoren. Appl Ori-
    ent High Educ Res (AOHER) 4:66–71
Lackner H (2019a) Deutschland und China als strategische Partner im Bereich der angewand-
    ten Hochschulbildung. In: Cai J, Lackner H (Hrsg) Jahrbuch Angewandte Hochschulbil-
    dung 2016. Springer VS, Wiesbaden, S 1–11

Lackner H (2019b) Die Stellung der Fachhochschulen im deutschen Hochschulsystem. In: Cai J, Lackner H (Hrsg) Jahrbuch Angewandte Hochschulbildung 2016. Springer VS, Wiesbaden, S 133–157

Lackner H (2020) On the future development of cooperative higher education in Germany. Appl Orient High Educ Res (AOHER) 3:32–38

Lackner H (2021a) Die neue Berufliche Hochschule Hamburg als ein innovatives Modell zur Verknüpfung von beruflicher und akademischer Bildung. In: Cai J, Lackner H, Wang Q (Hrsg) Jahrbuch Angewandte Hochschulbildung 2019. Springer VS, Wiesbaden, S 199–211

Lackner H (2021b) Hochschulen für angewandte Wissenschaften benötigen gute Rahmenbedingungen – zu aktuellen Entwicklungen aus dem Bereich der angewandten Hochschulbildung in Deutschland und China. In: Cai J, Lackner H, Wang Q (Hrsg) Jahrbuch Angewandte Hochschulbildung 2019. Springer VS, Wiesbaden, S 1–11

Lackner H (2021c) On the notion of degree courses at German Universities of Applied Sciences – findings and recommendations for strategic profile-building processes. Appl Orient High Educ Res (AOHER) 1:28–34

Nickel S, Pfeiffer I (2022) Duales Studium: Umsetzungsmodelle und Entwicklungsbedarfe, CHE Impulse Nr. 8. wbv Verlag, Bielefeld

Warnecke C (2017) The role of Universities and Universities of applied sciences in the regional innovation system. Appl Orient High Educ Res (AOHER) 2:1–10

Wissenschaftsrat (2013) Empfehlungen zur Entwicklung des dualen Studiums. Drucksache 3479-13 vom 25. Oktober 2013

Auswirkungen auf Kompetenzanforderungen durch Transformationsprozesse

Jennifer Blank, Sonja Sälzle und André Bleicher

1 Hochschulen im Transformationsprozess

Wir leben in Zeiten gesellschaftlicher Krisen, welche sich wechselseitig verstärken und interagieren. Insbesondere industrialisierte Länder sehen sich einem erheblichen Veränderungsdruck ausgesetzt, welcher zwar nicht inhaltlich, aber in der tiefgreifenden Umwälzung der Lebens- und Produktionsverhältnisse mit jener „Great Transformation" vergleichbar erscheint, welche *Polanyi* (1978) vor fast 70 Jahren so eindrucksvoll geschildert hat. Allerdings resultiert die Veränderung vor allem aus ökologischen Krisenerscheinungen. So formuliert *von Weizsäcker* (2020, S. 82): „Es eilt sehr. Ein Systemkollaps ist eine reale Gefahr […]. Wir stehen vor gewaltigen Herausforderungen bedingt durch das rasante Bevölkerungswachstum, die Umnutzung der Ressourcen, die Veränderung des Klimas, den Verlust der Lebensgrundlagen." Dieser Umbruch wird das Verhältnis von Ökologie, Ökonomie und Sozialem vollkommen neu ordnen; er affiziert alle funktionalen Teilsysteme der Gesellschaft auf allen Ebenen, also auch das Teilsystem der hochschulischen Bildung.

J. Blank (✉)
Institut für Bildungstransfer, Hochschule Biberach, Biberach, Deutschland
E-Mail: blank@hochschule-bc.de

S. Sälzle
Lehrstuhl für Soziale Arbeit, IU Internationale Hochschule, Ulm, Deutschland
E-Mail: sonja.saelzle@iu.org

A. Bleicher
Fakultät für Betriebswirtschaft, Hochschule Biberach, Biberach, Deutschland
E-Mail: bleicher@hochschule-bc.de

© Der/die Autor(en), exklusiv lizenziert an Springer Fachmedien Wiesbaden GmbH, ein Teil von Springer Nature 2024
J. Cai et al. (Hrsg.), *Jahrbuch Angewandte Hochschulbildung 2022*,
https://doi.org/10.1007/978-3-658-43417-5_16

233

Dabei befinden sich Hochschulen konfrontiert mit der Vielschichtigkeit der im Ganzen befindlichen Transformation: War es im Jahr 2019 der Sonderbericht des Weltklimarates zur Begrenzung des Klimawandels auf 1,5 Grad (IPCC 2018), welche unter den einzelnen Herausforderungen besonders nachdrücklich diskutiert wurde, so wurde dieses Ziel im Kontext der Corona-Krise wieder in den Hintergrund gedrängt und von der Bekämpfung der Pandemie und der damit einhergehenden Rezession abgelöst. Auch diese Agenda wird gegenwärtig von der Rückkehr des Krieges in Europa als Mittel der Auseinandersetzung überschattet. In diesem kurztaktigen Wechsel der Krisenerscheinungen offenbart sich ein Symptom der Transformation: Wer nur vom ökologischen Gesellschaftskonflikt ausgeht und diesen als zentralen Treiber des gesellschaftlichen Wandels ausmacht, wird bei dessen Bearbeitung sehr schnell auf zahlreiche andere soziale Felder stoßen, welche eng mit der Gesellschaft-Natur-Beziehung verwoben sind, jedoch je eigenen Regeln und Strukturen folgen. Mehrdimensionalität und Polykontextualität beinhalten also, dass einzelne Gesellschaftskonflikte nicht isoliert gelöst werden können.

In diesem Sinne stehen Hochschulen in der Gestaltung von Bildungsangeboten vor der besonderen Herausforderung, die zukünftigen Absolvent*innen vorzubereiten und entsprechend auszubilden. Vor allem der Hochschultyp der Hochschulen für Angewandte Wissenschaften, der Fachhochschulen bzw. der Technischen Hochschulen ist geprägt von einem sehr hohen Praxisbezug. Die Lehre an dieser Hochschulform ist zwar im wissenschaftlichen Feld kontextualisiert, rekurriert aber auf den Anwendungsbezug.

Vor dem Hintergrund von Transformationsprozessen steht damit einerseits eine Ausrichtung auf die Employability der Studierenden im Vordergrund. Welche Kompetenzen sollen Studierende also in ihrer hochschulischen Laufbahn erwerben, um im späteren Berufsleben im Stande zu sein, die Anforderungen zu erfüllen und auf dem Markt gute Chancen auf eine qualifizierte Beschäftigung zu haben? Andererseits haben gerade durch ständig neue Veränderungs- und Umbruchprozesse qualifikatorische Sicherheiten keinen Bestand. Lebens- und Arbeitswelten verändern sich zu schnell, als dass das in Studium und Ausbildung Gelernte für die lebenslange berufliche Laufbahn ausreichen würde.

Vor diesem Hintergrund ist der Begriff der Employability neu zu fassen – nämlich nicht nur als fachliche, sondern vielmehr als überfachliche Befähigung, sich selbst in der eigenen Expertise in sich veränderten beruflichen und gesellschaftlichen Kontexten weiterzuentwickeln (Bleicher et al. 2022). Betrachtet man verschiedene Kompetenzraster vergleichend, so stellt man fest, dass – neben den konkreten fachlichen Skills – Kompetenzen die Persönlichkeit betreffend in den Vordergrund rücken (Erpenbeck et al. 2017). Die fachliche, qualifikatorische

Sicherheit wird immer mehr durch überfachliche Fähigkeiten ersetzt, welche bei äußeren Veränderungen mindestens so relevant zu sein scheinen, wie die fachliche Qualifikation. Dies lässt den Schluss zu, dass es Kompetenzen gibt, die jenseits aller gesellschaftlicher Transformationsprozesse relevant für Beschäftigungsfähigkeit zu sein scheinen, oder – anders herum betrachtet – Voraussetzung sind, um Transformation zu gestalten.

Gerade die Corona-Pandemie hat in besonderer Weise eine Veränderungsreaktion des Hochschulsystems herbeigeführt. Dabei hat sie offengelegt, in welchen Bereichen Kompetenzlücken oder gar blinde Flecken insbesondere in Hinsicht auf digitale Kompetenzen zu beobachten sind. Im Folgenden wird diese Umbruchsituation beispielhaft für andere herangezogen, um ein neues Verständnis von Employability zu bekräftigen.

2　Kompetenzlücken post Corona

2.1　Ausgangssituation der Hochschulen für Angewandte Wissenschaften

Vor der Corona-Pandemie war der Bildungsauftrag für die Hochschulen für Angewandte Wissenschaften in Deutschland recht klar beschrieben. Die Hochschulen für Angewandte Wissenschaften (HAW), ehemals Fachschulen, stehen in Deutschland für anwendungsorientierte Lehre; sie sind in enger Verbindung zu Wirtschaft und Gesellschaft. In Abgrenzung zu den Universitäten fokussieren sie weniger die Grundlagenforschung, sondern anwendungsorientierte Forschung. Die Hochschulen für Angewandte Wissenschaften sind meist kleiner, die Betreuung zwischen Studierenden und Hochschullehrenden ist persönlicher, da die Studienkohorten kleiner sind. Das Studium ist projektorientiert, findet auch anwendungsorientiert in Laboren und in Form von Projektarbeiten mit oder bei Unternehmen statt. Neben theoriebasierten Anteilen sind auch praktische Fähigkeiten ein Studienziel. Ein Ziel des Studiums ist, die Passfähigkeit der Absolvent*innen, d. h. Employability für die Unternehmen und den Markt zu verfolgen.

Die Corona-Pandemie hat die Hochschulen in ihrem Selbstverständnis von Lehren und Lehren tiefgreifend verändert. Zwar waren die mediendidaktischen Konzepte von Blended-Learning und digitale Elemente in der Lehre seit Jahrzehnten vorhanden, doch mehrheitlich wurde in Präsenz vor Ort an der Hochschule gelehrt und gelernt. Lediglich berufsbegleitende, weiterbildende Studiengänge wurden dagegen in entsprechenden Fernstudienmodellen durchgeführt.

Durch die notwendige Schließung der Hochschulen und die damit verbundene Ad-Hoc-Umstellung auf digitale Lehre war das gemeinsame Lehren und Lernen vor Ort, die Gemeinschaft und Sozialisation in der Hochschule nicht mehr möglich. Und so mussten Studierende und Lehrende ins Home-Studying, d. h. das Lehren und Lernen fand von zu Hause aus statt.

2.2 Befunde: Kompetenzlücken durch die Corona Pandemie

Um die veränderte Situation und deren Konsequenzen auf die Bildungserfordernisse und Kompetenzanforderungen darzustellen, werden die Ergebnisse einer hochschulübergreifenden Studie der Hochschule Biberach zum Lehren und Lernen während den digitalen Semestern herangezogen (Sälzle et al. 2021). In der Studie wurden Anfang 2021 Hochschulleitungen, Studierende und Lehrende von 11 Hochschulen für Angewandte Wissenschaften in Einzelinterviews sowie Fokusgruppen interviewt. Insgesamt waren es 82 Interviewpartner*innen. Die Interviews wurden inhaltsanalytisch ausgewertet. Die Ergebnisse wurden in Leitmotive dargestellt und daraus Handlungsimpulse für die Hochschulen nach der Pandemie formuliert.

In den Daten bestätigen sich Ergebnisse aus der Forschungsliteratur (Deimann und van Treek 2020), dass eine zentrale Herausforderung für die Studierenden die Selbstorganisation darstellt. Dies beinhaltet zum einen, dass sie ihre Tages- und Lernstruktur eigenständiger übernehmen müssen und die Lerngestaltung ebenfalls eigenverantwortlich organisieren müssen. Es fehlt der soziale Referenzrahmen, sowohl von Lehrenden als auch den anderen Studierenden, die sozio-emotionale Begleitung und die Kommunikation in der Gruppe. Diese Aspekte finden sich auch in den Interviews wieder (Sälzle et al. 2021, S. 94). Weiterhin fehlt den Studierenden der Sozialisationsraum Hochschule, in dem entsprechende soziale Kompetenzen ausgebildet werden. Ferner fehlt das Erleben ihrer Studierendenlebens mit allem, was dazugehört, mit den Personen, mit denen sie dort in Kontakt kommen, gemeinsame Aktivitäten außerhalb der Lehrveranstaltungen, langfristige Freundschaften, die entstehen. D. h. die Studierenden erfahren auch eine soziale Prägung über das Studium, die während der Corona-Pandemie nicht wie zuvor üblich möglich war (Sälzle et al. 2021, S. 164 f.).

Aus Sicht der Hochschulleitungen ist insbesondere der Erwerb von sozialen Kompetenzen im digitalen Format problematisch. Ein Studium beinhaltet nicht nur die Vermittlung von Fachwissen, sondern auch Teamarbeit, Austausch, Laborarbeit (Sälzle et al. 2021, S. 159 f.).

Nicht alle Studierenden blieben während den digitalen Semestern dabei. Die Lehrenden berichteten, dass manche Studierende abtauchten und durch die mangelnde Nutzung der Kameras für die Lehrenden zum Teil die Interaktion erschwert wurde und der Austausch mit den Studierenden schwierig war. So stiegen zwar auf der einen Seite die Routine und Sicherheit im Umgang mit den digitalen Medien deutlich, sowohl von Studierenden, als auch von Lehrenden. Lernvideos, digitale Vorlesungen mit digitalen Kleingruppen usw. wurden zur Normalität. Auf den anderen Seiten fehlte das reale Lernen vor Ort in Laboren und in Teamarbeit vor Ort; Exkursionen waren nicht möglich, ebenso die informellen Treffen am Kaffeeautomaten oder in der Mensa.

Das bedeutet, dass die Hochschulen durch die Pandemie einen enormen Innovationsschub hinsichtlich digitaler Lehre erlebt haben. Auch wenn Digitalisierung vor der Pandemie bereits eine immer größere Rolle gespielt hat, hat die Situation dafür gesorgt, dass schnelle Lösungswege gefunden werden mussten. Das Experimentieren mit digitalen Lehr-Lernsettings hat den Prozess ohne Zweifel beschleunigt.

2.3 Beobachtungen nach den digitalen Semestern

Zwischenzeitlich sind die Maßnahmen an deutschen Hochschulen und Universitäten im Rahmen des Lock Down weitgehend aufgehoben, die Studierenden und Lehrenden können wieder in Präsenz lehren und lernen. Im Rahmen eines „Übergangssemesters" liegt momentan eine Mischform in der Lehre vor, um die Anzahl der Personen noch zu entzerren. So findet ein Teil der Veranstaltungen wieder vor Ort an der Hochschule statt, ein anderer Teil weiterhin digital. Daher folgt nach drei Semestern Corona-Pandemie auch eine andere Studierendengruppe an die Hochschule. Für diese Studierenden war der Studienstart rein digital geprägt, sie kennen ihre Kommiliton*innen nur digital, ebenso wie die Professor*innen. Viele kamen erstmals zum Ende des jeweiligen Semesters an die Hochschule, z. B. um erste Prüfungen zu absolvieren. Die Erstsemester hatten zuvor in den Schulen in der Abiturvorbereitung ebenfalls im Home-Schooling, d. h. das Ende der Schulzeit hat ebenfalls digital stattgefunden. So lässt sich resümieren, dass die Medienkompetenz, die den digitalen Austausch, Unterricht und Lehre ermöglicht, enorm gestiegen ist. Durch die digitalen Elemente in der hochschulischen Lehre gewinnt der Aspekt der Individualisierung des Lernens an Bedeutung, da mit dem digitalen Setting individuellere Angebote möglich sind (Sälzle et al. 2021, S. 2). Doch was bedeutet die Individualisierung des Lernens auf der anderen Seite hinsichtlich der notwendigen Kompetenzen von Studierenden? Denn ebenso hat eine Vereinzelung des Lernens stattgefunden. Die Studierenden, die bereits seit ein, zwei oder drei Semestern studieren, nun aber das erste Mal in Präsenz an der Hochschule sind, müssen so wie Erstsemester neu an der Hochschule ankommen und das Studieren in der Gruppe erlenen. Als Zwischenstand lässt sich diskutieren, inwiefern die neue Selbstverantwortung, die durch die räumliche und zeitliche Flexibilisierung gefordert ist, als Kompetenz bereits weiter ausgebildet ist oder ob diese eine Herausforderung der Bildung post Corona darstellt und das Thema Employability so neue Facetten hinzugewinnt.

Das bedeutet, dass die jetzigen Studierenden ein ganz anderes Kompetenzprofil mitbringen, als Studierende, die in der Vergangenheit ein reguläres Präsenzstudium absolviert haben. Doch nicht nur die Hochschulen wurden durch die Pandemie verändert, sondern auch die Arbeitswelt wurde digitaler; Berufsbilder und Arbeitsfelder verändern sich. So sind die Hochschulen gefordert, ihre Absolventenprofile zu evaluieren und ggf. anzupassen, damit die Studienabgänger*innen handlungskompetent in ihrem Arbeitsumfeld agieren können. Neue Themen und Kompetenzen müssen hier in den Blick gerückt werden – hinsichtlich neuer Kommunikationstechnologien aber auch ganz allgemein hinsichtlich neuer Technologien. Die Hochschulen sind gefragt, neue Innovationsfelder zu evaluieren und die notwendigen Future Skills zu definieren (Sälzle et al. 2021, S. 93 ff.).

Hochschulen sind gefragt, auf diese Anforderungen zu reagieren. Sie müssen in Veränderungssituationen einerseits sich selbst, ihre Prozesse und Konzepte reformieren und andererseits auf die Anforderungen am Arbeitsmarkt reagieren. Die Pandemie ist nur eine mögliche gesellschaftliche Transformationssituation, auf die Hochschulen mit Absolvent*innenprofilen reagieren müssen. Wie eingangs beschrieben, treten diese Transformationen aber immer wieder in unterschiedlicher Gestalt auf. Es scheint unbestritten, dass sich Kompetenzanforderungen an zukünftige Absolvent*innen mit der Zeit verändern, ebenso, wie sich Anforderungen im beruflichen Kontext stetig entwickeln.

Die während der Pandemie, aber auch nach der Rückkehr in Präsenz zu beobachtenden Kompetenzlücken geben Aufschluss darüber, welche Kompetenzen wesentlich für die Bewältigung von Veränderungssituationen sind.

3   Die Widerstandsfähigkeit als zentrale Kompetenz in Transformationssituationen

Welche Kompetenzen unterliegen in Transformationssituationen starken Veränderungen und welche erweisen sich darüber hinaus als notwendig, um Veränderungsprozesse zu gestalten?

Transformationsprozesse, wie die Energiewende oder der große Change im Bereich der Automotives, sorgen für eine Veränderung von Berufsbildern. Die fachlichen Kompetenzen sind mitunter völlig andere, als noch vor einigen Jahren. Das führt zwangsläufig zu der Notwendigkeit, Fachexpert*innen neu zu qualifizieren oder Beschäftigte umzuqualifizieren. Für Hochschulen bedeutet dies ein ständiges Justieren von inhaltlichen Ausrichtungen und Weiterentwickeln der Curricula. Wie können Hochschulen ihre Absolvent*innen derart qualifizieren, dass sie im späteren Berufsleben in der Lage sind, diesen Qualifikationswandel zu vollziehen und Transformationsprozesse zu gestalten?

Von hoher Wichtigkeit sind hier vor allem Kompetenzen, die den Bereich der Persönlichkeitsentwicklung tangieren. Dazu gehören die Felder Eigenverantwortung, Selbstmanagement, Problemlösefähigkeit, Teamfähigkeit und viele mehr. Diese überfachlichen Kompetenzen aus dem Bereich der personalen bzw. sozialen Kompetenzfelder sorgen dafür, dass in der Praxis und auch in Teams qualitativ hochwertige fachliche Ergebnisse erzielt werden können. Darüber hinaus gibt es aber eine Reihe an Kompetenzen, die dafür sorgen, dass Personen in Veränderungssituationen resilienter reagieren als andere. Diese Kompetenzen sind in besonderer Weise zukunftsgewandt.

Resilienz wird seit einigen Jahren in vielen Disziplinen rezipiert und adaptiert. Der Wortherkunft nach geht Resilienz auf den Lateinischen Begriff für „zurückspringen" zurück und meint, dass ein System nach einer Störung in der Lage ist, wieder in einen stabilen Ausgangszustand zurück zu finden (Burnard und Ran 2011). Für den Blick auf Kompetenzprofile der Zukunft braucht es jedoch ein weiterreichendes Verständnis von Resilienz. Fasst man den Begriff weiter, so kann man feststellen, dass nicht nur das Zurückspringen in eine Ausgangslage gemeint ist, sondern die Fähigkeit eines Systems, nach einer Störung aus eigener Kraft in einen identitätsbewahrenden bzw. identitätsschaffenden Zustand zu gelangen (Weiß et al. 2018). Vor dem Hintergrund von Transformationsbewegungen ist vor allem der Gedanke relevant, dass Personen, welche in extremer Weise von Veränderungsprozessen betroffen sind – weil etwa die berufliche Identität verloren geht – selbst und aus eigener Kraft in der Lage sind, in ihrem jeweiligen beruflichen Kontext eine Weiterentwicklung zu durchleben und damit Sinn und Identität neu zu stiften. Diese zukunftsgewandte Fähigkeit, dass Personen (oder Organisationen und Systeme) sich selbst kontinuierlich an ihre Umwelt adaptieren und damit neu anpassen, wird auch als Resilienz 2.0 beschrieben (bounce forward), während eine Resilienz 1.0 dafür sorgt, dass ein Zurückspringen in einen Ausgangszustand gelingt (bounce back) (Block et al. 2021). Beides bedingt sich dabei gegenseitig. Um eine stetige Anpassung an Umweltbedingungen zu bewältigen, braucht es eine gewisse Robustheit. Gleichzeitig kann diese Robustheit nur erlangt werden, indem man Anpassungsprozesse zulässt. Gleiches gilt auch für den Zusammenhang zwischen Resilienz und Agilität. Agilität stärkt einerseits Resilienz, da sie ermöglicht, flexibel auf Veränderungen zu reagieren. Andererseits braucht es ein gewisses Maß an Resilienz, um sich in Veränderungssituationen flexibel verhalten zu können. (Maehrlein 2022).

Die Fähigkeit, sich selbst vor allem im Hinblick auf die eigene berufliche Qualifikation neu zu erfinden und damit einen Beitrag für die Bewältigung von Transformationsprozessen zu leisten, setzt einen bestimmten Kompetenzbegriff voraus: „Kompetenzen bezeichnen die Fähigkeit zum selbstorganisierten kreativen Handeln in (zukunfts-)offenen Situationen" (Erpenbeck 2010). Die zukunftsgewandte Offenheit ist ein typisches Merkmal von Transformationssituationen, vor allem in deren Anfangsphasen, bevor sich ein gewisses normatives Verständnis über eine gewünschte Zukunftsperspektive etabliert hat. Selbst dann ist das Herunterbrechen der großen gesellschaftlichen Veränderungsprozesse auf Perspektiven für die eigene berufliche Situation eine besondere Herausforderung.

Um in Transformationssituationen resilient zu reagieren, ist eine Summe an Kompetenzen notwendig, welche zusammen für Flexibilität in Veränderungsprozessen und damit dafür sorgen, dass eine qualifizierte Ausübung von Berufen gewährleistet bleibt. Kategorisierungen von Kompetenzen und Kompetenzfeldern gibt es viele. Vergleicht man verschiedene Ansätze miteinander, lassen sich Kompetenzen isolieren, welche besonders relevant sind im Hinblick auf die Fähigkeit, mit Veränderungen umzugehen und diese zu gestalten. Diese Kompetenzen lassen sich mit Blick auf den Transformationskontext wie folgt beschreiben:

1. **Werteentwicklung:** Die Fähigkeit, seine eigenen Werte in einer sich verändernden Situation zu reflektieren, zu hinterfragen, anzupassen und damit neue Orientierung zu stiften;
2. **Offenheit für Veränderung:** Die Fähigkeit, in Veränderungen eine Chance zur eigenen Weiterentwicklung und als Lernsituation zu verstehen;
3. **Gestaltungsfähigkeit:** Die Fähigkeit und der Wille, etwas noch Unbekanntes zu gestalten;
4. **Geistige Mobilität:** Die Fähigkeit, auch in neuen Situationen geistig agil und flexibel zu denken;

5. **Innovationsfähigkeit:** Die Fähigkeit, neue Inhalte gerne anzugehen und sich mit ihnen auseinander zu setzen;
6. **Ganzheitliches Denken:** Die Fähigkeit, vor dem Hintergrund von sich verändernden Rahmenbedingungen nicht nur Ausschnitte, sondern Zusammenhänge zu erfassen;
7. **Fachübergreifendes Verständnis:** Die Fähigkeit, bei neuen Herausforderungen Lösungen auch außerhalb der eigenen Fachdisziplin in Erwägung zu ziehen und Expertenwissen anderer Disziplinen wertzuschätzen;
8. **Optimismus:** Die Fähigkeit, auch in unsicheren Situationen zuversichtlich zu handeln.

Auch wenn die hier genannten acht Kompetenzbereiche keinen Anspruch auf Vollständigkeit erheben, scheinen sie doch maßgeblich zu sein, um in Transformationsprozessen resilient zu handeln. Vor dem Hintergrund dessen, dass gesellschaftliche Veränderungsprozesse immer wieder und zunehmend vermehrt auftreten, ist es Aufgabe der Hochschulen, die zukünftigen Absolvent*innen darauf vorzubereiten, in ihrem zukünftigen beruflichen Kontext so flexibel zu sein, dass sie auf Veränderungen von Berufsanforderungen und Berufsbildern resilient reagieren können. Dies entspricht einem weitergedachten Verständnis von Employability: dass Studierende nicht nur für die aktuellen Anforderungen im Beruf ausgebildet werden, sondern dass sie vielmehr die Möglichkeit bekommen, ihre Persönlichkeit in Studium zu entwickeln und überfachliche Kompetenzen ebenso zu erlangen wie fachliche.

4   Ausblick und Forschungsbedarf

Vor dem Hintergrund der „großen Transformation" und mit Blick in vergangene gesellschaftliche Veränderungsprozesse muss genau betrachtet werden, welche Kompetenzen für zukünftigen Absolvent*innen neben den fachlichen Qualifikationen unabdingbar sind. Employability meint in diesem Sinne die Vorbereitung auf sich schnell verändernde berufliche Anforderungen; sie soll Studierende in die Lage versetzen, auch bei sich ändernden Rahmenbedingungen resilient zu reagieren. Resilienz zielt in diesem Zusammenhang vor allem auf die Stiftung von Identität und damit auf die immer wieder neue Positionierung im beruflichen Kontext ab.

Die zuvor dargestellten, zukunftsgewandten Kompetenzen bedingen Resilienz. In welchem Maße und in welchem Zusammenspiel sie dies tun und welche Rolle sie in Transformationsprozessen spielen, muss weiterhin untersucht werden.

Hochschulen sind gefragt, ihr Verständnis von Employability neu zu definieren bzw. zu reflektieren. Studierende werden nicht mehr für einen bestimmten Beruf mit jahrzehntelang identischen Qualifikationen ausgebildet. Sie müssen sich in ihren Berufsfeldern äußeren Veränderungen anpassen. Zukünftige Absolvent*innen dazu in die Lage zu versetzen, ist Auftrag von Hochschulen als wesentlicher Bestandteil der Bildungslandschaft.

Literatur

Bleicher A, Blank J, Sälzle S (2022) Eine List der Geschichte? Die Große Transformation als Bildungserfordernis. Die Neue Hochschule 1:10–13

Block J, Nural J, Papasabbas L, Pfuderer N (2021) Zukunftskraft Resilienz. Gewappnet für die Zeit der Krisen. Zukunftsinstitut GmbH, Frankfurt a. M.

Burnard K, Ran B (2011) Organisational resilience: development of a conceptual framework for organisational responses. Int J Prod Res 49(18):5581–5599

Deimann M, Treek T (2020) Digitalisierung der Hochschullehre. Aspekte und Perspektiven der Transformation. DUZ Verlags- und Medienhaus, Berlin

Erpenbeck J (2010) Kompetenzen – eine begriffliche Klärung. In Heyse V, Erpenbeck J, Ortmann S (Hrsg) Grundstrukturen menschlicher Kompetenzen. Praxiserprobte Konzepte und Instrumente. Waxmann, Münster, S 13–22

Erpenbeck J, Rosenstiel L, Grote S, Sauter W (2017) Handbuch Kompetenzmessung. Erkennen, verstehen und bewerten von Kompetenzen in der betrieblichen, pädagogischen und psychologischen Praxis. Schäffer-Poeschel Verlag, Stuttgart

IPCC (2018) Special report. Global Warming of 1,5°C. UN Climate Change, Bonn:

Maehrlein K (2022) Widerstandsfähigkeit durch agile Werte. managerSeminare 290:36–43

Polanyi K (1978) The Great Transformation. Politische und ökonomische Ursprünge von Gesellschaften und Wirtschaftssystemen. Suhrkamp, Frankfurt a. M.

Sälzle S, Linda V, Blank J, Bleicher A, Scholz I, Karossa N, Stratmann R, D'Souza T (2021) Entwicklungspfade für Hochschule und Lehre nach der Corona-Pandemie. Eine qualitative Studie mit Hochschulleitungen, Lehrenden und Studierenden. Tectum, Baden-Baden

Weiß M, Hartmann S, Högl M (2018) Resilienz als Trendkonzept. Über die Diffusion von Resilienz in der Gesellschaft und Wissenschaft. In: Karidi M, Schneider M, Gutwald R (Hrsg) Resilienz. Interdisziplinäre Perspektiven zu Wandel und Transformation. Springer, Wiesbaden, S 13–32

Weizsäcker, Ernst Ulrich von (2020) Eine spannende Reise zur Nachhaltigkeit. Naturkapitalismus und die neue Aufklärung. In: Görgen B, Wendt B (Hrsg) Sozial-ökologische Utopien. Diesseits oder jenseits von Wachstum und Kapitalismus. oekom, München, S 81–96

Printed by Printforce, the Netherlands